Steineckert · Und dennoch geht es uns gut

Damals war Krieg, und die Familie gab es vorerst nicht mehr. Die einen lebten in Berlin hoffentlich trotz der Bombenangriffe noch, die anderen waren im Osten bei den Soldaten, die Großeltern mit einem anderen Zweig der Sippe zurückgekehrt ins Böhmische, damals Sudetische, von wo sie ausgewandert waren ins verheißungsvolle Berlin.

Jeder wollte Briefe empfangen, und niemand wollte sie schreiben. Ich erntete frühe erste Anerkennung, als ich mich um diese Aufgabe riß, ohne meine wachsende Lust an dieser Art Kommunikation zu zeigen. Diese Briefe sind verloren, ebenso wie die frühen Liebesbriefe, die verlogenen, schwärmerischen.

Ich habe das lange nicht bedauert, weil ich nicht wußte, daß Briefe mein erster naiver Einstieg in die Literatur waren. Tagebuch habe ich nie geschrieben, Briefe immer. Das mag sich entsprechen. Neben vielem, das nur für zwei Menschen ausgetauscht wurde, wuchs die Zahl der Briefe, in denen mir Probleme geschildert wurden, die auch andere Menschen hatten. Es blieb persönlich, aber das Private machte allmählich nur noch einen Teil aus. Nach dem ersten Band »Briefe« und den Briefen an Frauen mit dem Titel »Ich umarme Dich in Eile« knüpfe ich mit dieser Auswahl von Antworten an die vorangegangene Suche an.

Manchmal will sich mir der Gedanke aufdrängen, diese Zeit sei die wirklich außergewöhnliche in meinem Leben, denn Geschichte begibt sich pur, und der Lebens-

faden liegt offen, verletzbar und in seiner wirklichen Dimension zu erkennen.

Ach, dieser Lebensfaden war nie anders als sterblich, ich habe nur aufregende Zeiten gelebt und keine Idylle kennengelernt. Durch die Briefe, die mich erreichten, und die von mir geschriebenen, war der Lebensfaden aber auch ein Halteseil, das Vertrautsein verlangte und Vertrauen gab. Geh zu den Leuten, das ist mein Geleitwort für dieses Buch aus Briefen voll vom Willen, auch diesmal zu überleben.

Januar 1992

Meine liebe Irina,

die meisten Briefe schreibe ich nachts, im Dunkeln, wenn niemand das Hirn hindert, alles in Worte zu bringen, den ganzen Mut, das ganze Elend, die ganze Liebe, die ganze Angst. Dann kommt der Morgen, und ich mache los, Frau Machtlos legt los, und den Tag über brauche ich alles, was der Kulturbeutel hergibt. Ich muß mich zusammennehmen, ein Gesicht machen, Mut finden und Gründe gegen die Ergebung. Den Tag über läuft und redet da oft jemand anders als die Person, die nach Mitternacht mit mir oder aus mir redet. Auch die Briefe an Dich geraten mir nachts rauher, kürzer und liebevoller.

Nachts weiß ich nicht, ob Du das alles schaffen wirst.

Nachts weiß ich, daß auch Du wieder einmal eine falsche Rechnung aufmachst, denn ohne Widerstand trittst Du nach männlichem Maß an und willst Leistung als Rettung und Glück zugleich – ja, was? erringen? erfinden? rüberbringen? Ist ein »Nunendlich« Dein trotziges Ziel? Ein »jetzt weiß ich, wie es geht?« Vielleicht weißt Du es, aber als Summe, wie soll das zu schaffen sein? Ich fürchte, daß Du angespannter lebst denn je, die Ziele schieben sich ineinander. Eine Taille wie nie vorher und so wenig Schlaf wie möglich, der Computer ist die Lösung, die neue Wohnung, der andere Mann und Raushalten aus allem. Ich verstehe Dich ja, aber selbst Sisyphos hat es bei einem Stein belassen. Als Frau muß man ... manchmal Abstriche machen. Komm zu Dir, Weib. Das vor allem. Zu Dir und Deinen Bedürfnissen. Und schick mir keinen Blick rüber, als wüßte ich nicht, daß eben diese Bedürfnisse jetzt nicht befriedigt werden können. Vielleicht nicht, vielleicht ja. Aber wenn Du eine anstrengende Person bist, die niemandem ein Bedürfnis nach ihrer Anwesenheit weckt? Ich will Dir keine Rezepte geben. Du kochst dann eh immer was anderes.

Januar 1992

Liebe Alicefreundin,

meine Liebe, die Parteiengeschäfte gehen vor sich, plump wie ein Striptease auf der Straßenbahninsel. Jeder von Verstand kann sehen, was die Parteien anstreben und wovor sie – noch! – zurückzucken. Wir kommen aus dem All der Geheimnistuerei. An die Empörung darüber sind wir gewöhnt. Nun frappiert uns die totale Offenheit eines Staatswesens, das sich zu seinen niederen Instinkten ebenso bekennt wie zu seinen edlen Zielen. Die Ergebnisse des weihevollen Wirkens treffen die Wehrlosen, die Alten, die Kinder. Und Frauen, die sich durchaus auflehnen, aber die Instrumente gegen sie sind aufhaltender als früher die Mauer.

Vorbei, daß das Telefon alle paar Minuten klingelt. Jeder schwatzte mit jedem meist ohne Blick auf die Uhr, denn es ging viel auf Kosten des Betriebes, zu Hause hatten die Leute häufig kein Telefon. Der fünfzehn Jahre zuvor gestellte Antrag brauchte noch Weile. Benötigte »Dringlichkeitsbescheinigungen« konnte sich jeder leicht verschaffen. Nun werden sich unsere Rituale ändern. Es geht ein Teil unserer Alltagskultur verloren. Entstanden aus Mangel. Weil das Netz des Nahverkehrs billig, aber eben deshalb unzulänglich war. Weil man kaum in ein Restaurant reinkam. Hier hätte sich die Sitte, spontan mit Freunden zum Essen auszugehen, nie eingebürgert. Jetzt braucht man sich nicht mehr von einem pampigen Kellner abfangen zu lassen, die deplazierten Schilder für die Plazierung sind weg. Aber wir können die schnell westlichem Niveau angepaßten Preise nicht bezahlen. So telefonieren wir die verbleibende Frist der niedrigen Gebühren noch über Gebühr. Was danach als zu teuer entfällt, wird uns vielfach ärmer machen. Ein Genuß weniger.

Wir gehen auch nicht mehr auf Pirsch, um die Neuerscheinungen auf dem Buchmarkt zu erjagen. Die Bestell-Listen, früher rare Orchideen, als Druckerzeugnisse nie zu abonnieren, oder schon lange nicht mehr, gingen von Hand zu Hand. Die Bestellung blieb bei den Buchhändlern, auch wenn wir erst von der zweiten oder dritten Auflage, oft Jahre später, ein Exemplar erwerben konnten. Es war trotzdem Freude, und es ging ja nie um aktuelle Reißer.

Bücher konnte sich bei uns fast jeder leisten.

Die Briefe aus Arnstadt kamen häufig, wenn auch unregelmäßig. Ich wußte, daß Evelyn sich meldet, wenn sie Kontakt will. Vier wohlgeratene Kinder, einen Beruf als Hortnerin aus Passion, begeisterte Fotografin, mit guten Kontakten zur Regionalpresse. Evelyn, eine kritische Betrachterin der DDR, mit ungestillter Neugier auf alles, was es sonst noch gibt und was ihre schönen großen Augen sehen wollten. Als ich in Arnstadt lesen sollte, das muß Ende der Siebziger gewesen sein, hat sie das Theater mit Publikum gefüllt. Sie hat wohl selbst auf der Straße Leute beschwatzt. Stand dann mit Blumen auf dem Marktplatz, und wir flogen uns um den Hals, als ich, nie mehr so erlebt, auf der Bühne eine ungeprobte Folge von Lesung, Erzählen, Fragen und Antworten aus dem Publikum hinter mir hatte. Kam mir schon vor wie Fidel Castro. Nach drei Stunden habe ich gefragt, ob sie denn nicht mal nach Hause gehen wollten.

Nach einem halben Jahr kam ich wieder, ins nun leicht zu füllende Haus.

Vorbei, Geschichte. Evelyn hat noch im November

89 eine Tochter gen West verloren, für die sie und ihr Mann bald aufkommen mußten. Die Sozialhilfe West wandte sich an die Eltern. Das war schon eine Weile nach dem Tag, an dem Evelyn mit ihren großen Kindern und ihrem Mann von der Volkspolizei knüppelnd durch den Stadtpark gejagt wurde. Die verbotenen Demos fanden trotzdem statt.

Nach den Wahlen war alles anders.

Wenn E. sich nicht meldet, geht es ihr nicht gut. Es bleiben ja auch die Briefe anderer aus. Statt der früher fünf bis sieben täglich nur noch einer, manchmal keiner. Alexandra schreibt nicht, was aus ihrer erhofften »Umschulung« und aus ihrer gestrandeten Ehe geworden ist. Die Geburt der Wunschtochter und die Kündigung des Mannes fielen zusammen. Der Betrieb war pleite, die bisherigen Ausbildungen beider, Hoch- und Fachschule, gelten in der neuen Wirtschaft als nicht mehr verwendbar. Wenn sie schreibt, dann sind es sturzbachartige Episteln, diktiert von Ratlosigkeit. Seine sozial abgesicherte Mutter rückt raus, dominiert nun aber weit über Ratschläge hinaus. Das geht nicht gut.

Maria mit dem feinen, furchtsamen Gesicht hat nun einen Mann zu Hause, der früher nie Zeit hatte. Er war unter den Armeeärzten im Norden ein großer Chef. Geflogen, gerade fünfzig, wird nie wieder einen Arbeitsplatz haben. So ist sie nun die einzige Kompanie, die ihm geblieben ist. Zu klug, die eigene Ungerechtigkeit nicht zu erkennen und zu bedauern, erliegt er trotzdem seinen Verzweiflungen. Die Liebe der beiden war nie auf eine andere Probe gestellt, als sie bei uns üblich war: Zeitnot, Überforderung, sicher auch Geheimnistuerei.

Meine langjährige Brieffreundin Brigitte, anderthalb Meter hohe Rinderzüchterin, ein forsches Kerlchen, »wer saufen kann, der kann auch arbeiten«, deren geistige Ziele auch früher mit der Steigerung der Milchquoten nicht erschöpft waren, die hat mir sonst dreimal die Woche lange Seiten geschrieben, kaum leserlich, putzige Orthografie, aber vieles war Lebensklugheit pur. Von ihr bekam ich jedes Buch, das sie gelesen hatte, und den »Sputnik«, als er zum freien Verkauf verboten war und nur noch an die alten Abonnenten geliefert wurde. »Du kriegst es als letzte, Du kannst es behalten«, aber da hatten es schon die Tierärztin, die Freundin aus dem Zirkel schreibender Weiber und die Schachfreundin gelesen. Sie wohnt in einer Schachstadt. Brigitte, früher unvorstellbarer Gedanke, ist nun auch arbeitslos.

Eben kam eine vollgekritzelte Karte von Evelyn, »Jubel über Deinen Brief. Ich dachte, Du bist dran.« Auf der Rückseite die lakonische Nachricht: »Ab 1. November bin ich arbeitslos.«

Arbeitslos die Frau neben mir, die ein Äderchen im Wasserkopf der Arbeiter- und Bauerninspektion war. Jetzt verblüfft sie trotz ihrer achtundvierzig Jahre die Umschuler mit Eins auf Eins. Dabei hat sie schon vorher viel mehr gelernt, als sie je gebrauchen konnte. »Sie können sich bald hier vorne hinstellen«, sagen sie, aber das verheißt keinen Arbeitsplatz.

Arbeitslosigkeit stößt in einen Bereich, in dem die Ängste Schabernack treiben.

Juttas Institution ist aufgelöst, da kann sie nicht mehr die bestaunte Kraftfahrerin sein. Macht nichts, ich bin noch jung, sagt der vierzigjährige Rotschopf mit dem Gesicht von Max und Moritz zusammen und knarzt mich an: »Die jammern doch bloß alle. Solln sich mal was einfallen lassen. Und bedauer die ja nich. Is so deine Art. Bist sowieso zu jut.« Werkt los, am Waldrand in der Imbißbude. Verdient »gutes Geld«, ihr als aktiver Handballerin ist nicht so leicht Angst zu machen. War ja sogar mal Hochseefischerin. Aber der Waldrand entläßt merkwürdige Vorgänge. Nach einem halben Jahr gibt Jutta auf. »Seh ick wat, und denn schneiden se mir die Kehle durch.« Früher hat sie Leute verachtet, die krank wurden, sich auch nur Zahnschmerzen anmerken lassen. »Allet Weicheier. Schon bin ick unterwegs, um Leuten vorzuschlagen, wie sie ihr Geld anlegen können. Aber nich auf Bescheißen.« Zur Zeit arbeitet sie als Taxifahrerin.

»Ein Genie brauchen Sie hier nicht zu sein«, hat der neue Bürgermeister in Weißensee gesagt, nachdem er meine Meinung über meine ehemalige Sekretärin gelesen hat, und hat sie eingestellt. Trotzdem behält sie nun ihre Einraumwohnung, gegen die wir früher so vehement gekämpft haben. Wir waren wirklich beide davon überzeugt, sie sei zu klein, um darin zu leben. Nun gibt sie sie um nichts her. Kaum eine Frau war so lebenszugewandt wie Helga, Sekretärin und Vertraute einer bekannten Schauspielerin. Die hat ihr versprochen, sie werde ihr nicht kündigen, solange sie selber noch etwas verdient. Sie ist aber schon siebzig, die Schauspielerin, wenn auch international gefragt, freilich besonders für Ostgagen, bisher. Helga hat den Fön in ihr Badewasser geworfen und sich davongemacht. Auf dem hinterlassenen Zettel steht: »In die Altersarmut? Nein!«

Hysterisch? Überfordert? Zu ängstlich? Kann ja alles sein, aber es beruhigt auch niemand niemanden. Das Leben der Frauen in den »durchstrukturierten« Gebieten hat auf einfachem Niveau und in gewisser Weise gestimmt. Es war besser als vorfrüher, in Zeiten der Heimarbeit und der Auswanderung ins »Land der unbegrenzten Möglichkeiten«. Sie hatten nun ihren Betrieb, Kindergarten, Hort, ihre Betriebsverkaufsstelle mit etwas besserer Versorgung als im übrigen Ort, Wäschereien, Poliklinik und ihren Berufsverkehr. Von der Infrastruktur ist nichts übriggeblieben, und die Frauen wollten es nicht glauben, sie haben nicht vorgesorgt, und wie hätte das in diesen ländlichen Gegenden auch aussehen sollen.

Sitzen wir zusammen, in Gardelegen oder Lübz, bestimmt noch die hoffentlich nicht ewige Traurigkeit der Müttergeneration das Gespräch. Sie behüten die Enkel, wenn die erwachsenen Kinder weit weg Arbeit finden. Aber dort finden sie vielleicht auch irgendwann eine bezahlbare Wohnung, dann werden sie weggehen. Dem Streß ein Ende machen, die langen Anfahrten und nur das Wochenende zu Hause, wo man dann nicht weiß, was man zuerst machen soll. Reden? Über alles? Das tut der Ehe auch nicht gut.

Wir haben hier auf Kosten der Zukunft gelebt, anderthalb Generationen lang. Dafür werden wir bezahlen müssen, auch dafür. Und daß wir die Bundesrepublik Deutschland und ihre Spielregeln zu wenig kennen. Armut schämt sich und versteckt sich. »Niederträchtige Strategie« nennt Wolfgang Ullmann, was böse Schicksale macht. Aber er ist ja schon weit weg. Es wird ihm verblassen und ihn nicht mehr betreffen. Hoffentlich steht in der Zeitung bald zu lesen, daß sich der redliche Bürgerbeweger Schorlemmer dagegen verwahrt, einer der sechsunddreißig Gerechten zu sein, die Biermann unter uns verbliebenen Millionen aufgelistet hat. Ich versteh schon. B. braucht einen Grund, die ehedem betrauerte Heimat rechts liegenzulassen. Die DDR-Bevölkerung, ein »Notverkauf der Russen«, »breitärschige Wohlgenährte«, die ihm »gestohlen bleiben können«, alles »Jammerlappen«.

Die Künstler sind im Einigungsvertrag nicht vorgesehen. So lebt die Kunst nun wieder in zwei Welten. Den »Guten« öffnen sich die Türen, wer »staatsnah« (was auch nah am Volk heißen kann) gelebt hat, der hat die Fresse zu halten, wenigstens eine »Schamfrist« lang. Nimm einem Volk seine Kunst, und du nimmst ihm sein Gedächtnis. Was das anlangt, sind hier Elektroschocks zugange. Weg mit allem, was erinnern könnte, daß auch wir, so kurz nach dem Faschismus, einen Weltkrieg bezahlend und also arm dran, das Unsere versucht haben. Als Frauen hatten wir das Recht auf Ausbildung, auf Arbeit, Wohnung, Wunschkind, auf Scheidung, Irrwege und Irrtümer.

Aber nun erst recht brauchen wir jeden vernünftigen Gedanken und unsere Kraft gegen die tägliche Angstmacherei in den täglichen Nachrichten, die dann gar keine sind, sondern nur Drohungen.

Soll ich weitererzählen? Zitat: »Es ist unwürdig, für die Frauen eine Quotierung durchsetzen zu wollen. Frauen sind so stark, so wunderbar, die setzen sich von allein durch.« Sprachs und zog sich in sein nur aus Männern bestehendes Präsidium zurück.

Und jetzt höre ich auf. Ich schreibe Dir dies alles mit einem gewissen Unbehagen, weil Du mich so dringlich danach fragst, und Deine großen Blicke lassen mich für einen Moment glauben, Du willst es wirklich wissen. Aber schon während ich Dir diese Seite skizziere, weiß ich um die Gefahr solcher Einseitigkeit und daß Du weißt, ich könnte Dir auch ganz andere Seiten schildern. Es gibt blumige, hoffnungsvolle. Schluß, aus. Lasse ich es so einseitig und ungerecht stehen.

Niemand ist verpflichtet, eine schwer zu beschreibende widerspruchsvolle Situation in eine Metapher zu bringen.

Und Du, Du lebst in einer anderen Welt. Noch innerhalb der Welt, die Deine Reibefläche und Dein gewohntes Biotop ist. Du bist vor allem Du. Und wir sind im gegebenen Zustand noch weniger Ich als vorher.

Januar 1992

… das Leben, das wir uns für die älteren Jahre vorgestellt haben, das wird nun nicht sein. Bis zuletzt werden wir für unseren Lebensunterhalt zu arbeiten haben. Mein Mann kriegt wahrscheinlich erst in fünf Jahren Rente.

Und dennoch geht es uns gut. Trotz allem, und obwohl es manchmal schwer ist. Selbst die verdiente Erschöpfung hält mich nur vorübergehend auf.

Es ist ein anderes Leben, Irmtraud, mit früher nicht zu vergleichen. Was bleibt, als es anzunehmen. Ich kann doch schon wieder den Blick heben. Zwischen mir und dem Anflug von Verzweiflung liegt die Arbeit. Ich konnte Frauen helfen, die nur noch wenig Hoffnung hatten. Man knüpft Fäden, irgendwas geht immer. Erstmal für ein Jahr ABM, dann wird man weitersehen. Große Lebensentwürfe auf Dauer sind jetzt hier nicht zu machen. Ohne unser Zutun ginge es noch schlechter.

Der Kampf des Frauenbundes mit der Treuhand hat fast zwei Jahre gedauert und wurde mit erprobten miesen Mitteln gegen den Bund geführt. Nun sind wir als Organisation frei und schuldenfrei, haben sogar noch was über, womit Neues angefangen werden kann. Die Erinnerung an Erpressung, Herablassung und die eigene Rechtlosigkeit wird bleiben, ein jederzeit durch Vergleich abrufbares Gefühl.

März 1992

Liebe Inge,

ich bin fast nie zu Hause. Wenn, dann krieche ich todmüde ins Bett, mache mich wieder auf den Weg, zu den abgewickelten (!) Bäuerinnen, den entlassenen Textilarbeiterinnen, zu Seminaren und in Gymnasien, in Seniorenheime und zu vielfältigen Frauengruppen. Von Rügen bis hinter Suhl bin ich zugange, in Hinterhofzimmern, Schulen, manchmal in einem Theaterchen oder einem Rathaussaal, manchmal haben wir nur einen Barackenraum neben der lauten Hauptstraße. Heute bin ich in der Kongreßhalle am Alexanderplatz bei dreihundert alten Konsumverkäuferinnen. Ob ich mich darauf freue?

Nein, der Ort ist falsch, die Chance zu klein. Der Kuchen wird eine größere Rolle spielen als wir. Warum ich es trotzdem mache? Weil es bezahlt wird und wir das Geld brauchen.

Ich schreibe Dir so dringlich, weil ich eben erfahren habe, daß eine Mitarbeiterin meines Verlages »Neues Leben« Dir zwar auf meine Bitte die Bücher geschickt, Dir aber eine Rechnung ins Päckchen gelegt hat. Wenn die Leitung Deines Züchtigungshauses die beschlagnahmt hätte, das wär doch mal ein gutes Werk. Aber das klappt im Leben nie. So weiß ich nicht, wie ich das Geld hinter die Gitter zu Dir bringen soll, finde es aber heraus.

Liebe, ich entnehme der Zeitung schmale Meldungen über Dich, die sind alle nicht beruhigend. Du bekommst einen Brief, in dem ich Dir mehr von mir erzähle, aber erst meine Reaktion auf die Taktlosigkeit. Ich denke viel an Dich, manchmal lange, rede mit Dir.

Meine Tochter ist hinfällig. Nun läuft die Invalidisierung, sie wird in ihrem künftigen Leben wenig für Luxus übrig haben, bei dem, was sie sich an Rente erworben hat.

Am 25. und 26. April bin ich als Jurorin bei Alice in Köln, wegen des Journalistinnenpreises. Dir näher, aber der Zwischenraum macht es ja nicht. Hier? »Krieg ist im Land/der Sieger erklärt dem Besiegten den Schlachtenlärm zur Nachtigall«, habe ich geschrieben. Das lese ich, draußen, da nicken die Leute. Schreibst Du? Alles auf, was Dein Leben als Beispiel hergibt? Tu es. Ich bin so glücklich, daß ich meinen Verlag noch habe, der es schwer genug hat, weg soll, angegriffen wird. Natürlich ganz demokratisch, nur übers Geld. Thurn und Taxis haben in Sachsen die besten Buchhandlungen aufgekauft, in die sollen die Vertreter vom »Neuen Leben« nicht einmal hineindürfen. SED-Verlag? Nein, danke. Stimmt zwar so nicht, wirkt aber.

Wie Du hier gelebt, wie Du von draußen kommend

dieses Land DDR gesehen hast, wie Du Dich zurechtgefunden hast, das wäre wichtig. Dein Aspekt, wie es sich hier, und daß es sich leben ließ, das wäre für die Frauen interessant. Bei Aufzeigung aller kritischen Punkte.

Dies ist ein eiliger und ein Nichtbrief. Nur, als ob ich den Kopf in Deine Zelle stecke und schnell was sage.

Dienstag, die Woche ist noch lang, ich kämpfe gegen Erschöpfung und einen Infekt, den ich mir nicht leisten kann. Wenn ich mit Dreißig hätte so arbeiten müssen wie jetzt, da wär ich gar nicht dazu gekommen, so viele schöne blöde Irrtümer zu begehen.

August 1992

... Ich bin zurückgekehrt von der Nordsee, wo man in Jütland die Haustür offenläßt und im Dunkeln seelenruhig auf die Straße geht. Um sich von Mücken fressen zu lassen und zu bemerken, daß man sich mitten in einem Übungsgelände der Waffenstände befindet, und wie teuer alles ist.

Ein paar Augenblicke Ruhe, als ich Ihren Brief las und die Nachdichtungen meiner Verse von Slávica. Welch ein Gruß aus welchen Zeiten und in welchem Zusammenhang. Es fröstelte mich, aber ich danke Ihnen, daß sie mir die Kopien geschickt haben. Zwar kann ich nicht erkennen, um welche Gedichte von mir es sich handelt, aber ich werde Slávica schreiben, wenn ich auch nicht weiß, ob ich sie in ihrem eben noch umkämpften Heimatort erreiche.

Es ist nicht nötig, daß wir uns gegenseitig entschuldigen. Ich wußte ja auch nicht, daß es nun Ihre »Theodor Fontane Gesellschaft e.V.« gibt. Fontane war für mich sehr wichtig. Ich habe ihm viel von meiner heutigen Haltung zur Frauenpolitik zu danken. Seine Effi weist den redlichen – aber eben auch sehr guten –

Schriftsteller aus, und sein Instetten, das war schon mutig zu seiner Zeit. Was ich durch Fontane begriffen habe, hat auch Trennungen mit sich gebracht. Für die bin ich besonders dankbar.

August 1992

Freundin,

der Brief an Dich ist überfällig. Wie beginnen? Mit Dank für Dein Geburtstagsgeschenk. Aufgehoben, bis wir ins Dänische gelangt waren, abends ins Bett gekuschelt, und nun bitte, Sir Peter Ustinov. Ein Mann, wie er mir gefallen könnte. Witz, Charme, Geist, keusch, selbstironisch, wahrscheinlich ein gutes Herz. Nicht so richtig links, aber für rechts auch nicht zu gebrauchen.

Ich komme noch einmal zurück zu Deinen Bemerkungen über mein letztes Buch. Du verstehst nicht, »wer aus der Reihe tanzt«. Manchmal eine! Ich bin aus der Reihe getanzt, die meisten von uns versuchen doch wenigstens, anders zu leben, als vorgelebt wurde. Es tut mir leid, daß Du den Titel nicht nachempfinden konntest, mir gefällt er nach wie vor. Wir wollten die Texte mit Jahreszahlen versehen, aber meine Lektorin riet davon ab. Was hätte sich auch geändert, daß alte Einwände in andere historische Zeiten abgeschoben werden könnten?

Laura geht in die elfte Klasse, sie hat nicht einmal Schulbücher. Nicht einmal alle Lehrer haben einen kompletten Satz ihrer Lehrmittel. Vielleicht verständlich und das Wenigste. Aber wo sich alles ändert, tut es das in den Köpfen noch längst nicht.

Du fragst mich nach Kirsten. Ihr medikamentös ausgeschaltetes Immunsystem kann sich gegen nichts wehren. Sie hatte das Pfeiffersche Drüsenfieber, eine seltene Erkrankung. Lag wieder vier Wochen im Krankenhaus, nun folgen durch das lang anhaltende Fieber die Tachykardien, also Herzschnellschlag, stärkste Migräne, Wadenkrämpfe, Übelkeiten. Ihr Antrag auf Invalidisierung läuft nun seit über acht Monaten. Kein Bescheid, monatelanges Hinauszögern der 250 DM monatlichen Krankengeldes.

Natürlich stehen wir. Stehen, stehen bei, stehen zusammen und manchmal eben wieder auf. Auch ich hab Signale, Warnungen. Zuviel, heißt das, tritt kürzer. Aber eben auch zuviel Aufregung durch die Treuhand.

Als Frauenbund standen wir bis jetzt unter Fuchtel der Treuhand. Wir sind raus, um den Preis unserer ED-Frau-Schule. Und sie wollen wohl noch ein paar Millionen haben, die es aber eh nicht gibt, niemand wird sie bezahlen, also wäre es ein Ende der Aufregung. Das denkt man. Und wundert sich, wie lange es einem nachgeht.

Im September bin ich mit Angelika von Grimmen bis Schneeberg auf Tour. Mit »Nun wird alles ganz anders« oder »Traute Brautnacht« oder »Komm, Schwester, komm«. Wir können uns da ausleben und ein bißchen davon leben, denn das kann sie nicht von ihrer ABM und ich nicht von meiner Rente.

Sobald »Ich umarme Dich in Eile« bei mir ist, wird es Dir als erster zugehen. Du hast es gut. Du kennst noch die persönliche Natur.

September 1992

... Wenn wir uns als ehemals Ostdeutsche und als Westdeutsche jemals besser kennenlernen wollen, dann müssen wir auch die Kunst als Vermittlerin bemühen, obwohl ihre Sprache jetzt leiser scheint als die der Politik.

In der DDR besteht wesentlich mehr Kenntnis über »westliche« Künstler als bei Ihnen über die unsrigen. Bücher gingen hier von Hand zu Hand, Platten und Bänder wurden kopiert, Rezensionen weitergereicht.

Da aber auch in der DDR, wie in anderen östlichen Ländern, eher das Amüsement ins Fernsehen gelangte als etwa kritische, engagierte Kleinkunst, und die bekannten Reiseschwierigkeiten zusätzliche Hürden aufbauten, wie auch der Unterschied des Geldwertes, gab es in der DDR Werke und Karrieren, gab es Künstler, die woanders präsent waren, auch in Indochina eher als in Westberlin. Deutsch-deutsch war von DDR-Seite aus unerwünscht und eben deshalb drüben gern und ziemlich wirkungslos gefördert.

Die Abschottung bewirkte, daß sich hier zwischen dem Publikum und den Künstlern viele neue Formen für die Kommunikation entwickelten, daß gerade Lied, Monolog, Dialog und Mischformen ihre besondere Blütezeit fanden.

Es wäre sicher interessant, dienlich und genußvoll, davon bei Ihnen vorzustellen. Teile der Kunst waren bei uns etwas Alltagsnahes, Erfahr- und Bezahlbares. Wie überall, wo Kunst sich zu helfen weiß und deswegen gebraucht und angenommen wird. Wir können es ja versuchen, liebe Frau Broer.

Oktober 1992

... Wir waren ein paar lebensrettende Tage lang für einen Mini-Urlaub in der patschnassen Lüneburger Heide. Den Antwortbrief an Frau Broer habe ich trotzdem pünktlich auf den Weg gebracht. Und nun meine Zusage, mich in das Beraterteam für Medienarbeit vorzuschlagen. Die Menschen hier beklagen, daß ihnen kein Medium geblieben ist, in dem sie sich wiederfinden könnten. Selbst wenn angeblich ihr Alltag geschildert wird, er stimmt nicht, die Argumentation trifft nicht, vertraute Gesichter aus der Wendezeit sind vom Bildschirm verschwunden, so erfrischend und unabgenutzt sie uns erschienen. Konfrontiert mit dem

Verschleißtempo und Zynismus einer Wohlstandsgesellschaft, die sich hier eher als Wohlfahrtsgesellschaft benimmt, fehlt vielen das Aufhellende wie Tröstende, das Rundfunk und Fernsehen als gewohnte Medien ja durchaus geben können. Solche Sendungen wie »Haus am See« und ähnlicher unsäglicher Selbstdarstellungskitsch werden von vielen Leuten hier als politische Sendungen empfunden, wie sie früher zum Ruhm der eigenen Taten üblich waren. Liebe Barbara, von Darstellung der Wirklichkeit sind wir weit entfernt.

15. 10. 92

Es ist Dir gelungen, »Elisabeth Anna«, eine ganz besondere Geschichte zu erzählen, eigentlich eine Tragödie, aber durch Sinne und Sinnlichkeit zu Reichtum gebracht, ins Lebendige, wo auch der Tod sein könnte. Das Buch läßt sich nicht erzählen, wenngleich ich, einmal dabei, nicht aufhören konnte, es meiner Lektorin zu preisen.
Das Grundgeschehen könnte alle Angst vor Tabus wecken. Lehrerin und Schüler, dreißig Jahre Altersunterschied. Sie hat vier Kinder und findet in ihm keineswegs das fünfte, sondern: das Leben mit all seiner Schmerzhaftigkeit, ihren Beruf, für den sie gemacht scheint, weil sie ihre Schüler, »die Meinen«, die Blödlinge, wirklich liebt. Nur daher ist ihr Verstehen, ihr Einfühlen und ihr Verletztsein so einleuchtend. Sie liebt in ihm, was den Mann schon gucken läßt und wie er es noch nicht ist.

Du erzählst, was mich zu dem Eindruck gelangen läßt, daß die beiden füreinander gemacht wären. Da brennt wirklich eine Flamme, bei ihr und bei ihm. Es »geschieht« scheinbar nichts, und doch bleibt in all dem Ungetanen auch nichts aus, was Liebe sein kann: die gelbgrüne Eifersucht, das wütende beiderseitige

Gekränktsein, und die heiligen Augenblicke, wo von ihm oder von ihr fürs Leben was verstanden wird.

Es gibt von Dir so wunderbare Schilderungen von dem, was Menschen einander sein können, was sich zwischen ihnen begibt, an Kameradschaftlichkeit, an Versagen und kleinem häßlichem Verrat. Viele Seiten habe ich mehrmals gelesen. Und geheult habe ich auch. Wenn das Geschenk der Klasse, das blaue Fahrrad mit den Luftballons, in den Saal geschoben wird, die mörderischen Bergtouren, das Feuer, die Tage in Polen, die Natur, und immer wieder der Vorgang, der zum Verständnis führt, dieses sich zulassen und sich unterdrücken.

Ich staune an, wie Du Liebe beschreibst. Es ist das Schwerste. Aber bei Dir wird es zur Legende von der Sehnsucht. Deine polnischen Fresien, dieses Lebenszeichen beim tödlichen Warten, sind mir unvergeßlich wie Deine Rede bei der Abiturfeier, seine Finger auf Deinen, Deine Verweigerungen, eure dummen herrlichen befreienden Kraftproben – und der ganze Schmerz. Er am Anfang – wo aber Du? Wie schön, wie wahr, aber das alles wäre nicht so wichtig, wäre es Dir nicht zu Literatur geraten. Keine Naturalismen, alles Verdichtung, für alle Liebe gültig. Und einzigartig, weil so nie wiederholbar. Legende aus Zeiten, die es nicht mehr gibt. Mit Freuden, die heute nicht mehr erlebt werden. Nicht hier, vielleicht noch jenseits der Beskiden. Ein Jeanskauf der Schüler als Höhepunkt eines Urlaubs, das Objekt der Begierde? Ich sehe ihn, und ich sehe Dich, ich sehe den Frevel, der unterbleibt, und die Chance einer Liebe, die keine Chance hat. Weil sie nicht sein kann. Aber das stimmt auch schon wieder nicht. Sie ist ja, sie ist. Und wird auch in seinem Leben ein Maß für Liebe bleiben, hinter das er vielleicht nicht zurückkann.

Ich finde es auch groß, daß Du Deine Halberwachsenen nicht besser machst, als sie sind. Du benennst ihren Egoismus, ihre empörende Unbedenklichkeit, und Du bleibst verletzbar – bist also ohne Routine, noch nicht verschlissen. Dein Buch ist ein Geschenk gewesen, als ich es brauchte. Ringsum mißachten Menschen ihre Gefühle, sie wollen nichts und vor allem sich nicht riskieren. Ich erlebs in der eigenen Familie, wo meine todkranke Tochter gerade von ihrem großen starken Kerl verlassen wird.

Befrei Dein Buch vom Privatdruck. Guckst Du jetzt über Deine Brille? Ich kann Dich nie mehr ansehen wie irgendeine Frau. Ich denk, ich liebe Dich.

21. Oktober 1992

Lieber Peter Gehrig,

wenn ich an unser erstes Gespräch vor der Kamera denke, dann ist mir im Gedächtnis geblieben, mit welcher Ruhe wir bewußt nichts gesagt, wieviel Zeit wir uns genommen haben. Und wie das vom Team respektiert wurde. Stille ist das Wort, das mir einfiel, als ich Ihre wunderschönen Rosen in die Vase stellte, und es war mir schon eng in der Kehle. Denn es ist nicht üblich, sich nachträglich auf solche Weise zu bedanken. Wir beide wußten, was alles auch gesagt werden könnte, wie relativ unsere Sätze waren. Ohnehin bleibt nur die Annäherung und die Vermutung; das, was einem gerade an jenem Tag zu Dean Reed eingefallen ist, der nicht mehr lebt und nichts korrigieren kann. München ist weit. Ich war mehrmals dort, in Zeiten der Mauer war das aufregend. In der Türkenstraße habe ich gelesen, vor wenigen Leuten, weil die Buchhändlerinnen erst am Tag zuvor aus ihrem Urlaub in Griechenland gekommen waren, ach, und nun hatten sie eben kaum noch jemanden einladen können. Und im Förderverzeichnis der Goethe-Gesellschaft stand ich ja sicher nicht.

Ich danke Ihnen für Ihr freundliches Angebot, lehne es auch nicht generell ab, aber ich habe Reisen nie gemocht und bin immer auf den nächsten Gedanken neugieriger als auf die nächste Stadt. Vielleicht kann ich Ihnen hier Türen öffnen. Ihre Rosen sehen sehr selbstbewußt aus. Ich lebe auch. Ich versuchs.

Oktober 1992

Laura,

mein Herzsternchen, nun bin ich wieder nicht hier, wenn Du Nahrung und Nugetts abfassen kommst, sondern bin bei den Frauen und mit den Frauen, wo wir nicht über den Mann an sich, sondern über Macht und Männer-Politik reden werden. Ich hoffe auf Offenheit, Herzlichkeit, Ideen und Optimismus. So selbstverständlich ist das ja nicht.

Du wirst für uns alle zur Mama ins Krankenhaus gehen, und ich wünschte Dir andere Wochenenden. Aber ich bitte Dich, erkenn dies als eine von zwei Möglichkeiten der Erfahrung: Wie es ist, wenn die Liebe nicht ausreicht und ein Mensch den anderen in seiner tiefsten Not verläßt. Glaube aber nicht, das sei »das Leben«. Es ist ein Extrem, es gibt das andere. Daß eins dem anderen getreulich hilft, mit dem Leben zurechtzukommen. Bedenke, daß Liebe etwas ist, das unentwegt verlangt, wir sollen etwas für sie tun. Wenn Du es noch nicht bedenken kannst, so halte es doch immerhin für möglich.

Du mußt Dich auch jung fühlen, Du darfst auch unbekümmert sein. Laß Schmerzen an Dich heran, aber Du bist nicht verpflichtet, sie unentwegt zu dulden oder vorzuzeigen. Wehre Dich gegen Überforderung, damit Du Dein Lachen und Deinen Witz behältst. Es bleibt genug, was Dir zugemutet wird. Und wenn der Mann, der vor kurzem noch seinen Namen an Dich geben wollte, Dir nun neben der Schule und der Sorge um die kranke Mama den gesamten Haushalt allein überläßt, so wollen wir Abhilfe schaffen und nicht enttäuscht sein. Dies alles war lange absehbar.

Ich hätte Dich so gern gesehen. Und will Dir auch noch verraten, was wahre Liebe ist: Gestern abend war mein Mann bereit, »Deinen« Schokoladenpudding anzutasten und mir eine Portion davon ans Bett zu bringen. Natürlich habe ich das nicht geduldet und hoffe, Du ziehst ihn Dir zur Gänze rein. Alles andere, mein Liebling, bei der nächsten Tasse Jasmintee, laß es Dir gut gehen, wir bleiben unentwegt in Verbindung. Obwohl ich heute nacht, ehrlich gesagt, von Gregor Gysi geträumt habe. Ich hab ihm aus der Hand gelesen. Sein Schicksal war gar nicht so schlecht. Und meins auch nicht. Und Deins erst recht nicht. Wie immer in aller Liebe und Obacht auf Dich

November 1992

An das Neue Deutschland
Leserbriefredaktion

Liebe Kollegen,

mit Interesse habe ich gelesen, wie zwei im »Unabhängigen Frauenverband« so dominierende Frauen wie Marika Körzendörfer und eure Redakteurin Corinna Fricke Auskunft geben über ihre frauenpolitische Arbeit. Wünschenswert streitbar, aktiv, die Politiker bedrängend. Mir tut nur leid, daß diese große Aufgabe allein auf den Schultern dieser einen Frauenorganisation zu liegen scheint. Unsere vielen Begegnungen bei Aktionen, Demos oder Foren fanden offenbar zum Austausch von Rezepten für Weihnachtsplätzchen statt. In diesem Interview ist Corinna F. eine neugierige Reporterin, die von Marika K. in die Geheimnisse der eigenen Absichten eingeweiht wird. In Wahrheit hocken die beiden im selben Verein und teilen dort die Arbeit. Das hätte ich als Leserin gern erfahren. Dann wäre mir klar, warum statt des Dutzends arbeitender Frauenvereine nur dieser eine im Licht steht. Die anderen haben meist weniger angenehme Domizile und sind weniger gut ausgestattet in die Freie Marktwirtschaft entlassen worden. Hätte auch Erwähnung finden können. Ich finde die Unabhängigen wichtig. Aber noch glauben die, daß ihre Organisation allein es schaffen wird. Dabei können wir nur gemeinsam Quantitäten bilden, die von den Politikern nicht übersehen werden können.

Es wäre gut gewesen, auch die Interessenvertretungen der Landfrauen, Staatsbürgerinnen, Seniorinnen etc. zu erwähnen, auch den Demokratischen Frauenbund, nun als gemeinnützigen Verein mit immerhin 60 000 neuen Mitgliedern. Wenn die Frauen nicht zusammenhalten, wird Mann sie um so leichter regieren.

November 1992

... ein Briefchen soll dazu, wenn die Bücher nach Bremen auf den Weg gehen. Hast Du die »Liederbriefe«? »Laß dich erinnern«? Wenn nicht, dann kriegst Du die auch.

Du hast also nach einem Motiv gesucht, warum ich mich so lange nicht gemeldet habe. Ich habe mich lange auch nicht bei mir selber gemeldet, Ellen. Das ist die Wahrheit. Ich sei Dir gram? Weil Du keine Veranstaltungen besorgen konntest? Da fehlt der aktuelle Stand der Kenntnisse voneinander. Ich bin dauernd unterwegs. Fahre zwischen Suhl und Rostock, schreibe, sorge, rackere in Funktionen. Mit Angelika Neutschel habe ich mehrere Programme mit dem Finger auf den Wunden. Wir werden gerufen und machen, machen. Nun erscheint mein viertes Buch nach der Wende. Wir packen es gerade, noch einmal bei Null anzufangen. Kein Einzelschicksal hier. Prallvolle Tage und Kalender, Arbeit ist an allen Ecken und Enden. Wie sie vergütet wird, ist eine andere Frage. Aber es entsteht neues Repertoire für Jürgen Walter, CDs sind in Vorbereitung, es gibt nicht einmal genügend Schlaf, geschweige Leerlauf.

Du weißt, daß wir in der Familie genügend mit uns zu tun haben. Aber zugegeben, es gibt noch einen anderen Grund, warum sich die Zeit nicht fand, die sich bei aller Eile doch hätte finden lassen. Es war mir nicht so wichtig. Wo sind sie alle, die lieben Linken »von drüben«, die unsere Brötchen ablehnten und unser Ideal teilten? Sie wollten unseren Käse nicht, nicht auf der Stulle und nicht in der Zeitung, aber wir waren doch »die einzige Alternative«. Ist es Scham, Bitterkeit, Ernüchterung, oder doch die wunderbare Möglichkeit, nicht mit auslöffeln zu müssen, was wir uns »theoretisch« gemeinsam eingebrockt haben?

Du bist ja auch kein Einzelfall, wenn Du sagst, daß Du weit weg von der Politik »sehr gesundheitsbewußt« lebst. Das ist sehr schön für Dich, »Rote Elli«. Aber ich kann so nicht. Ich klettere jetzt erst recht tief hinein, ich will wissen, ob unser Leben wirklich nicht lebenswert gewesen ist, sein soll, und warum es uns dennoch so vorkam.

Deine Platte ist wunderschön, poetisch und lebenswahr. Wenn Du damit für Dich etwas Verbreitung findest, so will ich Dir gern wieder einmal einen Packen Texte schicken. Aber keinen, wo Du das Thema bei mir bestellst, Ellen. Unsere Leben gleichen sich nicht sehr, da kann ich nur aus mir heraus etwas für Dich schreiben. Und wenn Du willst und es paßt, dann nimmst Du es.

Vor den Feiertagen umarme ich Dich in alter Treue und wünsche Dir Aufrichtung in allem.

November 1992

Liebe Familie,

Ihre kritischen Bemerkungen zu meinem Monolog über die »Brautnacht« des 9. November haben mich aufmerksam gemacht auf mögliche Mißdeutungen des Textes. Ich habe noch einmal an dem Manuskript gearbeitet und bei der nächsten Lesung besser auf die Akzente geachtet. Mag sein, die Gewichte stimmten nicht. Der Text ist von mir weder zynisch gemeint noch zynisch geschrieben. Vielleicht hat sich ein Mißverständnis ergeben, weil ich am Abend im Theater in Hildburghausen müde war von der langen Fahrt, da klingt Nachdenkliches leicht wie Entmutigung, Trauer wie Ergebung.

Aber es geht nicht um »die Freude«, nicht um »den Aufschrei«, nicht um Jubel und nicht um den Gesang der Tausenden. Es geht nicht um meine Tränen, die auch über gelebtes Leben flossen, das schon auch reich ist an verwehrter Möglichkeit. Ich habe nur nicht an die Dauer der Freude geglaubt. Ich wußte, diesem Übermut wird die Notwendigkeit Mut folgen müssen – und ich hatte Zweifel, ob wir, die einen wie die anderen, erwachsen genug sind, die vor uns liegenden Bewährungen zu bestehen.

Vom August 1961 bis zum Frühling 77 durfte ich meine Mutter in Hamburg nicht besuchen. Ich war kein »Reisekader«. Nach dieser Zeit wurde es für Künstler üblich, daß sie aus Gründen ihrer Arbeit gelegentlich reisen konnten. Ich tat es ungern, hatte auch nicht das richtige Geld. Meine Bücher wurden in der DDR verlegt, selbst von meinem Band bei Rowohlt bekam ich nur einen bescheidenen Intershop-Scheck, den mußte ich noch einmal 1:1 kaufen.

Anfang der achtziger Jahre habe ich einige bescheidene Lesereisen durch die Bundesrepublik gemacht, ich war begleitet von meinem Mann. Sonst wäre ich zu Hause geblieben. Von Status oder Privileg konnte unterwegs nicht die Rede sein. Wir bekamen pro Stadt und Lesung 200 DM. Davon mußten wir außer Übernachtung alles bezahlen. Die Mitarbeiter in den collectiv-Buchhandlungen, schlecht bezahlte Idealisten, freuten sich sehr, wenn wir Kaffee und Kuchen mitbrachten oder sie zur Pizza einluden. Wir haben an uns gespart, so konnten wir uns die verbilligte Weltbühnen-Reprint-Ausgabe leisten, kleine Präsente für die Töchter, Obst und Medikamente für die Enkelin. Wir haben uns so durchgeschlagen. Nur den Big Mac in Mannheim, kulinarische Premiere, haben wir im Papierkorb landen lassen, beide.

An einem Wochenende war ich allein in Paris zum Pressefest, an einem anderen, auch allein, in Athen beim Friedensmarsch. Traurige Erlebnisse, endend mit dem Entschluß: allein nie wieder! Nach einunddreißig Jahren konnte ich meinem Mann meine eigentliche Heimat Wildenau in Ober-Österreich zeigen.

Das waren meine Welterfahrungen, nach zweiundzwanzig Büchern, über tausend Liedern, nach Hörspielen, Filmen, Theater-Szene-Abenden. Mein Mann gab 1979 sein Amt als Chefredakteur auf, weil meine Arbeit und die seine aneinander vorbeiführten. Er gab seinen Reisepaß, seine Altersversorgung und seinen Chefposten dran und handelte für mich, wie es viele Frauen für Männer tun.

Als die Solidarnósc gegründet wurde, wußten wir, daß das so oft besprochene Ende beginnt. Er wußte es, ich glaubte noch nicht dran. Wir hofften, daß es nicht blutig ausgehen würde.

Aber ich habe die DDR geliebt. Ich hab gern hier gelebt. Schmuddlig, ärmlich, ziemlich beschränkt, so konnte man sie auch sehen. Und anders. Es gab hier viele Chancen, sich besonders nahezukommen. Und offen miteinander zu reden, ob die Frauen und ich, oder die Studenten und ich, und wenn es nach Berlin gemeldet wurde, dann haben wir abgewinkt. Ob Sie es glauben oder nicht, ich hatte keine Angst vor der Stasi. Sie war in unserem Leben nicht wichtig. Wir fanden sie eher unfähig. Das ist ja auch wahr. Wie wenig sie wirklich bewirkt hat, haben wir am Ende gesehen. Sie haben haufenweise Akten zum Mißbrauch durch andere Geheimdienste hinterlassen. Gerecht geht es ja wieder nicht zu.

Aber an die Stasi habe ich in jener Nacht des 9. November nicht gedacht, ehrlich nicht. So wenig wie viele andere Leute. Wir waren ja auch alle miteinander überfordert. Die Allmächtigkeit der Stasi halte ich für eine nachträgliche Erfindung. So dämlich wie zum Schluß können sie nicht über Nacht geworden sein. Raffinesse? Verwirrspiele? Heimliches großes internationales Geschäft? Ach wo, Versagen.

In jener Nacht dachte ich, daß die Leute glauben, ab morgen wird sich das westliche Flair wie durch ein Wunder einfach auf die DDR ausbreiten. Dabei gab es dieses Flair als feste Größe ja gar nicht. Aber worauf sonst, wenn nicht darauf, sollten sich die Menschen hier nach diesen langen Jahren ständigen kleinlichen Mangels und der Einschränkung denn freuen, wenn nicht über Grenzenlosigkeit der Mobilität und des Warenangebotes. Vielleicht dachten sie auch, ab morgen gibt es so gut wie keine Ämter mehr.

Wir wußten doch aber, daß man nicht beides gleichzeitig haben kann: Europäisierung, die Neuordnung des verflochtenen Kapitals – und die Wohlfahrt. Wer würde unseretwegen freiwillig zurückstecken, wer der unglaublichen Verführung widerstehen, einen ganzen Staat in die Tasche zu stecken? In dem vieles verrottet war, aber nicht nur. Soviel Land, soviel ehemaliger Besitz. »Die Einigung hätte einer Moral« bedurft, die es nicht gab. Zeit hätte es gebraucht, die niemand mehr aufbrachte. Und Befugte von anderem Charakter als jene einzig Unbescholtenen im Dorf, die nun plötzlich Posten bekamen und im redlichsten Fall selber über den Tisch gezogen wurden. Oft hatten sie vorher nichts Wichtiges gemacht, da konnten sie auch nichts falsch gemacht haben.

Was jetzt hier geschieht, das ist neuer Krieg gegen die Frauen und Ausrottung einer Vision. Auch neue Sortierung in Lebensalter. Zynismus? Nein, dafür ist jetzt zuviel davon üblich geworden. Ich versuche, Frauen Mut zu machen, ich versuche, Männer davon zu überzeugen, daß sie, bei aller eigenen Sorge, zusätzlich gegen die Frauen benutzt werden. Im Spiegel verlangt Biermann unseren kollektiven Selbstmord, aber schweigend, nicht, daß wir uns vorher noch groß erklären. Im Spiegel auch ekelt sich Frau Maron vor uns, die bis 1988 hier gelebt hat, gut gelebt.

Da wirds wieder Heimat, was mir lange nur noch blaß war. Da gehör ich her, zu den Angeschmierten und Abgeschobenen. Also setz ich mich ein und bekenn mich dazu und nehme dafür in Kauf, daß die lukrativeren Angebote ein weiteres Mal einen Bogen um mich machen.

Die Schriftstellerin Helga Schubert, früher in mäßiger Opposition, aber durchaus mit Arbeitsplatz als Psychotherapeutin, mit Häuschen in Mecklenburg und Stadtwohnung in Berlin, soll öffentlich verlangt haben: »Künstler, die sich früher für die DDR eingesetzt haben, hätten nach der Wende erst mal zwei Jahre interniert werden müssen, dann wären sie jetzt geläutert.« Dahingestellt, wie sie das gemeint haben will. Erklären läßt sich hinterher vieles.

Aber dieses Land hier kenne ich. Ich kenne die erklärbare Weltfremdheit vieler seiner Bewohner und ihr jetziges tiefes Erschrecken darüber, daß es Armut ja wirklich gibt. Ich empfinde Verachtung gegenüber denen, die früher feige waren, oder unbedeutend, und die jetzt so tun, als seien sie wichtige ehemalige Widerständler.

Ich muß so leben, wie ich bin. Mit dem »Gesang«

meine ich doch nicht die Leute, die mitgesungen haben. Sondern die sonst so verzankten Politiker, die sich auf einmal in dem unsäglichen Deutschlandlied wiederfanden, das für mich niemals vom Faschismus zu trennen ist. Jetzt braucht es Mut und den Widerstand des Pöbels. Zu dem gehör ich. Ich gönn Ihnen Mamas Häuschen in Hildburghausen wirklich. Haben Sie Nachsicht, wenn ich Ihre Gefühle verletzt haben sollte.

zum 2. Dezember

Alice,

Du könntest meine jüngere Schwester sein, aber mehr bist Du mir in den letzten Jahren eine anregende Lehrerin gewesen. Ich hatte ja nachzusitzen. Keine andere Frau hat meine Gedanken so geschubst. Ich habe Denkabfall entsorgt und entdeckt, daß meine Gedanken über Feminismus borniert waren. Bemerkend, daß ich über einzelne Erscheinungen die Nase gerümpft und das Wesen der Sache verkannt habe, während ich mich andererseits bemühte, Emanzipierung der Weiber auf den Weg zu bringen.

Ich liebe Dich aus Dankbarkeit und Sympathie, aus Wohlgefallen und Stolz darauf, daß es eine wie Dich gibt. Du bist vernarbt wie ein alter Krieger, verletzt und wieder verletzt und kannst so schön lachen.

»Die Alice, die wird hundert!« Welch eine kleinmütige Aussage über Dich. Dich wird es länger geben. Wenn über Courage gesprochen wird, dann rede ich auch über Dich. Und wie ich nehmen viele andere Frauen Deine Anstöße in ihre eigenen Gedanken auf und tragen sie in ihre Arbeit. So lernt schon meine Enkeltochter, in der Schule Schule zu machen, auch gegen die Schule.

In den letzten Tagen hast Du mich zweimal entwaffnet und dann mit Argumenten versorgt, die ich allein nicht gefunden habe. Dein Urteil über das Erlanger Experiment mit dem wachsenden Fötus in der toten Mutter; da hast Du recht! Natürlich geht es um Machbarkeitswahn und in der furchtbaren Konsequenz um die Sortierung von wertem und unwertem Leben. Wir haben hier noch zu wenig Selbstbewußtsein, wir können unsere eigene Meinung oft noch nicht überspitzt angreifend sagen. Aber es fällt uns schon auf, daß die reiche Bundesrepublik unsere Benefizveranstaltungen braucht, um sieben leukämiekranke Kinder aus Tschernobyl in der Charité zu versorgen. Ärzte und Schwestern arbeiten dafür zusätzlich ohne Entgelt, und wir rufen gute bekannte Künstler zusammen und betteln unser Publikum an. Ich frage niemanden vergeblich, nicht die Künstler und nicht die Leute, die da kommen, wegen des Wiedersehens mit »ihren« Künstlern und für den guten Zweck. Das sind natürlich keine Sponsoren, aber ihre Mark oder ihre zehn Mark nehmen sie aus dem schmalen Beutel.

Die Kinder haben keine Lobby, sie werden niemals Leistungsträger, also warum sollten sie leben?

Du hast so recht. Den vordem vermutlich unwissenden, nun zu »Großeltern« ernannten hilflosen Leuten wurde suggeriert, ihr Kind könne irgendwie wiederkehren, als »Enkelkind«, das dann auch »alle Liebe« bekommen sollte.

Du hast mit Deinem Artikel in dieses Gebäude aus fix zusammengeklebter Scheinmoral und Gewinnstreben reingehauen, mitten in die brutale Unbedingtheit. Den Eltern der Toten blieb ja gar keine Alternative, es hätte lieblos ausgesehen, wenn sie sich entschieden hätten, den unerprobten Weg nicht mitzugehen.

Und dann hast Du als erste gesagt, was Du von der halbdunklen mystischen Szene Kelly und Bastian hältst. Gestern, in Bad Salzungen, bei einem Wochenendtreffen mit Frauen, haben wir den Gedanken durchgespielt: Wenn ER das genialisch umtriebige Original gewesen wäre, eine Generation jünger, und SIE das überbehütende abschirmende Wesen? Wobei sich in der Überbehütung immer auch die Herablassung ausdrückt. Es muß jemand sehr hilflos sein, wenn er derart beschützt wird.

Eine gemeinsame Trauerfeier »nach einem Liebesdrama« läßt sich für den umgekehrten Fall nicht denken. Hätte sie ihn umgebracht, ihrem physischen Tod wäre ihr moralischer »als Mörderin« gefolgt. Da hätten die alten Klischees Urständ gefeiert: Ihr Uterus, ihre Altersfurcht, Eifersucht.

Auch ich habe zuerst gedacht, es handle sich um ein politisches Verbrechen. Dann dachte ich, es ist doch keins. Und dann kamst Du und sagtest, natürlich ist es eins. Es ist in seinem alten Soldaten- und Manneskopf entstanden. Was heißt hier tragisch. Was heißt hier Ende einer großen Liebe! Es ist Mord an einer Schlafenden!

So einfach kann das Leben scheinen, wenn man selber bereitwillig in den falschen Ton anderer einstimmt. Die froh sind, wie es Schily und Joschka Fischer formulierten, daß »es sich nicht um ein politisch motiviertes Geschehen handelt«. Zu unbequem, die Friedensliebe des alten Offiziers in Frage stellen zu müssen, und wie naheliegend dem, sicher Ratlosen, dann der Griff zur bereinigenden Waffe wurde. Mir ist unbehaglich, mit solchen Gedanken und ihren Konsequenzen umzugehen, und Du hast runden Geburtstag. Es werden viele Leute über Dich, Deine Arbeit und Deine Verdienste reden. Mehr Frauen als Männer. Obwohl auch die es sich wohl nicht nehmen lassen, der »Gegnerin« an diesem Tag Respekt zu erweisen, das macht man ja so in eurer zivilisierten Welt. Broder wird Dich bestimmt nicht gerade dann mit seiner Bemerkung grüßen, Du seiest eine »eingefleischte Antisemitin«.

Du wirst nicht bloß hundert, Du nicht. Es sei denn ...

Ich hole mir von Dir, was anders nicht zu kriegen ist. Hier kommt das Jahr der blühenden Landschaften in der Talsohle. Aber darüber ein anderes Mal …

Dezember 1992

… die Frauen in ABM arbeiten wie für die Ewigkeit und unterliegen doch dem sogenannten Rotationsprinzip, das die Projekte erhaltenswert und die Frauen austauschbar macht. Da es so nicht ist, jeder Beamte das weiß und es sich gerade deshalb nicht erklären lassen will, kannst Du verzweifeln, aber ändern kannst Du nichts. Bei Auslaufen der »Maßnahme«, das derzeit meistgehörte Wort, werden andere Kriterien angelegt, als bei Genehmigung eines meist sozialen Hilfsdienstes, in dem es viel zu arbeiten und wenig zu verdienen gibt. Da muß »Vertrauen aufgebaut werden«, aber nur für ein Jahr, dann machts halt jemand anders.

Weihnachten naht, wir werden Kirsten hoffentlich zu einem Urlaub aus dem Krankenhaus bekommen, sie wird dann mit Laura bei uns sein.

Ich habe mich in Kontakt mit einem klugen jüngeren Psychotherapeuten begeben, weil ich fürchte, daß ich es allein nicht schaffe. Es ist furchtbar für mich, daß Laura in diesem frühen Alter ehemännlichen Verrat und soviel Kleinlichkeit erleben muß. Ich bemühe mich, ihr Gelassenheit und absolute Zuverlässigkeit zu geben. Sie ist fast erwachsen geworden, zuständig für vernünftige Gespräche, viel zu früh. Nun ist sie siebzehn, raucht nicht, trinkt nicht, schminkt sich nicht, ein großes schönes und zu ernstes Mädchen. Ihre Schwierigkeiten an der Schule haben wir erfolgreich bekämpft, mit der Vermittlung in einen »Studienkreis e.V.«, wo sie Nachhilfe in Mathe und Physik bekommt. Dort fragen sich die vorzüglichen – rausgeschmissenen! – Lehrerinnen, woran es denn gefehlt haben mag, da sie doch alles versteht. Vielleicht Lücken im Lehrstoff, Lücken in der Methode, im Übergang? Sie atmet auf, daß es wohl doch nicht an ihrer Blödheit liegt.

Ich versuche, meiner Tochter Nahziele zu bieten, kleine erreichbare Freuden. Wir lachen auch, oft sogar ohne Verstellung. Wenn ich mich freimachen kann, hole ich mir an den Wochenenden meine Laura.

Mein Mann hat Angst um mich. Kirsten ist auch seine Gegnerin, ob er es so empfinden will oder nicht. Weil sie mir »das antut«. Seine Gefühle schwanken zwischen Mitgefühl und Aggressionen.

Ich muß jetzt arbeiten, möglichst zuviel. Auch in der Gesellschaft mit dem langen Namen, (der es aber leider trifft), für »Bürgerrecht und Menschenwürde«. In der »Alternativen Enquetkommission«, in der ich nichts verrichte, als dem Harich zu lauschen, weil ich in meinem Leben einem so glänzenden, witzigen und gebildeten Menschen kaum noch einmal begegnen werde. Im »Frauenbund« und in anderen Weiberbündnissen, da werden Antworten und Vorschläge verlangt, da gibts Lösungen und neue Fehler, vor allem solche Frauen, die hätte ich schon lange vorher kennen wollen. Das ist Liebe, aber ich habe gar keine Zeit mehr für mich. Manchmal, nachts, da ist es still, dann liege ich in meinem Bett und spüre, daß ich atme. Sonst nichts. Jetzt weiß ich, was das heißt: Jemand kommt »zu sich«. Ich rede dann mit mir, hole mich von irgendwo her, denke: Ich! Es gibt mich noch, ich werde schlafen, nichts ist zu versäumen als dieser nötige Schlaf. Der in seinen Träumen manchmal auch noch zum Schlag wird. Manchmal aber finde ich dann in mir selber die Quelle für neue Kraft. Alternativen hab ich eh keine.

12. Dezember 1992

Liebe Frauen,

was in dem Brief von Almut Broer steht, der am 16. November in Stuttgart geschrieben wurde und die Situation der Frauen in der bildenden Kunst offenlegt, ist treffend, gültig. So geht es den Frauen in der Kunst, anderswo in der Industrie, Pädagogik, Wissenschaft. Frauen werden benachteiligt, der historische Rückschlag muß umfassend greifen, sonst greift er gar nicht.

Was können wir tun? Uns solidarisieren. Mit Künstlerinnen tun wir das am wirkungsvollsten dann, wenn wir ihre Werke zur Kenntnis nehmen, uns selber die Kunst als Teil der Kultur nicht abgewöhnen lassen und unsere Möglichkeiten nutzen, Kunst zu verbreiten. Auf dem Weg in die »soziale Talsohle« scheint es, als hätten wir andere, größere Sorgen. Ich würde mir auch keinen Einwand erlauben, wäre ich nicht in so vielen Beratungsstellen für Frauen und Familien gewesen. Auch ich freue mich an der Buntheit und Vielfalt der Gebrauchsgegenstände und Möbel, die jetzt von den Sachkosten gekauft werden können. Mir ist aber aufgefallen, daß die Kontakte zu Malerinnen, Fotografinnen und Bildhauerinnen der Region ziemlich selten sind. Die Möglichkeit von Ausstellungen ihrer Werke in den eigenen Räumen wird kaum genutzt. Statt dessen werden geschmacklose Drucke aufgehängt, Restbestände von alten Werken, auch ungelungenen, fragwürdigen. Da gibt es einen Kontrast zwischen der sorgfältigen sozialen Arbeit und der Achtlosigkeit im Umgang mit Kultur und Kunst. Wenn jemand sagt, das wurde früher zentral gesteuert, heute nicht mehr und also kann es unterbleiben, dann sage ich: Wer hindert euch, es besser zu machen? Fertigt nicht zunehmend selber Kitsch an, sondern leiht euch schöne Dinge aus. Sonst bleibt mögliche Bereicherung ein weiteres Mal aus. Die im Kopf, nicht die im Beutel. Wir haben kein Geld, aber Räume. Haben wir keine Ideen? Oft ist die

Frauenbibliothek das letzte, woran gedacht wird, wenn das dutzendste lila Utensil für den Schreibtisch angeschafft wird.

Ihr könntet sagen, Kunst ist kostbar, bei uns kann eingebrochen werden, der Wert muß versichert sein. Aber wer zwingt euch denn, die Originale auszustellen? Redet doch erst einmal mit den Künstlerinnen.

Der Brief aus Stuttgart ist ein Anlaß, über das Thema zu sprechen. Es liegt mir schon länger am Herzen.

Dezember 1992

Christel,

bleib Du man ruhig in Deinem Schriesheim, in das Du gerade rechtzeitig abgehauen bist, um Deinen größten Nöten zu entgehen. Hier hast Du nichts verloren. Westberlin und Ostberlin haben ihr vorheriges Eigenes verloren, beide Teile stehen herum und warten auf die Order der Konzerne und Politiker, einer schiebt dem andern die Schuld am Abwarten zu. Es lohnt sich eben noch nicht, hier zuzuschlagen. So wird der Boden gesichert, die Filetstücke werden eingeheimst, aber dann geschieht nichts. »Filetstücke«, dieses Wort kannten wir auch nicht, aber es braucht halt ein jedes Ding seinen Warennamen. Baukräne? Bis jetzt nicht. Vielleicht, wenn endgültig feststeht, daß die Olympiade herkommt, wovor uns ein gütiges Schicksal in dieser Stadt bewahren möge, denn es würde uns Bewohner an die Wand nageln. Vielleicht, wenn die Politiker doch beschließen, herzuziehen. Wenn sie es wirklich tun. Sie schicken ja ihre Wünsche voraus, unter mindestens »feudal« tun sie es nicht. Nicht Diener, sondern Herrn über das Volk, sich selber schamlos bedienend und die Armut verhöhnend, so gehen sie mit uns um. Unsere ärmliche und fragwürdige Gemütlichkeit ist weg, europäisches Flair weit entfernt. Westliche Hochpreise und östliches Einkommen. Politiker haben doch vom Volk nicht mehr zu verlangen als von sich selber, aber so haben wir das ja noch nie kennengelernt, und die jetzigen Despoten kriegen alles übers Geld, was vorher mit Hilfe der Mauer erzwungen wurde.

Deine Arbeit ist nicht Deine Passion, aber Du hast sie und kannst von ihr leben und sogar noch Deinen Kindern was abgeben. Hier würde es Dir schlechter gehen, so bescheiden Du auch immer gelebt hast.

Dezember 1992

Alice,

vielleicht hättest Du die Sache nicht machen sollen, trotzdem warst Du meine Freude in Lippis Fernseh-Show. Herrlich unbefangen, körperlich präsent, zuständig für Spaß, der an diesem Abend dran war. Mag sein, es war Dir nicht so zumute. Ich hab überlegt, was aus diesem Rollentausch Macho-Emanze zu machen gewesen wäre. Es war eine doofe Idee, und Dein Spielpartner war auch doof, aber bei Nachdenken kommt man auf mögliche Lösungen: ein Macho hört nicht so aufmerksam zu, wie Du es aus Gewohnheit getan hast. Der pfeift sich eins, lümmelt sich weg und reißt eine andere auf. Abwinken der Beschwerde, her mit der nächsten.

Du rennst von Termin zu Termin, ich sehe Dich, höre von Dir, lese. Ich gehe traurigen Weihnachten entgegen, und um nicht unterzugehen, arbeite ich.

Nein, ich glaube nicht, daß Inge durch meinen Brief zur Aussage vor Gericht umgestimmt wurde. Das Zünglein an der Waage hat wohl ohnehin gezittert. Und nun denke ich dauernd an sie. Wenn ihr nur das Urteil »Lebenslänglich« erspart bleibt. Ihre Antwort wollte ich Dir nicht so gern schicken. Aber Du hast Anspruch darauf. Daß sie sich so kraß weigert, die Ursache ihres Verhaltens in Deinen Vermutungen über ihre

Kindheit zu sehen, liegt in der Natur ihrer Sache. Es klingt tatsächlich vergleichsweise banal, sofern man mit dem Anspruch angetreten ist, die Welt zum Besseren zu bomben. Gewaltigeres als die Kindheit als Findelkind muß her, um Gewalt zu rechtfertigen. Aber nun ist dies alles bittere Geschichte. Und die Rechnung wird hoch sein. Wird sie unbezahlbar, bleibt nicht einmal die Chance, mit der Lehre zu leben. Dann wird auch die vergessen werden. Sehr schnell. In dieser lauten und eiligen Welt gewiß. Das scheint schwer hinnehmbar. So hoffe ich, daß wir uns eines Tages sehen – sie, Du und ich – aber vielleicht hoffe ich im Moment nur auf Überleben schlechthin.

Ich danke Dir sehr für die Auswahl der freundlichen Zuschriften zu meinem schriftlichen Auftauchen in der EMMA. Die anderen lassen wir weg.

Alice, ich schicke Dir in den nächsten Tagen einen Artikel, den ich noch feilen muß. Aber ich habe viel Zeit im Krankenhaus bei meiner Tochter, auf den Wegen, und mit Laura Marie verbracht. Kirsten wird Weihnachten Urlaub bekommen, falls ihr Zustand das erlaubt.

Ich lege Dir zur Kenntnis einen Brief von mir an Frauenorganisationen und Politikerinnen bei. Wir brauchen mehr Hilfe. Am 19. Dezember machen wir in Berlin vor der Treuhand eine Demonstration, an der viele Organisationen teilnehmen. Das wollen sie, das hoffen wir. Unter dem Motto: »Frauen geben ihr letztes Hemd – aber nicht für die Treuhand« – und dann sollen alte Hemden von Opa auf einen Haufen geschmissen werden. Warum, weiß ich nicht. Galgenhumor. Die Treuhand hat dem dfb das Haus weggenommen und will noch fünfeinhalb Millionen wegen früherem Status als Haushaltseinrichtung. Angeblich Altvermögen, aber ehrlich nicht vorhanden, denn Haushaltsdingsbumse wurden ja am Jahresende auf Null gesetzt. Hab ich alles gelernt. Kampf, muß auch so geführt werden. Ich wills nicht so leicht nehmen. Es zermürbt, besonders die infame Taktik, alle halbe Jahre eine ganz neue Bearbeiterin zu schicken, die von gar nichts weiß und neu eingewiesen werden muß. Eine jeweils unverbrauchte Person für die überlasteten Personen, die das zum xten Mal machen und schmeißen sollen. Darum gehts. Sie schmeißen aber nicht.

Ich hab ein Foto von Dir gesehen, auf dem Du lachst. Ich ehemalige Lachwurzen kann heute eher zum Lachen bringen als selber lachen. Und so einen Quatsch habe ich damals in einem der »Weibergedichte« geschrieben? Vermutlich rühmt mich die Leserbriefschreiberin für etwas, was ich gar nicht gemeint habe. Was Kluges, was sie selber hineingedacht hat. Tun wirs zu dem anderen ...

18. Dezember 1992

Liebe Uschi,

ich grüße Dich und alle anderen Frauen in Greifswald zum Jahresende. Sollte es sich bis zu Dir herumsprechen, daß wir vorgestern auf dem Weg nach Mustin und Zahrensdorf einem eisernen Lastwagenreifenteil begegnet sind, das sich bei voller Fahrt vorn in unser Auto gebohrt hat, dann stimmt das. Unser Auto steht nun in Wittstock in der Werkstatt. Um acht Zentimeter haben wir den Angriff auf unser Leben überlebt. Das Auto war gerade zwei Wochen alt, der Lastwagen nicht mehr verkehrssicher, sein Fahrer nur Aushilfe, den geht das nichts an.

Nein, gut gehts uns allen im Moment nicht. Und dennoch werden wir einen Baum schmücken und versuchen, uns gegenseitig zu erfreuen. Das muß jetzt sein. Und wir sehen uns im März.

Dezember 1992

Liebe Frauen,

das Jahr neigt sich, wir werden Kerzen anzünden und sind milde gestimmt. Balsam möchte sich in die Worte mischen. Wir haben immerhin überlebt, wir konnten uns nützlich machen, manches hat auch gezeigt, was wir früher vermißt haben. Aus dem Katalog oder dem Shop tragen wir ein schickes Stück, und im Sommer haben sich viele von uns immerhin doch eine Art Reise geleistet. Also Friede auf Erden und den Menschen ein Wohlgefallen? Nein, Bitterwurz drängt sich vor den Balsam. Die Zahlen sprechen eine brutale Sprache. Noch eben flossen die Entschädigungen für abgebrochene Berufsbiografien, für Zurückstufung auf den Lehrling, ob eine schon Meisterin war oder immerhin Gesellin. Zwei Jahre lang gab es Überbrückungen, Anschub, Sachkosten, Umschulungen, Verlängerungen, gab es Raum für Konzepte und die Einrichtung von weitgefächerten Vertrauensposten gegen soziale Unbill.

Nun kommt der Rotstift. Das Jahr 1993 wirft harte Schatten voraus. Welch ein Glück, welch eine Leistung, daß viele von uns sich durch das stacheldrahtige Verhau der vielen Wenn- und Aber-Bestimmungen durchgefitzt haben. Manchmal denke ich, wenn uns jemand zuhört, der die letzten beiden Jahre nicht mitgelebt hat, er würde unseren Wortfluß nicht wiedererkennen. Wortschatz möchte ich es nicht nennen. Da ist von so vielen »Mitteln« die Rede, daß der Inhalt manchmal darin unterzugehen scheint.

Wir haben uns bis hierher gewehrt, so gut wir konnten. Sehen wir uns an, was uns zugedacht ist, bleibt uns auch nichts anderes übrig, als die Krallen noch mehr zu schärfen und der eigenen Courage mehr zu trauen, als den Worten der Politiker, die über »Betroffenheit« ja kaum hinauskommen. Wir müssen uns von alten Denkmustern trennen, noch »kreativer«, noch »innovativer«, auch »mobiler« werden, wir müssen lernen, daß vor die meisten Chancen das Risiko gesetzt ist und müssen bereit sein, unabhängig zu denken und gemeinschaftlich zu handeln. Ein weites Netz werfen und es so eng wie möglich verknüpfen. Jede und auch jeden einbeziehen, der helfen könnte.

Die Männer meinen es ernst mit unserer Verdrängung vom Arbeitsmarkt, und die Politiker meinen es ernst damit, den Schwachen zu nehmen und den Starken zu geben.

Der Krieg gegen die Frauen tritt in ein neues Stadium. Wenn wir hier in Ostdeutschland aus unzulänglicher Eigenständigkeit zurückgeworfen werden in gar keine, sind auch die Frauen anderer Industriestaaten belangbarer. Entgegen dem Grundgesetz sind Würde und Besitzstand jederzeit antastbar. Solidarität der Frauen untereinander ist wenigstens Notwehr.

Wir dürfen nicht aufgeben. Es muß weitergehen. Wir sind Menschen durch die Arbeit, die wir leisten, das Beispiel, das wir hinterlassen. Setzen wir unser Leben nicht kleiner an. Für das Neue Jahr Zusammenhalt, Schläue, und Kraft zum Widerstehen. Und Augenblicke von Glück.

27. Dezember 1992

Liebe Freundin,

ich danke Dir für Deine Weihnachtsgeschenke, die ich wie immer gerührt und mit Unbehagen annehme.

Nun habe ich dieses zweite Buch von Liv Ullmann gelesen. Sie ist die lautere unbehauste Weibsperson geblieben, aber zu eigen für diesen abhängig machenden Beruf einer Schauspielerin, glücklicher vielleicht als Regisseurin, wobei ihr die Reihenfolge der Karrieren sicher dienlich ist. Ihre Schmerzen sind nachfühlbar. Da müßte eine argwöhnischer sein, wenn ihr neuer Partner auf Anhieb Vaterland und alles selbst Erworbene verläßt, um sich ganz dem Leben einer weiblichen Person zu widmen, so schnell, so unbedingt und so doch nie machbar.

Durch den Britzer Park möchte ich gern mit Dir laufen, sobald die Natur ein bißchen wärmer wird. Du schilderst das so tröstlich, werbewirksam, ich sehe es vor mir.

Im vergangenen Jahr so viele Veranstaltungen, bis zu sieben Stunden Autofahrt Hinweg, nach Hause, nachts, gehts immer schneller. Alle Heimwege sind kürzer, das weiß man doch.

Ich hatte Angst vor der Weihnachtspause. Als könnte mich jemand in voller Fahrt vom Motorrad schubsen, und ich kann nicht anhalten. Mein Leben drang mir so schmerzhaft ins Bewußtsein, all diese Kompliziertheiten.

Laura allein braucht meine ganze Zuwendung. Niemand sonst fragt mich ständig: Woran denkst du jetzt, was denkst du, was hast du? Natürlich bin ich immer ertappt und würde jedem anderen Menschen sagen, daß man so etwas nicht fragt. Dieses Eindringen ist ja auch Überschreiten der Grenzen zum anderen hin. Aber ich kann das zu ihr nicht sagen. Wenn sie in der Woche spät und abgespannt von Unterricht und Nachhilfe in Mathe und Physik nach Hause kommt, Schularbeiten noch vor sich, dann ist da niemand, der sie auffängt. So eilt sie ans Telefon und spricht mit mir, bis sie lacht. Wir reden vom nächsten Sommer oder über ihre Gefühle oder schimpfen auf einen Lehrer, bis sie diesen Druck verliert, daß sie etwas leisten soll, was sie in der Summe nicht leisten kann. Ich beruhige sie, und wenn ihr Pflichtgefühl sie zwingen will, nun auch noch die Sechszimmerwohnung in Ordnung zu bringen, dann hindere ich sie mit meinem Einspruch. Wir können ja zusammen langsam in Ordnung bringen, was sich an Unordnung in der bisherigen Familie angesammelt hat. Das reicht von achtlos auf dem Treppenabsatz deponierten vier Meter breiten Bahnen alter Auslegware, die wir vor dem Abtransport beide mühsam durchgesägt haben, mein Mann und ich, das ging und ging nicht und dann ging es ganz schnell, und ich wäre beinahe mit dem dreckigen Ding im Arm die Treppe runtergesegelt, aber Auffangen ist ja die Stärke meines Mannes. Vom abgehauenen Ehemann ist kein Handschlag zu erwarten, der rechtfertigt sich vor seinem Gott mit der nötigen Ehrlichkeit, daß er keine Lust dazu hat, sondern mehr an der neuen Frau. Und auch die Freunde und die lieben Bekannten, all diese netten Gäste und so gern Mitfeiernden, habe ich beim Aufräumen nicht gesehen. Da bleiben nur wir. Meine Tochter wird wieder zum Kind, das sich Tadel gefallen läßt, aber vor allem, daß Mama noch einmal alles regelt. Bei den Behörden und für die Katzen, Versicherungsfragen und Absprachen mit dem Gatten, der mir so vorkommt, als wolle er eine Nichtschwimmerin im kleinen Boot auf hohem Meer über den Rand drängeln. Es muß entsetzlich sein, auf diese Weise verlassen zu werden. Ausgerechnet von einem, der unser aller Moral gepachtet hatte. Und die Vorteile der Verbindung auch. Der meinte, in Laura sei – freilich ohne ihre Schuld – das Böse, weil sie nicht an Gott glaube. Es ist mir recht, daß er abhaut, aber das macht es meiner Tochter nicht leichter.

Januar 1993

Liebe F.,

zwei Tage vor Weihnachten war ich auf unserem Friedhof. Allein, ich bin mit der U-Bahn gefahren, dann noch ein langes Stück gelaufen und habe innerlich Haltung geübt. Dann war ich am Pappelplatz, sah den »Münzenzähler«, sah die Ackerstraße, Bergstraße, den Elisabethkirchplatz. Meine Kindheit schickte Stöße von Empfindungen. Auf dem Friedhof liegen auch meine Großeltern und mein Vater. Und wir haben unser Grab dort. Ich rettete mich in die Verwaltung und war auf die grobe, angeberische Säufersche mit den Kettenraucherfingern gefaßt. Statt dessen eine liebe, mütterliche Frau im selbstgestrickten Pullover, leise, ruhig. Weinen Sie, hat sie gesagt, wir sehen hier jeden Tag Tränen.

Auch der Weihnachtsabend ist uns mißlungen. »Alles muß so sein wie immer«, hatte Laura gesagt, sie wollte erfahrene Freude wieder aufleben lassen. Also stand da der Weihnachtsbaum, die gepackten Geschenke lagen im dunklen Zimmer, die Gans brutzelte, das Spiel konnte beginnen, jeder holt ein Päckchen, der Würfel entscheidet die Reihenfolge. Aber Freude ist ja auch anstrengend. Ich hielt meiner Tochter den Kopf beim Erbrechen, sie zitterte und sackte zusammen. Wir brachten sie nach Hause in ihr Bett.

Es ist, als ob du in einem dunklen Traum befangen bist, den du nicht abschütteln kannst. Immer wieder keimt Hoffnung auf, daß alles nicht so schlimm ausgeht. Aber die Blicke der Ärzte und ihre groben oder ausweichenden Antworten sagen anderes. Eine Transplantation. Vielleicht eine Hoffnung? Meine Tochter weint nicht und klagt nie. Aber sie glaubt zu spüren, daß sie diese Operation nicht überleben würde und lehnt sie deshalb ab. Immerhin hat sie sich von unserem Arzt in die europäische Organbank eintragen lassen, ein Wunder, ein Treffer im Lotto. Ich wehre mich, mit meiner Tochter über den Tod zu reden, ich schwärme vom nächsten Sommer, wir wollen gemeinsam in eine schöne Gegend fahren, nahe genug bei den Ärzten. Wir könnten doch ihre Texte veröffentlichen. Sie freut sich, verspricht alles, aber sie kann nichts halten. Sie versucht dauernd das Nest zu richten, wie eine Schwangere kurz vor der Niederkunft. Was sie organisiert, sind Überflüssigkeiten, sie lädt Gäste für Silvester ein, die nicht zusammenpassen und sie nur strapazieren, zum Beispiel. Ihr leiblicher Vater kümmert sich neuerdings und versucht zu helfen. Seiner Frau ist das nicht recht und mir egal.

Wir kommen nicht mehr dazu, ein Buch zu lesen, mein Mann hat nie Zeit für sich, und das neue Auto, das mit der schönen Automatik gegen die Gelenkschmerzen, das steht immer noch in Wittstock. Selbst bei Null eigenem Schuldanteil bleiben einem die Laufereien und ein Teil der Kosten.

Freuden her, so einen Jammerbrief kann ich Dir nicht am Anfang eines Jahres zumuten. Am Ende? Am Ende auch nicht.

Irmtraud, gestern hing an meiner Wohnungstür eine kostbare Orchideenraute. Ohne Briefchen, ohne Karte. Ich weiß nicht, von wem diese Gabe stammt. Nur ein paar Menschen könnten jetzt so etwas für mich tun. Das ist schon viel.

Ich lese, Barbara Thalheim geht für ein halbes Jahr nach Frankreich, und vielleicht wird sie auch dort bleiben. Was hat sie erwartet? Die DDR war immer erpreßbar, hier konnte sie auf der Bühne so frech werden, wie sie wollte, letzten Endes hatten die Funktionäre zuviel Angst davor, sie wirksam zu verbieten. Das sollten andere woanders tun. Leichter, ihr was hinterher zu schreiben, als ihr was vorzuschreiben.

Jetzt hat sie es wieder »politisch« versucht, und nun zeigt sich, daß niemand Rücksicht auf sie nehmen muß. Die ist schneller von der Bühne, als sie hinaufklettern kann.

Eine ehemalige Mitstudentin meiner Tochter hat jetzt bei Gauck ihre Akten gelesen und daraus entnommen, wer auf sie angesetzt war. Sie telefonierte mit Kirsten und sagte, vor allem Frau Professor L. sei es gewesen und einwandfrei nachgewiesen, daß ich nie etwas damit zu tun hatte. Damals habe ich dafür gekämpft, daß dieses Mädchen nicht exmatrikuliert wurde, und ich habe es kraft meiner Wassersuppe getan. Trotzdem ist sie jetzt »so froh darüber, daß deine Mutter nichts mit der Stasi zu tun hatte«. Und wenn ich gehabt hätte? Wäre dann mein Bemühen um sie geringer? Wir haben keinen Freund verloren. Wer sich heute nicht mehr meldet, hat uns wohl früher benutzt.

Aber ich wollte ja von der Freude reden. Die Lichterkette auf der Straße? Nein, das ist zu wenig. Das beruhigt mich nicht. Es gehört schon ein bißchen mehr dazu, wenn man etwas bewirken will.

Unsere Benefizveranstaltung im Haus am Köllnischen Park hat 5 800 DM erbracht. Die konnten wir am nächsten Tag in die Charité bringen. Armseliges reiches Land, das sich nicht leisten kann, sieben leukämiekranke Kinder aus Tschernobyl und ihre Mütter zu versorgen.

Zu Weihnachten war ich bei meiner Mutter in Hamburg, wir haben sie zum Essen ausgeführt. Sie ist so dünn geworden, die Ringe fallen ihr von den Fingern. Sie hält dauernd meine Hand, und ich wehre mich dagegen, daß sie mir zu nahe kommt, und die Angst wächst, sie zu verlieren. Also jetzt eine Freude, eine Einladung, jetzt, alles heißt Jetzt.

16. Januar 1993

Anja,

Sie haben keinen Absender auf Ihre schöne Arbeit über mich geschrieben. Mußte ich viele Kuverts angucken, bis ich Ihrs fand. Nach dem Lesen war ich so angeregt, ich wollte Ihnen gleich schreiben, ging nicht.

So danke ich Ihnen erst jetzt für Ihre sensible Nachspürung. Ich kann nicht sagen: Sie haben mich verstanden. Das bedeutet zu wenig, es heißt ja noch nicht, daß Sie etwas davon haben. Kunst kann dienlich sein, daß wir uns selber näher kommen. Daß man etwas über sich versteht, was man vorher so nicht wußte. Man = Mensch.

»Das Gute zu wollen ... Sich gegen Ungerechtigkeit zu wehren ...« Jetzt gibt es andere und bittere Ungerechtigkeit, auch deswegen habe ich die Aufgabe in einer Frauenorganisation übernommen, obwohl ich früher wenig feministische Ambitionen hatte. Unsere Art von Gleichberechtigung war festgeschrieben, von Männern beschlossen und verkündet. Sie war nicht ausreichend, denn sie war nicht korrektiv. Emanzipation muß Mann und Frau betreffen, sie ist nur als Prozeß möglich. Unser Vorteil war, daß wir Frauen vieles selber entscheiden konnten und auf bescheidenem Niveau sozial unabhängig waren. Unser Nachteil, daß es männerdienliche und klischeehafte Vorstellungen über die Kraft der Frau gab, und zu wenig Austausch in der Gesellschaft über unsere Schwachstellen. Wir hatten als Frauen immer ein schlechtes Gewissen, allen Teilen unseres Lebens gegenüber. Uns wurde das Modell Männerwelt ermöglicht, aber darin wurden wir mit männlichen Maßen gemessen. Wir mußten unsere Schritte zugleich den männlichen anpassen und den kurzen unserer Kinder. Diese innere Zerrissenheit kennen wir alle, weil auch eine Frau nicht gleichzeitig in einer Sitzung, bei der Arbeit oder Weiterbildung, im Bett des Geliebten und bei ihren Kindern sein kann.

Anja, lassen Sie uns auch weiterhin beobachten, mit welchen Mitteln die Männer das jeweils nützliche Frauenbild durchsetzen. In den Kriegen waren die Frauen »an der Heimatfront« Alleskönnerinnen. Sie durften die schwersten »Männerarbeiten« verrichten, sie mußten alle Ängste und Verluste aushalten und sich tapfer zeigen. Dann kam das Enttrümmern, da waren sie auch noch gefragt. Aber heute, heute sitzen doch im Fernsehen bei wichtigen Fragen nur die Männerrunden. Es gibt keine Ministerpräsidentin. Frauen werden immer in jene Ministerien abgeschoben, in denen Niederlagen vorprogrammiert sind: Wohnungsbau, Familie, Jugend, Frauen. Da wird sie dann vorgeführt, als »unfähig« oder »jung, flexibel und erfolglos«. Diese blassen Männer in unserem Senat. Profilierter versuchen es die Frauen Hildebrandt, Bergmann und von Braun. Wie weit kommen sie?

»Selbstbewußt«, Anja, bin ich nie gewesen. Wenn es drauf ankommt, kann ich wohl so wirken. Vor allem, wenn es um andere geht. Ich bin aber nicht selbstbewußt, sondern leicht zu verunsichern, durch Arroganz, Anmaßung, durch jeden Angriff. Seit meiner Kindheit suche ich den Fehler immer erst einmal bei mir. Natürlich verliere ich nicht die Haltung, aber meine früh entwickelte Sehnsucht nach Würde läßt mich gegen unqualifizierte Angriffe schweigen. In der Zeitung stand, ich hätte die Villa von Burkhard Lasch. Er selber hat in einem Interview gesagt, er wäre ausgereist und die neue Besitzerin der Villa wäre ich gewesen. Ich kenne nicht einmal die Adresse, habe sein Grundstück nie betreten. L. hat einem Bekannten gesagt, er brauchte eben Geld, sie hätten ihm für das Interview eine schöne Summe gezahlt. Wenn er wieder welches braucht, kann er ja in der gleichen Zeitung das Gegenteil behaupten: Mir vorwerfen, ich hätte ihn nie besucht. »Alle Höhen und Tiefen?« Das denkt man, weil man Höhen und Tiefen durchlebt hat. Ich habe eine neue Dimension Schmerz erfahren, die kannte ich vorher nicht. Mir droht ein Verlust, der nicht zu verdrängen und nicht zu verwinden sein wird. Daraus ist mir eine Erkenntnis geworden: wenn wir einen nahen Menschen verlieren, schmerzt am meisten die Reue. Über alles, was versäumt wurde und nie getan werden kann. In dieser schwierigen Zeit jetzt eine Liebe zu haben, mit langen Gesprächen und Auffangen, wenn eins von beiden mal schwach ist, das zählt. Von da kommt die Kraft, die Sie meinen.

Januar 1993

Irmtraud,

Deine Orchidee steht noch im Glas. Sie hat eine etwas andere Farbe bekommen, aber mehr Kälte kann ich ihr nicht verschaffen. Sie steht in meinem Zimmer. Heute waren wir mit Kirsten unterwegs, wir haben ihr ein Bett gekauft, in dem sie sich mittels Motor jederzeit ohne Anstrengung anders lagern kann. Vater hat tausend dazugegeben, sie war stolz, das andere selber zu bezahlen. Über das neue Bett, das erst in drei Wochen geliefert wird, haben wir uns zu dritt sehr gefreut, aber dann mußte ich sie eilig in ihr altes bringen. Sie bekommt hohe Dosen Entwässerungstabletten, die nehmen ihr fast alle Kraft. Essen kann sie eh fast nix.

Laura hat in meinem Brief an Dich gelesen. Sie hat sich verplappert. Er lag noch neben meiner Maschine. Sie fragte mich wieder, ernst und intensiv: Woran denkst du gerade? Dann wurde sie rot und sagte: Das fragt man nicht. Ich sah sie an, lachte, um sie nicht zu verunsichern und sagte: Du hast einen Brief an meine Freundin gelesen. Sie gab es sofort zu und entschuldigte sich. Ich habe gesagt, daß sie alles lesen darf, was ich schreibe oder geschrieben habe. Sie tut das derzeit, liest Rezensionen, meine Bücher, hört meine Lieder, stöbert in alten Briefen.

Mein März wird wieder überfüllt sein. Das ist ein gutes Gefühl. Das Leben will, daß wir nicht an den Tod denken, sondern an den nächsten Sommer. An einen Urlaub, wir als ganze »Familie Gänseklein«. Hat mein Opa immer gesagt …

Als ich heute morgen in der Zeitung die launigen IM-Bekenntnisse von Heiner Müller las, verschlug es mir die Sprache. Es ist mir doch egal, mit wem der in seinem Leben je reden wollte.

Und dann kam Angelika, die einen Anruf von der Gauck-Behörde bekommen hat, sie solle Zeit mitbringen und sich ihre Opfer-Akten ansehen. Sie hatte inzwischen vergessen, daß sie Jahre zuvor einen Antrag gestellt hat. Die Benachrichtigung hat ihr zugesetzt. Sie hat Angst, in den Akten die Namen von Freunden zu finden, Angst vor menschlicher Enttäuschung, vor Vertrauensbruch. Es gibt ja noch Intimeres als Freundschaft, vielleicht hat sie geglaubt, daß einer sie begehrt, und der begehrte, zu wissen. Es gab auch Zeiten, in denen sie keinen Fuß auf Theaterboden brachte, nach dem Engagement in Meiningen. Sie möchte schon gern wissen, warum das so war ...

Der mir empfohlene Psychotherapeut war wirklich ein attraktiver Mann, klug sogar. Ich brauche jetzt aber keine Aufarbeitung meiner Kindheit, das habe ich hinter mir und weiß das meiste, sofern ich es brauche. Ich muß mit meinen jetzigen Ängsten fertig werden. Um meine Tochter, meine Enkelin, um unsere überforderte Kraft, um alles, was mir wichtig ist. Der Boden unter meinen Füßen schwankt. Nicht, weil meine Mutter mich damals geschlagen hat, sondern weil es ein schwankender Boden ist.

Wir beide helfen uns, so gut es geht. Das ist die Hilfe, die wir jetzt kriegen können ...

24. Januar 1993

Doktorin, liebe Frau Laudel,

ich stand im Seitengang, als Sie ihre Rede hielten. Ich hörte Ihre Geschichte von der Evaluierung und schließlich dem mühsam getarnten Rausschmiß wegen unterstellter oder wirklicher Staatsnähe. Ihr Beispiel hatte mir an diesem Tag gerade noch gefehlt.

Sie sollen also in einem Gespräch einem Studenten vorgeschlagen haben, er könne doch Offizier der Volksarmee werden. Der wollte das nicht, sondern lieber studieren, und das hat er dann auch getan. Nach seiner belegten Aussage gab es nicht einmal ein zweites Gespräch, geschweige Weiterungen. Er fühlte sich nirgends benachteiligt. Wo ist der Fall? Ich versteh schon, nachdem ich Sie gesehen und gehört habe.

Ernstzunehmende Konkurrenz für jeden Fachmann, im Weg bei der Auswechslung fast der gesamten geistigen Elite in Ostdeutschland. Eiskalt durchgezogen, Platz gemacht für Zukurzgekommene »von drüben«. So wie Ihnen ergeht es Professor Klinkmann, auch unserem Freund Prof. Dr. Münster, für den die Arbeit der Inhalt seines Lebens war. Und Fink? Und Prokop? Und alle die Frauen, denen ich nun auf ihrer Suche nach einem neuen Wirkungsfeld begegne ...

Am Abend hatte ich Ihr Gesicht am nahesten, als wir aufgetreten sind. Ich dachte erst, daß es nicht funktionieren würde, nach diesem Marathon von Rede auf Rede.

Aber dann ging es doch. Sie haben gelächelt, dann haben Sie sogar gelacht. Da war ich froh, dabeizusein und etwas tun zu können. Nicht gegen Berufsverbote, damit haben sich Experten den ganzen Tag über beschäftigt. Aber gegen die Entmutigung, gegen den Zweifel, der von innen her den Mut wegfressen will ...

Sie sind eine schöne, geschmackvolle und gern lachende Frau. Das Leben hat Ihnen einen Hieb versetzt. Aber wieso eigentlich das Leben? Nein, der Sieger verfährt mit dem Besiegten ...

Dem ersten Angebot werden andere für Sie folgen, und niemand hat das Recht, Ihnen abzuraten, dieses Ihnen so unfreundliche Land zu verlassen. Ein einzelner Mensch löscht ja auch nur eine Kerze aus, wenn er geht. Aber dunkler wirds inzwischen schon. Schon wieder. Ihr erniedrigendes Erlebnis läßt sich noch nicht als Anekdote erzählen, längst noch nicht. Aber irgendwann bestimmt ...

Ihr Brief hat Umwege gemacht, mich aber erreicht. Alltagsschicksal, aber nun auch Ihrs: arbeitslos.

Ein Künstler-Adressenverzeichnis gibt es nicht, mir ist jedenfalls keins bekannt.

Und was die Autoren aus der DDR machen? Ich denke, sie schreiben, wenn auch ohne große Hoffnung auf einen Verlag. Sicher wissen Sie, daß Erwin Strittmatter einen »Bestseller« hat, mit seinem 3. Band vom »Laden«. Aber natürlich ist das Buch wesentlich hier ein Erfolg. Das einig Vaterland gilt nicht für die merkantilen Interessen. Strittmatter kommt kaum auf die Liste im »Spiegel«. Das ND zieht nach und will, nun ständig, eine Ostsellerliste veröffentlichen. Das kann nicht funktionieren, zu unseren Büchern gibt es kaum mal eine Rezension, das heißt, die Leser erfahren nicht, wenn wir ein neues Buch haben. Und die Nachfrage bei ausgewählten Buchhandlungen kann auch nicht als repräsentativ gelten, weil sie den Verkauf bei Lesungen nicht ausweist.

Mein Buch »Ach Mama Ach Tochter« hat trotz allem seinen Weg zu den Lesern gefunden. Neben den Printmedien gibt es zum Glück noch die Lokalpresse. Die ist jetzt für uns Ossis sehr wichtig. Die jungen Leute aus den regionalen Zeitungen bringen durchaus mal was über unsere Veranstaltungen.

Warum um Himmels willen haben Sie denn bei Bertelsmann wieder gekündigt? Wegen Ausbeutung? Das haben Sie doch als erfahrener Mann vorher gewußt. Gruß auf Ihren Gruß und leider kein Angebot für Sie. Aufgaben liegen herum, aber bezahlte Arbeitsplätze sind rar ...

25. Januar 1993

Mein sehr geliebtes Kind, Laura Marie,

da habe ich nun so viele Erfahrungen gesammelt, mit Liedern und Gedichten, habe auch gelernt, daß es kaum Ratschläge gibt, die ein anderer gebrauchen kann. Talent sucht sich seinen Weg in die Arbeit und behält sie als einzigen Ratgeber bei. Ohne Talent nützt die ganze Arbeit nichts, und umgekehrt. Ich sehe nicht bildlich und tauge also weder zur Malerin noch zur Filmemacherin. Ich habs versucht, aber es waren nur mittelmäßige Filme und wurden gar keine Bilder. Ich kann einen Apfel nur mit Wörtern beschreiben, ich kann ihn nicht einmal zeichnen.

Und nun haben wir beide uns angewöhnt, über fast alles miteinander zu reden, und mir versagen die Erfahrungen, die Sprache versagt, ich weiß nicht, wie ich Dir beschreiben soll, was ein Gedicht ist und wie man die lyrischen Empfindungen ausdrückt, warum etwas banal ist, etwas anderes aufregend auf gegebenes Talent schließen läßt. Wie sag ich, und was sag ich ihr? Da gibt es die schöne Geschichte von Paustowski, der einen Mann wünschen läßt, er könne einer Frau eine goldene Rose schenken. Er sammelt Goldstaub, in winzigen Dosen, aber das geduldige Sammeln bringt eines Tages die Menge zusammen, die er für die goldene Rose braucht. Naja, sagt der Dichter, und so sei das mit dem Dichten.

Laura, ich kann Dir nur meine eigenen Erfahrungen anbieten. Aber welche davon, von den eigenen und aus den Büchern? Die ganze Wahrheit für mich lautet: schreiben und lesen. Mehr gibt es nicht, das ist Schule, die taugt. Aber taugt sie für den Anfang? Wenn sich Gefühle so scheinbar leicht und Beobachtungen so scheinbar schwer ausdrücken lassen? Erkenne das Gerüst, das Du nur aufstellst, damit es den empfindlichen Kern stützt, es muß nachher wieder weg. Ja, aber gilt das nur für die verführerisch einfach scheinende

Gedankenlyrik, für die freien Rhythmen, die glauben lassen, man schreibt einfach alles untereinander, abgehackt, dann wird aus der ehrbaren Prosa tiefe Poesie? Wie lernt man, daß gerade in den freien Rhythmen die äußerste Verdichtung, die Metapher, unabdingbar ist? Auch das stimmt nur, solange nicht ein großes Talent wieder etwas ganz Neues erfindet. Wenn Du Rilke liest, lernst Du, wie Musik aus der Sprache schwingt, mühelos, das heißt immer mühevoll mühelos gearbeitet. Die Sonette von Rilke lassen sich kaum kopieren, aber Du solltest sie kennen, manchmal eins lesen, staunen, genießen. Charles Bukowski, das ist eine ganz andere Welt. Beide Dichter aber haben mich in unterschiedlichen Situationen meines Lebens unterrichtet. Als ich sechzehn war, rannte ich mit Rilkes »Cornet« in der Tasche herum und wollte sein: der Jüngling, die weiße Fahne und die Gräfin, »Reiten, reiten, reiten, in den Tag, in die Nacht«. Lies es, such es Dir. Und laß Dich nicht täuschen von der Gossensprache, die Bukowski benutzt. Rilke ist ganz humorlos, ein wahrer deutscher Dichter, ein Genie. Und Bukowski ist die verschmitzte Lebenslust, die ja immer auch die Trauer in sich trägt.

Laurinchen, ich habe so viele dicke Briefe mit vielen Gedichten bekommen. Vertrauensbeweise, auch Hoffnung darauf, daß ich angetan bin und Empfehlungen ausspreche.

Bei Dir ist das alles anders. Ich möchte alte Fehler nicht wiederholen. Meine Furcht davor, daß ich Dich nicht machen lasse, sondern für Dich mache, worauf Du Dir das Machen erst gar nicht angewöhnst, diese Furcht ist nur allzu begründet. Ja, Du bist ein anderer Mensch als Deine Mama. Was ihr nicht zufiel, sie hat es nie erworben. Und es läßt sich im Leben ja fast alles begründen. Weil der Literaturunterricht in der Schule doof war, deswegen ist es mir verleidet. Und die Vorlesungen! Aber im Grunde kann niemand etwas für uns tun, was wir selber tun müssen. Und man kanns auch nicht aufschieben, weißt Du. Ablauschen den Gedichten, das kann man beim Erwerben. Wie kommt die Musik hinein, wie klingt es in mir nach, warum ist es schmerzhaft schön in meiner Seele, wenn es bei Robert Walser heißt: »Man sah es den Wegen im Abendlicht an, daß es Heimwege waren.«

Das ist Poesie wunderbare Poesie. In diesen zwei Zeilen sehe ich den Sommer aufleuchten, Spätsommer vermutlich, ich seh die Sonne, von der gar nicht die Rede ist, ich spüre das Heimweh, um das Heimwege gesucht werden. Heimweh, Heimweg, wie schön das ist. Abendlicht, das ist auch späte Lebenszeit, und dies alles empfinde ich, und jemand anders wird seine eigenen Bilder haben, mit denen sich diese Verse erklären lassen.

Neulich habe ich in einem Gymnasium dafür plädiert, daß es keine »einzig richtigen« Deutungen der Dichter geben darf, es muß zugelassen werden, daß die Lebensbilder des Lesenden oder Hörenden die Interpretation ergeben. Ich würde schon dabei bleiben, aber diese Forderung muß unbedingt ergänzt werden. Ohne Erwerben läßt sich auch mit der Kunst nicht unterhaltend umgehen.

Ich habe einige Erfahrung damit, wie borniert das eigene Urteil sein kann, wenn man nichts von der Sache versteht. Auch ich habe in den Zeiten der DDR Fehlurteile ganz lässig und ganz sicher abgegeben. Ich will Dir ein Beispiel erzählen. Einmal war ich als Jurymitglied in einem Theater. Junge Theaterleute hatten einen Abend gemacht, den sie bei der »Leistungsschau der Unterhaltungskunst« in Leipzig vorführen wollten. Es war ein Programm aus Liedern, Sketchen, Gedichten. Gegen kein einziges Stück, gegen keinen einzigen Text war etwas einzuwenden. Es waren meist Klassiker, Brecht, Weinert, ein paar moderne Texte auch.

Jeder einzelne Beitrag hatte eine Nummer, und das

Publikum bekam ein gedrucktes Programm und das Recht, einen Vortrag abzubrechen und eine andere »Nummer« zu verlangen, so, daß sich an jedem Abend per Zufall und Zuruf andere Aussagen ergaben. Ich habe das damals nicht akzeptiert. Natürlich haben wir das Programm nach Leipzig delegiert, es waren viel zu begabte Leute am Werk, als daß es zu ignorieren gewesen wäre. Aber akzeptiert habe ich es innerlich nicht, diese Dramaturgie anzuwenden. Ich war durchdrungen von der Überzeugung, daß die Verantwortung für die Aussage doch nicht Zurufern überlassen werden darf. Heute denke ich darüber nach, ob das nicht anmaßend von mir war, ob ich so die Kunst nicht von mehrfachen Deutungen ausschließen wollte. Ich ließ ihr nur die Absicht der Autoren und Interpreten. Die aber waren schon gegenläufig. Damals war meine Überzeugung, daß Kunst in der vom Autor gewünschten Richtung klüger machen muß. Kenne ich aber die von Shakespeare?

Heute bin ich mir vieler Dinge nicht mehr sicher.

Eine Phase Deines Lebens neigt sich dem Ende zu. Du wünschst Dir, daß die Zeituhr von nun an rückwärts läuft. Willst lieber wieder sechzehn werden, nicht achtzehn. Solch Wunsch ist selten. Er ist später dran, wenn das Leben zu eilig wird und wenn man klug genug ist, sich nie mehr zu langweilen oder durchzuquälen. Aus Eile, Überanstrengung und Hast, mag solcher Wunsch entstehen. Du bist überfordert, hast zu früh Schrecksekunden und Notwendigkeiten erfahren, die Dich ernster machen, als Deiner Jugend entspricht. Vielleicht hast Du manches versäumt, was Quatsch ist, aber auch seine Chance braucht. Dein ständiger Wunsch nach Zuverlässigkeit, sie zu geben und sie zu kriegen, deutet auf zumindest miterlebte Enttäuschungen hin.

Manchmal denke ich, daß aus der Disziplin auch einmal wilde Gefühle ausbrechen könnten. Wie lassen die sich in Poesie beschreiben, wie abarbeiten? Wenn man noch wenig geübt ist, sucht sich das Thema die Form, meist aus Liedern, deren Struktur folgt man als junger Schreibender unbewußt. Fängst du an, zu suchen, findet sich die Verdichtung-Dichtung.

Ich möchte Dich ermutigen, Deinen eigenen Inhalten und Versen auf die Spur zu kommen. Das aus dem Gefühl Hingeworfene teilt Dir auch mit, wie es Dir geht. Befrage es. Befrage das einzelne Wort nach seinem Wert. Nach Genauigkeit oder Ungenauigkeit. Was steckt hinter dem Wort, was hinter dem Gefühl, das Dich drängt?

Ich sehe, daß Dir das im Moment zu schwierig ist. Du weichst aus in Überlebensfragen der Menschheit. Da scheinen die Guten und die Bösen schon festzustehen, im eigenen Leben ist es so leicht nicht.

Aber Dich kennst Du oder lernst Du gerade kennen. Deine Meinung ist wichtig, sie ist für Dich erstrangig, auch wenn sie vorläufig ist, auch wenn Du sie ändern wirst. Das tun wir ein Leben lang. Soviel Geschmeidigkeit müssen wir uns auch bis zum letzten Augenblick erhalten. Korrektiv bleiben, offenbleiben, um den Ballast dogmatischer Meinung abzuwerfen.

Du hast das. Du hast die schöne Fähigkeit, Dir selber auf die Spur zu kommen, und dafür müssen wir Dir auch Raum lassen, denn einen Augenblick zu früh gesagt, weckt es höchstens Zickigkeit. Ich hoffe, Du mauserst Dich zur vergnügten Wegsucherin. Es gibt Menschen, die greifen in Verhältnisse ein, manchmal unscheinbar, manchmal vergeblich, aber doch immer Spur suchend, wissend, daß andere größere Schuhe haben, und Wind und Schnee tun ihr Teil. Aber irgendeine Möglichkeit, sich nicht erbärmlich zu verhalten, gibt es immer. Das kostet Kraft. Helfen kann ich Dir, indem ich Dir beistehe, wenn sie Dir an falscher Stelle übermäßig abverlangt wird.

Wie auch immer die Misere ist, in die wir hineingeboren werden, und allzu glänzende Verhältnisse sind auf andere Weise nichts anderes, man kann immer allen anderen die Schuld geben. Damit läßt man sie zu nahe an sich heran und räumt ihnen falsche Größe ein.

Dich habe ich ganz nahe an mich herangelassen, und dort kannst Du bleiben, solange Du es willst. Dort aber sage ich Dir auch: Aus dem bloßen Wollen fügt sich kein Lied. Etwas am Vers ist gegeben, und dann erst lohnt sich die Arbeit am Erwerben. Vermutlich bin ich die falsche Person, Deine Gedichte zu begleiten. Ich habe Angst davor, etwas zu verschrecken, Angst auch davor, etwas falsch zu ermutigen. Zeig es mir, nicht zuviel, nicht zu wenig. Wir bleiben aber alle lasch in dem, was nicht wirklich unser Eigenes ist.

Und ich liebe Dich, auch wenn Du nicht dichtest. Wenn Du aber meinst, »irgendwas beim Fernsehen« oder »irgendwas beim Radio«, dann schlag Dir die eigenen Pfade. Ich kann versuchen, Dir Leute zu vermitteln, die über ihre Arbeit reden. Wissen schützt vor falschem Machen.

Wenn ich Dir eben gar nichts Neues gesagt habe, dann versteh wenigstens, daß ich nach Hilfe suche, helfen möchte und darunter zu lange verstanden habe, anderen etwas abzunehmen. Das mußt Du nu ausbaden.

2. Februar 1993

... es ist so ein sonderbarer Winter. Ich lebe nach vorn, dränge, will auf den Sommer zu, will heraus aus der Apathie, die zu viele Leute hier wie ein Schicksal annehmen. Also bin ich tätig, Überanstrengung ist wie immer mein normales Leben ...

Langsam kommt in mir der Wunsch wieder hoch, doch noch etwas beizutragen so, daß nicht alles in Kleinlichkeit und Verleumdung untergeht. So ist doch unser Leben nicht gewesen, daß wir uns den ganzen

Tag vor der Stasi gefürchtet haben oder vor Honecker auf den Knien lagen. Ich bin jetzt sperrig und war es früher auch. Du lebst in Bremen anders, aber auch das ist vielleicht nicht endgültig. Ich kann es verstehen, daß Du als Beamtin Deine Privilege in Anspruch genommen hast, so jung schon in Pension gegangen bist. Aber die meisten Leute hier sind zu weit von dergleichen entfernt, als daß sie auch nur davon träumen könnten.

Dein Bremen ist schön. Grüße aus dem unschönen, lauten, nicht mehr geliebten Berlin ... Kirsten ist wieder im Krankenhaus. Deswegen meine Eile und Kürze.

8. Februar 1993

Meine liebe Inge,

so hast Du meine Hemmungen durchbrochen und mir Deinen Gruß geschickt. Ich dachte, zurückweichend, ich könne Dich aus meinem Gefängnis schlecht in das Deine grüßen.

Der Vergleich scheint gewagt. Ich kann gehn, wohin ich will. Und gehe immer dieselben Wege, versuche immer das Gleiche: Hoffnung zu finden und zu bestärken, aufrecht zu halten, Trost zu geben, selber Kraft zu entwickeln. Ein junger Psychologe wollte mir helfen. Ich hatte ihn eigentlich wegen meiner Tochter aufgesucht. Aber er begann, mich für wichtiger zu halten. »Sie sind ein Berg an Disziplin, aber wenn der Berg fällt, reißt er vieles mit.« Ich habe mich nach zwei Gesprächen getrennt. Ein Mißverständnis. Wer schreibt, hat seine Kindheit zehnmal aufgearbeitet, was da fehlt, bleibt kostbares Material, das nicht zerquatscht werden darf.

Deine Gedanken sind die meinen, aber ich habe die Zielvorstellung der PDS nicht verfaßt und halte es andererseits derzeit für unklug, gar keine zu benennen. Obwohl es nicht meine Wünsche sind. Versöhne den

Berg mit den Steinen seiner Lawinen, versöhne, was jetzt einander nicht versteht. Ich geb Dir da nicht ganz recht. Irregeleitet wohl, aber die Sekretärin und die Krankenschwester in Ost und West haben durchaus etwas miteinander auszumachen: Ihre Vorurteile müssen sie austragen, und sie tun es. »Ihr habt doch keine Ahnung, wie die Welt wirklich aussieht, ihr, mit vierzig Jahren unter der Käseglocke. Ihr könnt nicht arbeiten und nicht aktiv sein, euch muß man doch an die Hand nehmen und über den Damm bringen.«

»Ihr habt ja überhaupt keine Ahnung, wie wir hier wirklich gelebt haben. Ihr denkt, weil ihr im Sommer auf Handtuchbreite in Mallorca Urlaub macht, wißt ihr was über Spanien. Wir haben den Krieg bezahlt und die Nachkriegszeit dazu. Ihr seid höhnisch, überheblich, herablassend und kolonial.«

Derzeit bleiben die notwendigen Streitigkeiten im Alltäglichen stecken, ausschließlich im Materiellen. Wir haben hier mindestens Westpreise und nur gut die Hälfte des westlichen Einkommens, die Sorgen sind elementar, es geht tatsächlich um die Wohnung, die Rente, die Medikamente, Bildung, Kultur und Identität. Wer's nicht erlebt hat, kann sich vermutlich nicht vorstellen, wie unerträglich das Verhalten vieler Leute aus dem Westen ist.

Eine solche Bürokratie haben wir nicht gekannt. Jedes ausgefüllte Formular zieht fünf andere nach sich. Und Menschen geben sich auch in furchtbarer Weise zu erkennen. Sie sind, wie sie vorher schon waren, aber sie brauchten die dunkle Seite ihres Charakters nicht, jetzt wird ihnen Egoismus und Mangel an Skrupeln wichtig, weil nützlich.

Wir leben anders. Wir haben keine anderen Ansprüche als früher. Und sind eingedeckt mit dem, was die Augen nachts offenhält.

Meine Tochter hatte soeben den fünften Krankenhausaufenthalt innerhalb eines Jahres. Der Transplantation ist von Seiten der Ärzte zugestimmt worden. Sie hat anders keine Lebenschance. Nun wartet sie zu Hause mit gepackter Tasche auf den Anruf aus dem Krankenhaus. Dann geht sie, und ich werde mich in der Nähe halten. Wenn sie die schwere Operation überlebt, wird sie vielleicht eine Weile so leben können, daß sie nicht nur leidet.

Ich habe keine Zeit für mich, ich gehöre meiner Tochter, meiner Enkelin, ich gehöre dem Amt als Interessenvertreterin der Frauen, ich habe meinen Mann und muß auf seine Kraft achten, deren Grenzen er ständig mißachtet. Die Freunde, wir hatten schon immer nur wenige, waren uns vielfach selbst genug, haben sich sortiert. Manche sind weg, ganz woanders, manche kommen gerade jetzt und helfen, wo es geht, und Hilfe ist manchmal schon, daß ich das Weinen nicht unterdrücken muß.

Manchmal komm ich zu einem Amt und erwarte kalte Abfertigung, und auf einmal ist da eine Frau, die mich freundlicher behandelt, nicht mehr fragt, als unbedingt nötig. Manchmal multipliziert sich die Hilfe, es gibt noch Wunder.

Aber die Niederlage hat ihre schmählichen Seiten. Christa Wolf windet sich und zittert um Verzeihung? Warum steht sie nicht zu ihrem Leben und sagt, so war das, es ist meins, laßt mich in Ruhe?

Aber es ist die gleiche Christa Wolf, die anderen durch moralischen Rigorismus immer ein schlechtes Gewissen gemacht hat. Einzige Durchblickerin, so kenne ich sie, in jungen Jahren unfehlbar und später auch.

Es ist kalter Winter hier, innen und außen. Aber wir versuchen unser Mögliches. »Der Biß der stillen Frauen« heißt ein Programm, das ich mit Angelika Neutschel zum Frauentag gemacht habe. Viel Geld ist nicht zu verdienen, aber die Frauen wollen uns sehen, und ich bringe ihnen auch was zum Lachen mit.

Merkst Du, wie schwerfällig ich schreibe? Neben den

Worten, die sich aufschreiben lassen, läuft in meinem Kopf und in meiner Seele ein ganz anderer Text, da türmen sich wilder Mut und Zorn. Ich denke, ich könnte Bäume ausreißen und damit schmeißen, ich denke, ich hätt die reine Stirn, Ignoranten entgegenzutreten, ich hab das Herz noch an derselben Stelle, es lebt noch, ich, schwankend zwischen Rosa und Kassandra, sehe lange Dauer für unsere Schmerzen und hab wenig Hoffnung auf die Nachwachsenden. Die haben mit Katalogen und Reisewellen zu tun. Ich umarme Dich und melde mich bald, schnell, ich denke viel an Dich ...

Februar 1993

Liebe Irmtraud,

die Sozialstation der Volksfürsorge wird für Kirsten häusliche Krankenpflege schicken. Für zwei Wochen. Die Chefin hatte gerade zu Weihnachten ihren Töchtern die »Mama« und die »Briefe« geschenkt. Ich hab mich kundig gemacht, wieviel Hilfe einer Schwerkranken zusteht, wenn man nur genügend Formulare ausfüllt. Es hilft, auch Krankengymnastik kann zu Hause ausgeübt werden. Eins kommt zum andern stärkt die Zuversicht.

Ich versuche, mich auch anderen Dingen wieder zuzuwenden. Aber von der Diskussion um Christa Wolf ist mir kotzübel. Wir hatten als junge Autoren ziemlichen Bammel vor ihr. Sie war sehr streng. Über ihren »Geteilten Himmel« hab ich mich geärgert, der Böse geht weg, die Gute bleibt hier, wie simpel. Im »Störfall« hat sie wieder in ausgedachter Weise mehr gelitten als alle andern, nicht nur zeitgleich wegen Tschernobyl und an sich selber, nein, ein Gehirntumor im Bruder wird operiert. Das ist eine unlautere Verquickung von Fiktion und Report. Über das »Sommerstück« habe ich mich auch geärgert, weil nun Snobismus angesagt war, die Guten gehen in die Idylle und erholen sich von den anderen Sterblichen.

Ihre »Kassandra« fand ich makellos. Wer da meint, sie sei den Männern als scheinbar oder anscheinend Unbelehrbare nicht gerecht geworden, der möge sich die Daten der Geschichte angucken.

Ihre Humorlosigkeit hat mich immer gestört. Sie würde eher über einen Vers von Hölderlin lachen, als über sich selber. Ich hab mich im Sommer 89 gefragt, wodurch sie eigentlich legitimiert ist, einem Volk zuzurufen: Bleibt, wir garantieren euch ein sinnvolles Leben. Damals waren wir verdattert. Wer befugt sie in all der Unüberschaubarkeit? Wer wird ihr die Voraussetzungen dafür einräumen? Aber dann, als es nicht so wurde, war ja auch nicht mehr die Rede davon. Gerade teilt sie uns aus Los Angeles mit, was sie so denkt. Und das zu Hause gebliebene Volk, so es jung ist, packt mit Verspätung die Koffer.

Mein Märzkalender ist proppevoll, da sind wir durchgängig auf Achse. Nur im Moment halt ich es hier ruhiger. Weil ich erst abwarten will, was mit meiner Tochter geschieht. Und weil Laura Ferien hat, da will ich für sie da sein.

16. Februar 1993

Mechthild,

ich sage möglichst wenig über die Passage Deines Briefes, die den Jungen betrifft, den es nun nicht mehr gibt. Das Thema Soldat und sensibles Einzelwesen trifft mich auch mit der Wucht der Erinnerung.

Die schwachen Augen meines Mannes haben ihn davor bewahrt, je eine Uniform tragen zu müssen. Er ist ein glänzender Schütze, ein »ausgezeichneter«, denn natürlich gab es im Rundfunk auch solche Männerspiele, »wir werden besetzt und müssen den Rundfunk verteidigen« und so Quatsch. Wenn er davon erzählt, ging es sehr und unfreiwillig komisch zu. Der »Kommandeur« kriegte einen Herzinfarkt, als es wirklich irgendwo versehentlich knallte. Mein Mann hat durch seine abgelegte Mütze geschossen und sie dann wieder aufgesetzt, worauf ihn beim Sammeln der irgendwie Beauftragte erschrocken anguckte und fragte: »Tut dir was weh?«

Aber mein Freund Jürgen Walter mußte kurz vor seinem fünfunddreißigsten Geburtstag noch Soldat werden, er mußte. Ich habe mich dem Minister damals in einem Brief als Ersatz angeboten, nicht weil ich gut, sondern weil ich ebensogut dazu getaugt hätte. Jürgen hat sich in jeder Weise geoutet, wirklich in jeder, wie er lebt und was er beim Anblick einer Uniform empfindet. Macht nichts, er mußte. Und dann haben sie es ihm gezeigt – beziehungsweise den anderen Soldaten. Bei uns gibt es keine Stars, hier wird jeder gleich behandelt. Das war die Begründung für 24 Stunden Dienst, Grashälmchen von einer Landefläche rupfen, Toiletten scheuern. Sie haben ihn erst nach Hause geschickt, als der Schemel doch nicht auf dem Kopf des Offiziers gelandet war, sondern Zentimeter daneben. Andererseits gaben sie ihm, immerhin Soldaten, sofort Urlaub, als in Berlin sein Partner ermordet wurde, und wenn er Dienst hatte, störte sich niemand daran, wenn wir zu seinem Trost stundenlang übers Diensttelefon redeten.

Ich kenne kaum eine Frau, die soldatischem Dienst nicht gänzlich abgeneigt wäre. Und wer wie ich zur Generation derer gehört, die am Ende verelendete Uniformen gesehen haben, der kann sich nie wieder zu martialischen Empfindungen aufraffen. Das einzige, was ich mir in jungen Jahren vorstellen konnte, war Widerstand sehr weit weg, als Auflehnung gegen Unterdrückung. Aber heute weiß ich um die Vergeblichkeit solcher Aufstände aus Mut und Verzweiflung. Es geht nicht ohne Aufklärung, nicht ohne Politik. Che Guevara ist gestorben, weil die Bauern nicht einmal wußten, was der wollte. Sie haben die Revolutionäre für eine Bande Krimineller gehalten und sie verraten.

Wo gerate ich hin? Das ist doch heute nicht mein Thema. Wenn ich Dich anrufen könnte, aber Du willst immer noch kein Telefon? Bleibst bei Fahrrad, Träumen und ohne moderne Erreichbarkeit? Grüß Deinen Waldschrat.

Februar 1993

Mann! Frau! Gisela, das ist ein Brief. Ich habe ihn mir auf die hohe Kante gelegt, weil die Woche sehr eng war. Nicht mal Zeit, zu meiner Friseuse zu gehen, das ist auch eine interessante Person. War Wissenschaftlerin, war im Außenhandel, hat die Zeichen der Zeit erkannt und ist 90 zurückgekehrt zum nie ausgeübten Lernberuf aus der Jugend. Eine sehr kleine, sehr schicke Person mit einem Tick für die Farbe Rosa. Mein Mann meint, ihr Intelligenzquotient liegt über dem von uns. Die packts, das gefällt mir, geh ich hin und schicke auch andere Kundinnen.

Meine Tochter wartet mit Krämpfen und 20 kg Wasser im Leib auf den Anruf, der sie zur Transplantation ruft. Da wir darüber keine Aufregung zeigen wollen, pusten wir uns über die Nebenvorgänge auf. Neulich sollte sie »noch einmal hinkommen«, weil 30 Röhrchen Blut von ihr auf dem Transport verlorengegangen sind. Um die zu gewinnen, hatte es in den zerstochenen Venen einen Tag gebraucht. Wir mußten los zur Arbeit, haben versucht, jemanden zu finden, der sie begleitet. Gelang nicht, ihr leiblicher Vater versprachs, kam aber nicht, ganz ungewöhnlich bei diesem soliden Mann. Ziemliche Verzweiflung.

Es brauchte Weile und ruhigeren Atem, um Ihren Brief wirklich zu beantworten. Ich müßte auch länger nachdenken. Manches kenn ich. Ochsentour. Familiäres Unglück wegen Alkohol, kenn ich. Schlechtes Gewissen wegen ständiger Überforderung durch die Dreifachbelastung, kenn ich.

Anderes kenne ich so nicht. Ihre Töchter haben Schichten getauscht, um Sie im Krankenhaus zu besuchen. Eine ist Ihnen nachgezogen, westwärts, ins Fremde. Die anderen wohnen im alten Elternhaus in Magdeburg und zahlen die Kredite weiter ab. Sie schicken Ihnen Bücher, die müssen erst mal ausgesucht werden. Zu Weihnachten haben sie Ihnen die neueste Kassette von Jürgen Walter geschenkt, um Ihnen »die größte Freude zu machen«.

Sie haben vier Kinder, immer gearbeitet und trotzdem ist bei aller Abnutzung der Knochen und aller Überanstrengung der Kopf auf der Suche geblieben und hat sich »Schönes und Wahres« gefunden. Ich schreibe Ihnen das mit Respekt noch einmal vor die Augen und nicht, weil Sie meine Gedichte und Lieder mögen. Sondern weil es schon was Besonderes ist, wenn jemand so wenig zu sich selber kommt und doch nicht aufhört, zu suchen.

Haben Sie mir nicht am Telefon gesagt, Sie arbeiten jetzt in der Küche eines Imbißladens? Das muß Ihre vorige Stelle gewesen sein. Jetzt sind Sie bei der indischen Frau und ihrem Mischlingskind. Und die haben Angst und erfahren durch Anlässe Bestärkung darin. Aber die Deutschen sind nicht ausländerfeindlich, natürlich nicht. Sie sind armenfeindlich, brotneidig. Darin werden sie durch das Wirken der Politiker bestärkt, die der jeweils anderen Partei unterstellen, nach dem zu streben, wovor die Leute Angst haben. Übervolles Boot, Armut, Gewalt. Wenn reiche Ausländer kommen, dagegen hat niemand etwas. Die Angst vor dem Broträuber ist ein altes teutsches Gefühl. Wir haben nie gut teilen können. Gastfreundlichkeit gehört nicht zu unseren Tugenden. Wir feiern den, der etwas bringt, und brauchen immer Minderheiten im Visier, die unsere Suppe bedrohen. Es braucht Mut und Liebe, sich in Deutschland als immer fremd bleibende Fremde ein Kind »anzuschaffen«, so nennen wir das ja bezeichnenderweise, und dieses Kind unserer unerwachsenen Gesellschaft auszusetzen. Wir Deutschen, West oder Ost, bleiben in unserer Begeisterung wie in unserer Ablehnung stecken …

Ich will Sie nicht trösten, das steht mir nicht zu und das haben Sie auch nicht nötig, starke Person, Sie haben das Gröbste schon überwunden. Sie leben ja wieder. (?) Ich will meine Zweifel unterbringen, denn die von ihnen geschilderten Vorgänge widersprechen meiner Lebenserfahrung. Mir scheint, hier geht es um Eifersucht, und Lüge ist vor Wahrheit gestellt.

Der Brief der Ehefrau Ihres Liebhabers an Sie enthält Ungeheuerliches. Das Ehepaar Ost wollte Kosten im Westen einsparen und deshalb soll der Ehemann mit Wissen seiner Frau eine vorübergehende Beziehung zu Ihnen eingefädelt haben. Deswegen hat er bei Ihnen gelebt. Sie sollten den Mann bei seinem schwierigen Anfang unwissentlich unterstützen. Er hat Sie nicht geliebt, nie seriöse Absichten gehabt. Sie sagen, er hat zu Ihren Freunden von Ehe gesprochen, und Sie kriegen das nicht zusammen, wie er mit Ihnen umgegangen ist und daß es nur Lüge und Betrug gewesen sein soll.

Alles, was im Leben vorkommen kann, kommt auch vor. Und trotzdem habe ich Zweifel. Er hätte sich doch nur von Ihnen trennen müssen. Warum sollte die Frau ein so niederträchtiges Komplott freiwillig aufdecken? Wenn er gesagt hätte, er habe sich für seine Familie entschieden, dann hätte doch alles andere im Dunkel bleiben können. Die Frau hat für ihren Mann Türen zugeschlagen – die sie ihm angeblich wegen der Nützlichkeit vorher öffnen half? Wenn Schurken, warum dann auf einmal reiner Tisch?

Die Frau wollte Ihnen wehtun. Wahrscheinlich, weil

ihr wehgetan wurde. Der Brief der Ehefrau wirkt wie das Ende der Geschichte. Aber sonderbar ist doch, daß er ihr das überläßt. Daß er den Arbeitsplatz aufgegeben hat. Hat er im Osten Arbeit gefunden? Es bleiben zu viele Fragen offen. Die Frau macht in ihrem Brief an Sie den Mann zum Penner. Gehts ihr nun besser? Sie war nicht dabei, wie kann sie so genau wissen, wie ihr Mann »es« gemeint hat? Sie haben keinen Grund, sich »zu genieren«. Erstens glaube ich nicht, daß es genau so gewesen ist, zweitens hätten die beiden so oder so Grund, sich zu schämen. Was taugt der Kerl, wenn er ihr überläßt, Sie abzubestellen? Die »Wende« hat zwar manchen Charakter aufgedeckt und auch häßliches Inneres vorgeführt. Vieles, was wir lieber nicht gesehen hätten. Not macht es auch schwer, bei Verstand und Anstand zu bleiben – aber so weit gehen? Gegen einen anderen Menschen? In der Abrechnung steckt Haß. Warum aber sollte die Frau Sie hassen, wenn sie alles gewußt und mitgespielt hat?

Ich will Zweifel säen, obwohl das für den Moment sicher nichts leichter macht. Aber Sie wollten schmeißen, wollten resignieren. Dagegen ziehe ich zu Felde, mit lauter Frühling. Der wird kommen oder wiederkommen, trotz allem, und wird überwältigend sein, und dafür sind Sie doch gemacht. Andere Menschen suchen auch nach Wärme, sind auch enttäuscht, haben auch ihre unglaublichen Geschichten. Wegen einer nicht einmal geklärten Enttäuschung wirft doch eine wie Sie nicht ihr Herz und ihre Sinnlichkeit weg.

Wenn Neues kommt, lassen Sie es zu. Der eine war vielleicht doch kein Schurke, sondern eher ein Feigling? Das ist auch nicht viel besser, aber deswegen kann doch ein anderer Mann ein König sein. Von denen wimmelt die Welt. Fangen Sie an, zu verwinden.

Am 8. März bin ich in den »Kugelblitzen« in Magdeburg, bei meinen lieben Frauen. Wenn Sie bei Ihren Kindern sind, vielleicht sehn wir uns da.

... es war so gemütlich bei Ihnen, Ihr Fips durfte mich nicht beißen, Ihr Essen hat gut geschmeckt, Ihre Argumente haben meinen Wunsch nach einer Mikrowelle bestärkt, und heimzu waren die Wetterumstände sogar erträglich. Ich bitte Sie aber herzlich, von mir nicht das Kindsmörderinnenfoto in Ihrem Porträtbuch noch einmal zu veröffentlichen. Zu Ihrer Frage, »Mißbrauch von Prominenz«, fiel mir nichts ein, weil der Begriff mich zu lange nicht zu tangieren schien. Aber es muß Ende der Sechziger gewesen sein, da wandte sich jemand vom Zentralrat an mich: Dir glauben die jungen Leute doch. Du könntest sie überzeugen, daß sie kein Westfernsehen gucken sollen. Erkläre ihnen, wie ihnen das schadet.

Ich habe gesagt, daß ich jederzeit bereit bin, über bestimmte Sendungen zu diskutieren, aber nur, wenn sie selber das wünschen. So wie mit meinen Kindern, für die es selbstverständlich ist, die Sendung, nicht den Sender zu wählen.

Das war ein Versuch, Vertrauen als Einfluß zu mißbrauchen. Aber ich habe abgelehnt, und es blieb folgenlos. Die Folgenlosigkeit war vielleicht eines der prägnantesten Zeichen unserer Politik. Bei Widerstand gaben die Genossen fast immer nach – folgenlos. Sie nahmen selbst Ausfälligkeiten hin – folgenlos. Aber auch der Nachweis von Unrecht blieb folgenlos. Frank Beyer geschah nicht recht, nur weil wir uns über das partielle Berufsverbot aufgeregt haben. Da haben viele Einspruch eingelegt, auch Benno Besson, der ihn wenigstens ans Theater geholt hat, nachdem ich die beiden zusammengebracht habe. Theaterarbeit ist nicht die Stärke von Beyer, aber er mußte fünf Jahre ohne Filmarbeit bleiben.

»Prominent« waren viele wohl nur sich selber. Aber wenn sie dachten, wir wären glaubwürdig und würden angenommen, dann haben sie schon versucht, uns was in die Tasche zu stecken.

Ich hatte wohl Glück. Mein Mut wurde gefordert, aber nur in für mich aushaltbaren Grenzen. Ich kann darüber nachdenken, ob das Mißachtung oder Sympathie war.

Nachdenken möchte ich. Aber meine Tochter ist seit gestern wieder im Krankenhaus.

Heute morgen ist meine Schwiegermutter mit neunundachtzig Jahren sanft eingeschlafen. So denke ich abergläubisch, dies sei ein Vorzeichen von Güte für unseren Tod. Und dennoch, natürlich, weinen wir. Die Erinnerungen werden sehr jung, wenn die Alten gehen. Möge es wenigstens der Reihe nach geschehen.

Im Buchladen sah ich vor der Lesung wunderschöne Bilder. Eins hätt ich gern gekauft, aber es war unverkäuflich, und den von mir geschätzten Preis hätte ich auch nicht zahlen können. Ihr freundliches Haus ist mir eine wärmende Erinnerung. Anbei das Buch. Ich grüße Sie, und mein Mann macht einen Diener und strahlt Sie an.

Februar 1993

Lieber Bruder Jürgen Rennert,

es mag wohl wahr sein, daß wir im vergangenen Jahr vielen unserer Nächsten etwas schuldig geblieben sind. Aber wir haben auch widerstanden, vor allem der eigenen Zauderhaftigkeit, der Zurückhaltung, sich ganz deutlich zu machen. Auch, sich festzulegen, nicht genügend offenzuhalten.

Du mit Deinem tapfer beschrifteten Schild »Gerechtigkeit für alle – Kohl nach Moabit« wirst mir immer als Lachen zwischen viel Tränen im Gedächtnis bleiben. Dein Herz den Schwachen, schon wieder. Ausgerechnet Du. Du könntest Dich doch wunderbar als »Opfer« stilisieren. Bei Dir haben sie doch keinmal ausgelassen, Dich zu demütigen. Als Bausoldat, als unterstellter Dissi, als Philosemit, als Bittsteller bei der Reiseabteilung, Du durftest ja nicht mal nach Ungarn. Ich hoffe sehr, daß Du mit Deiner Johanna inneren Frieden findest. Du hast Deinen Anteil an Christenpflicht bis zum letzten Atemzug von Christa geleistet.

Wir beide leben ein seltsames Leben. Neuen Überforderungen ausgesetzt, brennt viel Schlacke von falscher Sicherheit, Überhebung und Eitelkeit weg. Ich versuche, Fels zu sein, aber der steht auf weicher Erde. Ich weiß nicht, ob wir noch gebraucht werden. Für die Jungen gibt es wenig gegenwärtige Kultur. Das Geld reicht nicht für Theater, Bücher, Videos, CD. Und Du, Dichter, mußt nun auch wieder für Deinen Lebensunterhalt die Kraft aus dem Haus tragen, die Du endlich ins Buch bringen müßtest.

Bittere Zeit, mitten im wieder aufflammenden Antisemitismus. Es ist auch mein Irrtum gewesen, der sei für absehbare Zeiten in Deutschland nicht mehr möglich. Ich habe geglaubt, in der DDR zu bleiben lohnt schon deshalb, weil ich hier vor Rassismus und Antisemitismus geschützt werde. Günter Kunert hat einmal in der Zeitung geschrieben, er lebe in der DDR, weil er hier nie befürchten muß, seinem ehemaligen Peiniger Sturmbannführer auf der Straße zu begegnen. Aber was wir jetzt erleben, ist nicht »neo«, sondern »immernoch«. Hat in den Leuten gehockt und nur auf seine Gelegenheit gewartet. Der Boden dafür muß in den Familien bereitet worden sein. Und unsere ständige Ausstellung des Stolzes über jede geerntete Rübe war ein Teil der Oberflächlichkeit im »tiefen Sinneswandel«. Schuld ist auch unsere Art von Schule, die nicht Denken lehrte, sondern Wissen stopfte.

Es ist jetzt nicht weniger erbärmlich. Die Schule hat nichts gelernt ... Ungeachtet der seltenen Begegnung in Treue, die nur abgerufen werden muß, dann stellt sie sich zur Verfügung.

Ich kann nicht lesen, Freundin. Noch nicht, schon wieder nicht. Die Tasse Tee am Morgen, das unablässige Gespräch mit meinem Mann, das sind die Kostbarkeiten, die raren.

Vorgestern ist meine Tochter im Virchow-Krankenhaus transplantiert worden. Morgens um fünf Uhr kamen die Männer, um sie aus dem abgelegenen alten Trakt zu holen. Ihre Bettnachbarin hat mir gesagt, sie habe geweint, ließ sich zum Abschied in den Arm nehmen und faßte sich dann. Sie hat bei uns angerufen, ich habe aber nicht gewußt, daß mein Mann in solcher Erwartung mein Telefon abgestellt hatte. Kirsten hat darum gebeten, mich nicht zu wecken, er solle mir nur sagen, sie werde es schaffen.

In der ersten Nacht nach der Operation gab es eine Krise, aber nun arbeitet das neue Organ. Noch ist nicht viel zu sagen. Wenn wir Glück haben, liegt noch einmal eine Strecke Leben vor ihr, nicht leicht, nicht unbeschwert, aber doch Leben. Die Operation kam zum letzten möglichen Termin. Die Chancen steigen, hatte der Arzt gesagt. »Es wird Frühling, da klettern sie wieder auf ihre Motorräder und brettern über die Autobahn. Frühling ist immer die Zeit der Organe.«

Makaber, schrecklich wahr geworden – vielleicht, denn Näheres wissen wir nicht. Am Sonntag waren wir zum letzten Mal mit Laura bei ihr, nur mein Mann konnte sie berühren, weil wir beide erkältet waren. Er hat sie gestreichelt, die dünnen Arme mit den vielen blauen Flecken, in der Vene hatte sie eine Braunüle, für deren Einführung sie drei Ärzte verschlissen hat. Aber sie hatte eine schon überirdische Heiterkeit, war lustig, begierig auf die Erdbeeren und den Gurkensalat und sie sprach, als sei sie schon losgebunden von aller Erdenschwere. Wie man das als Mutter erträgt? Bis vor die Tür des Krankenzimmers.

Es erzählt sich nicht. Das Hirn weigert sich, im Schmerz zu bleiben. Geschäftigkeit setzt ein, der Staubsauger wird wichtig, die Arbeit, die vor uns steht. Nun warten wir Tag um Tag, Nacht um Nacht, ob sie es schafft.

Schade, daß wir uns bei einer so ungemäßen Veranstaltung treffen mußten. Ich konnte das Publikum nicht sehen, der Raum war viel zu groß und zu dunkel. Wir saßen auch auf der Bühne zu weit auseinander, und ich fand mich beschissen.

In Greifswald war ich stockheiser. Die Frauen rückten aber ganz dicht an Angelika und mich heran, wir hatten uns ein Programm ohne Musiker gebaut, weil viele Veranstalter gar kein Geld mehr haben. Am selben Abend in Grimmen, voll, wunderschöner halbgroßer Raum, hell, keine Bühne, also standen wir meist. Es war eine Benefizveranstaltung für Kinder aus Tschernobyl. Und es war wunderbar, ich selber fiebrig, bemüht, mittelmäßig.

Aber nicht deswegen wird auch dieser Raum künftig dem Kulturbund nicht mehr zur Verfügung stehen. Ein merkwürdiges Gefühl. Wir machen so oft den Kehraus. Ich hatte die letzte Veranstaltung im »TiP«, in Suhl haben wir in der »Galerie« den Letzten gemacht, nach uns wurde sie abgerissen, als gäbe es nichts Wichtigeres als Beseitigungen, und in Grimmen erzählten die Frauen, es gäbe bereits einen neuen Besitzer.

In Rostock habe ich mich am nächsten Vormittag mit zwei Basisgruppen der PDS getroffen, denen schien der Schneid auch dünn geworden. Ich klang wie der Rabe persönlich, hab aber trotzdem Feuer und Spucke gesammelt.

Und am Abend dann voller Saal, Büchertisch und viele Menschen, die mich an sich erinnern wollten. Auf einmal war die Stimme wieder da, weiß nicht, warum und wodurch. Alles ging, alles gelang.

»Wir kennen uns doch, na vom Rundfunk, vom

Singeklub, von der Lesung, vom Zirkel, von der Leistungsschau, vom Schlagerfestival. Sie haben uns damals einen Preis gegeben.«

Hab ich? Weiß ich nicht mehr.

»Meine Frau macht jetzt Meinungsforschung, Medienuntersuchung, wahnsinnig zu tun, ja, ich bin Vorruheständler, natürlich aus dem Funk gefeuert.« Der hatte die »Hafenbar« gemacht und das »Schlagerfestival der Ostseeländer«. Ein erfahrener alter Hase, Routine gemischt mit Zynismus, wie sie halt in dieser Branche sind. Das würde doch gut in die neuen Sendungen passen. Leute, denen nur ein Drittel von dem gefällt, was sie schön finden müssen.

In Schwerin erst einmal Krach mit einem Polizisten, der sich wieder nicht anhören wollte, daß wir erst die Anlage auspacken müssen und dann erst wegfahren können. Angelika drehte durch, bot den Männern an, wir könnten uns ja ein paar Nazis zur Hilfe holen, dann wären er und seine Kollegen wohl schnell um die nächste Ecke verschwunden. Anzeige, wir haben trotzdem erst ausgeladen, aber auch diesen Strafbescheid haben wir nun am Hals. Inzwischen vier, wir werden gemeinsam im Gefängnis verschwinden und als Rächerinnen wiederkehren, Gräfinnen von Monte Christo.

Es ist so ungerecht, wir lösen an den allgegenwärtigen Parkautomaten drei Parkscheine, aber das güldet nicht, wie der Berliner sagt. Sollen wir von der Bühne peesen, um nachzulösen? Ist doch nicht ihr Problem. Aber dann, ein wunderbares Publikum, so eine schöne Veranstaltung. Der Raum war überfüllt, Glück, Glück, Bravorufe für die Courage, Blumen und Umarmungen. Da stürzen die Tränen. Unprofessionell, aber nicht aufzuhalten.

Gestern abend, Du warst leider nicht dabei, Regine Hildebrandt und ich in der alten Holzkirche in Friedrichshain. Ich hatte Lampenfieber, man muß ja aufpassen, daß man sie nicht zum Monolog auflaufen läßt, sonst kann man nach Hause gehen, und sie würde es nicht bemerken. Vor Beginn kamen todernste Leute herein und verteilten Zettel mit »Enthüllungen« über die Ministerin. Das wußten wir nicht, wir sahen nur, daß viele Leute nach erstem Draufblick das Blatt zusammenknüllten und in den Raum warfen. Einer schrie »raus«, es fehlte bloß noch Musik. Ich begütigte und sagte, die sollten in Ruhe ihre Zettel verteilen, wir warten solange. Und dann kamen wir doch ins Gespräch. Es gelang uns, als Partner und Widerpartnerinnen. Der Erlös des Abends läßt »Maxie« einen Monat länger leben. Das ist nicht viel für ein Frauenzentrum, aber das jetzt Mögliche …

Die Kopfschmerzen? Schlafmangel, Infekt, Autofahrten, wohl auch Überanstrengung der Augen, denn in vielen Stätten ist das Licht sehr schlecht, also besser, ich kenne alle Texte auswendig, das gefällt mir und stellt sich so ein.

Im Herbst kommen die Ehedialoge »Er hat gesagt« heraus. Ich wollte es als billige Broschüre oder gar nicht, aber mein Verleger Chowanetz lehnt das ab. Er sagt, ich hätte kein Recht, etwas zum Lachen geringer zu achten als Ernstes. Hm.

Du warst wie immer. Aber Du mußt aufhören, Dich für jede Reaktion des Publikums verantwortlich zu fühlen. Ich spüre das bei der Arbeit, hab Kassetten mit Kompositionen auf dem Arbeitstisch, meine Tochter wartet, Laura auch, die Wohnung sieht aus, und eigentlich müßte ich … Dir danken, wie immer.

26. März 1993

Zum Osterspaziergang ist es wieder nicht gekommen. Ich habe geschrieben, die von Dir weniger geschätzten Ehedialoge. Manuskript ist abgeliefert, Cleo Kurze hat sehr ulkige Vignetten dazu gezeichnet, das bringt was Eigenes ein. Laura hat sich von ihrem schwarzen Kater Titus trennen müssen, weil die Mama kein Haustier um sich haben darf. Wir konnten ihn auch nicht behalten, er wollte den Wilhelm total für sich vereinnahmen, schlief den Tag über und war die ganze Nacht putzmunter und überdreht.

Schlafdefizite gehen für meinen Mann hinter die Grenze des Zumutbaren. Nun hat ihn Angelika, die packt das, obwohl es ein spontaner Entschluß war, bei einer Notlage zuzugreifen. Meine Tochter hat aus dem Krankenhaus eine umwerfende innere Arschruhe mitgebracht. Wir mußten wegen Versagen ihrer Waschmaschine alles für die Kur richten, die ihr zusteht. Neben mir eine dicke Mappe, dringender Schriftwechsel, um in ihr Leben Ordnung zu bringen. Mahnungen von Behörden, weil sie bei jeder unter anderem Namen läuft. Ich bin bestürzt über meine Aggressionen. Als ob sich das Leid in Wut auflöst, in Ungeduld. Die Steine poltern vielleicht von der Seele, mag sein, das macht mich aber nicht weniger verschlissen.

Ist das ihr Überlebenstraining? Ich lasse Kummer bei Dir ab, ausgerechnet. Wo sollst Du denn damit hin? Es gibt ja auch anderes, das weißt Du. Laura sucht nach ihrem Weg, und wir bemühen uns, ihr Alternativen zu langem Studium zu zeigen. Ihr Abitur soll sie natürlich machen, vermutlich erst nach dreizehn Schuljahren. Zu lange, aber das werden wir sehen.

Wenn sie schreiben will, da kann der Weg auch über Politik gehen, oder über Medien. Das muß sie aber jetzt anfangen. Nur starke Frauen haben eine Chance. Wollen sehen, ob der Drang es sich erzwingt.

Ich sehne mich nach Stille. Vermutlich bin ich infarktgefährdet, vernachlässige Arztbesuche, mißachte Signale und schleppe mich.

Ich möchte Dir unbedingt das dicke Buch von der Maria Riva über ihre Mutter Marlene zum Lesen geben, aber keine Rezension voranstellen ...

30. März 1993

Liebe Inge,
warum haben Sie sich mir in Zittau denn nicht kenntlich gemacht? Wir hätten uns doch nach guter alter Ossimanier die Hand geben können. Wenn ich gewußt hätte, daß Ihr Mann Sie gebracht hat, Sie sich aber zur Zeit nur eine Eintrittskarte leisten ... das hätten wir doch leicht lösen können. Sie haben es mir nun ja doch erzählt.
Ich habe die Veranstaltung anders erlebt als Sie. Selbst nach dem so anstrengenden Monat März und der langen Autofahrt. Warum meinen Sie, im Theater saßen die falschen Leute? Wenn die nach der »Trauten Brautnacht 9. November« am längsten geklatscht haben? Das kann ich nie voraussetzen und die gleiche Sicht auch nicht verlangen, ich kann nur hoffen, daß mein Angebot angenommen wird. Es waren sehr viele junge Leute da, die werden vielleicht nicht vor dem »Fernseher verblöden«, wenn sie trotz Ängsten im Dunkeln rausgehen, zuhörn und lachen und sich hinterher »noch mehr Gedichte« wünschen. Woher kommt das auf einmal, es paßt eigentlich nicht ins Bild, aber wir erleben es. Bei manchen Liedern denke ich, daß wir auch Protest aushalten müssen, meist kommt aber gerade an diesen Stellen Zwischenbeifall. Das Publikum will jetzt nichts Unverbindliches, das ist meine Erfahrung, der Tobak kann ihnen gar nicht stark genug sein. Sind wir stellvertretend couragiert? Kann sein, aber das wär ja auch nicht neu für uns.

Gerade an diesem Abend haben uns mehrere Menschen gesagt, sie möchten eigentlich zwischendurch nicht klatschen, es ist ihnen nicht danach, und es scheint ihnen wegen der Themen unpassend. Sei ja aber leider so üblich.

So resignierend müssen wir miteinander nicht umgehen. Nach der Erfahrung der letzten Jahre möchte ich die Mauer nicht wiederhaben. Ohne die sogenannte »Wende« hätte ich viel an Arbeit nicht geleistet. Ich habe auch keine Angst mehr. Früher hatte ich die immer, die Angst davor, daß ich mehr gefährde, als Veränderung braucht. Jetzt habe ich wohl Angst auf der Straße, im Dunkeln, aber nicht, meine Meinung zu sagen. Ohne die Katastrophe hätten wir nicht erlebt, daß unser Publikum, nach verständlichen ersten Wirren, zu uns zurückkommt. Nicht alle, aber die hatten wir früher ja auch nicht. Jetzt können wir wieder Zuhörer und Leser haben, sofern wir interessieren. Was zuerst ein Wagnis schien, sich kritisch zu den Verhältnissen zu äußern, ist jetzt sowohl unser Bedürfnis als auch unsere Chance. Ich bin nicht dort, wo die großen Gagen gezahlt werden. Allenfalls mal wieder in Bibliotheken, auch Theatern, bei der Gewerkschaft und vor allem bei den Frauenorganisationen. Und wenn Sie Leute zusammenkriegen und ein Vereinszimmer finden, wo wir uns treffen können, dann komme ich nach Zittau, wir können reden, ich lese und bringe als Geschenk Gedichtbände mit, die hat mein Mann aufgekauft, damit sie nicht in die Container wandern.

Liebe Inge, wenn wir jetzt nichts Neues anfangen, wird uns alles aufhören. Aber zu einem Teil sind es dann nicht die Verhältnisse. Wir selber helfen mit beim Stürzen und Vergessen.

Aber am Sonntag hatten wir in der Kirche Kowalskestraße ein Benefiz-Friedenskonzert für vergewaltigte bosnische Frauen. Mit Carola Nossek von der Staatsoper, kaltgestellt, Uschi Brüning mit schönen Liedern nach Texten von Eva Strittmatter, mit Barbara Kellerbauer und Angelika Neutschel. Keine Absage, wen immer ich fragte. Die Kirche war eiskalt, der Pfarrer jung und aufgeschlossen, die Kollekte erheblich. Es gingen ja nicht einmal hundert Leute hinein in den Raum. Am Ende standen wir Künstler mit Brotkörbchen am Ausgang, und es waren besonders die Jungen, die uns 20-Markscheine hineinlegten.

Meine Tochter bekommt 250 Mark Krankengeld im Monat. Das heißt, ich kann mir jetzt nicht mehr Wünsche erfüllen als früher, eher weniger. Ich hab trotzdem eine innere Sicherheit gewonnen, die hatte ich früher so nicht. Es ist fraglos, daß diese Welt hier ungerecht ist. Dagegen kann eine nur wenig tun, aber dies eben darf sie nicht unterlassen. Und wenn ihr nicht über die eigene Depression hinauswachst, dann werdet ihr tiefer erliegen als nötig. Es gibt für die eine wie für die andere Haltung Zeichen und Ansätze.

Wenn ihr mich ruft, komme ich. Aber vorbereiten müßt ihr selber.

31. März 1993

Paula,

die Veranstaltung in Schwerin war wunderbar. So ein sensibles und kundiges Publikum. Ein schöner Satz, Paula: »Die DDR war unser aller Kindheit.« Er bewegt mich. Stammt er von Dir? Dann möchte ich mehr hören. Mach Vorschläge, wie wir wieder zusammenkommen können, hilf uns. Der Zorn im Leib macht mir auch viel Kraft. Mein Verleger hat mich gestern gefragt, ob ich eine Macke habe, so viel kann niemand arbeiten. Ich hab gesagt, eine Macke? Vielleicht, aber dann ist es die Wut. Ich laß mir wirklich nichts mehr gefallen. Nicht von denen, die vierzig Jahre nicht hiergewesen sind und schon gar nicht denen, die jetzt so tun, als wären sie vierzig Jahre lang nicht hier gewesen. Ich lasse mir natürlich doch sehr viel gefallen, Paula. Muß ich ja. Aber ich leide daran nicht mehr so, ich fange an, die Muster und Motive zu erkennen. Das hilft auch nicht immer, aber manchmal doch. Der Haß der ehemals teilweise anregenden Bürgerrechtler bringt mich allmählich zu großer Ruhe. Sie hassen alles, was DDR gewesen ist. Warum? Wenn sie nichts wollten, als das Bestehende zerstören? Das ist doch nun geschehen

... Heute abend haben wir beim Alternativen Hilfsdienst eine Veranstaltung, lange geplant, nun haben sie ihnen die Mittel gestrichen, wir machen wieder einmal den Kehraus. Das tut weh ...

8. April 1993

Meine Mutter war für einen Tag hier, und dieser eine war der Tropfen, der das Faß zum Überlaufen brachte. Sie ist viele Personen in einer, aber zur Zeit absolut egozentrisch, allen anderen abgewandt, sie steht im Mittelpunkt des Alls. Ihre alte Katze mußte eingeschläfert werden, was ist dagegen meine Tochter? Der hat sie das am Krankenbett ausschweifend erzählt, sie hat Kirsten gar nicht richtig angeguckt. Ihre Gefühle, Ansichten und Erinnerungen sind einzig beachtenswert.

Sie ließ sich von meinem Mann verwöhnen, lobte ihn über den grünen Klee und schimpfte auf meine Schwestern, daß die sich nicht ausschließlich um sie kümmern. Das Schönste war, als sie sehr laut und sehr melodramatisch sagte: »Hach mein Kind, wenn Du mal über mich schreiben würdest, was deine Mutter alles im Leben durchgemacht hat, das wäre auch ein Roman ...« Ich glaube das zwar nicht, denn sie ist der Prototyp der feigen und sich hinterrücks rächenden Einsteckerin, aber immerhin habe ich das nach vielen Reflexionen in drei Büchern und vielen Gedichten herausgefunden. Sie hat alle diese Bücher, aber sie benutzt sie nur, um sie anderen Leuten zu zeigen, und die lesen sie auch nicht. Ich hatte einen Wutanfall, und am Abend bin ich in mein Bett gekrochen. Für eine Nacht hab ich aufgegeben wie ein alter Hund. Mein Mann hat immerhin zugegeben, daß auch er genervt war ...

Ich danke Dir für Deinen klugen Brief nach der schönen Veranstaltung in Schwerin. Meiner Tochter geht es besser. Sie ist nicht mehr im Krankenhaus, und der Arzt äußert Zuversicht.

Ulla, ich kenne jetzt auch Widerstandskämpfer, die mir früher als solche nicht kenntlich waren. Aber wer auf seine eigene Vergangenheit spuckt und sich gegen die Erkenntnis wehrt, daß jedes Vaterland sein Gut und Böse hat, daß auch die jetzige Zeit schwere Vergehen gegen Menschenrecht duldet, der kann noch so hoch und weit springen wollen, seine Kleinheit setzt ihm die engen Grenzen.

Ich kann durchaus zuhören. Als Voraussetzung verlange ich aber, daß der andere Mensch, der weit weg in einer anderen Gesellschaftsordnung gelebt hat und sich dort mit den Verhältnissen wohl zu arrangieren wußte, zunächst einmal zugibt, daß er nicht genau weiß, wie wir gelebt haben. Der Vergleich mit Pinochet ist zum Verachten. Leichenberge? Todesschwadronen? Stadion? Folterungen?

Deine Aufzeichnungen für Deine Enkel sind aus erstem Schwung. Du hast Dir alles von der Seele geschrieben, was Dir eingefallen ist und im Moment wichtig vorkam.

Über Deinen Mann ist wenig zu erfahren. Der guckt als blasser Opa raus. So hast Du ihn doch aber nicht kennengelernt. Warum liebst Du gerade diesen Mann? Wie ist er?

Daß man von Dir damals verlangt hat, jeden Kontakt zu Deinen Angehörigen im Westen abzubrechen, war inhuman. Du hättest dann nur noch den Arbeitsplatz wechseln können.

Trotzdem: Alles, was wir vom Kapitalismus gehört haben, ist wahr. Es war nur sehr langweilig und redundant begründet, zum Teil unglaubwürdig. Was dem eigenen Volk an Einschränkungen aufgebürdet wurde, ließ sich halt schlecht mit den anderen erklären.

Sie haben sich ja auch selber nicht nach den Nötigkeiten gerichtet. Öffentlich Wasser predigen und heimlich Sonderflugzeuge, Extraläden und Datschen in Naturschutzgebieten?

Ich habe den Kontakt zu meiner Mutter und meinen Geschwistern nie abgebrochen. Aber ich hatte keine Arbeitsstelle zu verlieren, und mit Künstlern wurde eben doch anders verfahren. Privilegien waren es schon. Obwohl auch ich sechzehn Jahre lang nicht ins westliche Ausland reisen durfte. Es hat mir nicht so viel ausgemacht. Ich dachte, wer mich sehen will, kann ja kommen. Und meine Mutter kam immer.

Ach, das sind so Bitterkeiten, die schwindeln sich jetzt auch um zu Dramatik oder Harmlosigkeit ... später noch mal drüber nachdenken.

Mai 1993

Lieber Andreas Wiesner,

für Ihren schönen und verständnisvollen Brief danke ich Ihnen. Noch ist der Kulturschock nicht abgeklungen. Denn in dieser scheinbar liberalen, scheinbar tabulosen Zeit wird auch wieder obenhin geredet.

Was geht in den jungen Rechten vor, und wie sollen wir dahinterkommen? Zahlen sie uns nur ihre eigenen Ängste heim? Grausam wie Nazis schlagen sie gegen Schwächere zu. Da wird einem Polen ein Stück Zunge abgeschnitten, da bedrängen zehn Skins ein fünfzehnjähriges Mädchen, nicht sexuell, sondern prügelnd. All das sind Erscheinungen, mit denen der Staat fertig zu werden hätte. Aber die Polizei scheint nicht präsent, die Angst, so fürchte ich, ist auch gewollt und Teil unserer Umerziehung, der Strafe, es überhaupt mit einer Alternative versucht zu haben, so kleinbürgerlich-feudal-bürokratisch die auch ausgefallen ist. Es gäbe vieles, worüber in Workshops zu reden wäre, da haben Sie recht. Aber es wird sich niemand finden, der ein solches Seminar, oder eine Konferenz, bezahlen würde. Und es braucht doch ein paar Räume und minimale äußere Bedingungen. Ein europäisches Forum gar darf von uns hier niemand verlangen, der als links gilt. Es wäre nützlich und schön. Aber wir können es nicht bezahlen. Sie?

Mai 1993

Hannelore,

ich bin beschämt. Du hast weiß Gott mit Deiner ungesicherten Zukunft zu tun. Wir bewundern Deine betonte Ruhe, auch wenn sie vielleicht nicht ganz echt ist.

Mit dem »Thüringer Frauenbündnis« hat das trotz der fleißigen Vorarbeit vieler nicht geklappt. Wohl auf einen Wink des Ministeriums hin hat der Verein der »Beamtinnen und Staatsbürgerinnen« ein ähnliches Konzept vorgelegt, das sofort bestätigt und mit dem gesamten vorgesehenen Geld ausgestattet wurde. Zwei sowas »brauchen wir nicht«. Sie haben die anderen nicht mal eingeladen. Frau B. ist ziemlich niedergeschlagen, will es aber im Herbst trotzig noch einmal versuchen. Sieh zu, daß Du Dich nicht kaputtmachst, reiche aber jedes Projekt ein. Von hier aus wird versucht, die verworrenen Angelegenheiten des Landesverbandes zu klären, was wegen Geld vor Gericht führt und gewiß kein Zuckerposten für unsere Berliner Frauen ist. Viel eingebrockte Suppe durch nachlässigen Umgang und zu wenig Kontrolle. Muß geregelt werden, hilft ja nichts. Halt Dich mit Deinem roten Schopf gut und immer an mir fest, wenn Du mich brauchst. Deine Puderdose hab ich in der neuen Handtasche, dem Geburtstagsgeschenk meines Mannes.

Hab Dank für Deine Maiglöckchen, die ich wie Flieder und Schneeglöckchen in schlechter Verfassung nicht gut ertrage. Schneeglöckchen, die Osterwiesen in Wildenau, der Heimweg von der Schule, einzigartig duftender Wind, wir haben sie vorsichtig aus der Erde gezogen. Maiglöckchen und Tausendschönchen waren meine Geburtstagsblumen, wenn es möglich war. Bei meiner ersten Hochzeit im März 1949 hatte ich mir Flieder als Brautstrauß gewünscht und auch gekriegt. Alles war falsch, aber der Flieder ist für mich schön geblieben. Neulich stand der Mann mir nach 44 Jahren zufällig bei unserem Arzt gegenüber. Er und ich, nun in Sorge um die gemeinsame Tochter. Aber nur über Dritte im Kontakt, andere, erlaubt seine Frau nicht. Mein Mann sagt, was für ein Quatsch, geht doch Kaffee trinken, oder soll er herkommen, wen stört denn das. Er sagt, irgendeiner sieht einen ja doch ... er ist einundsiebzig.

Die Maiglöckchen kamen an meine wechselnden Plätze, um das Thema zu wechseln, daß mein erster Mann so eine feige Pfeife ist. Es hat mir wehgetan, daß Du vor meiner Tür warst und nicht geklingelt hast. Ich will nie, daß jemand klingelt, aber ich war ausnahmsweise zu Hause – und Du warst es. Jetzt kommt es mir wie Verlust vor, obwohl es mich vielleicht gestört hätte. An meinem Geburtstag kam ich nachts, etwa um zwölf, von der Autobahn, war mit A. in Meuselwitz zur Veranstaltung. Gluthitze und Meuselwitz, das ist zuviel. Die kleine Stadt, seit Kriegsende von kommunaler Zuwendung unbeachtet, ist aufgerissen. Wasser, Strom und Telefon werden untererdig verlegt. Jede Firma übergibt die Straßen besenrein, nächste Woche reißt die nächste alles wieder auf. Das Zentrum besteht aus Einbahnstraßen, Baustellen und Sackgassen. Mit 50 Grad im Auto gelang es uns nicht, an die Bibliothek heranzukommen. A. am Lenkrad war nach 40 Minuten in schrillen Höhen angelangt, und ein angeflehter Einheimischer meinte begütigend, das finden Sie alleine nie. Kletterte mit rein und leitete uns zuletzt über einen Schulhof aus Schlaglöchern. Danach kamen wir in eine andere Welt. Die Bibliothekarinnen, verletzt durch Maßnahmen, in ihrer Arbeitszeit um vier Stunden gekürzt, hatten Angst. Wie würde es werden? Mit mir in der Schule? Es wurde Sternstunde, mit Dankesbrief der Schüler in der Zeitung. Aber abends, da kommen der Bürgermeister und der Pfarrer. Ogottogott. Und der Kulturbeauftragte, alle CDU. Ich sagte, feige vor Erschöpfung, wollen wir nicht ein bißchen entschärfen? Nicht mit mir, sagte Geli. Na gut. An ein paar Stellen blieben die Hände besagter Herren (nicht auch die ihrer Ehefrauen) ruhiger, an anderen wurde trotzdem gelacht, und das setzte sich dann durch. Der Bürgermeister hat sich zwar nicht von mir verabschiedet, aber von den anderen schon. Die konnten doch nichts dafür, die hatten die Texte ja nicht geschrieben. Am Geburtstag selber waren wir in Senftenberg in der Studiobühne. Im Großen Saal gabs Don Giovanni für ein paar einzelne, bei uns war es voll im kleineren Raum. Nach dem letzten Lied kam der Intendant mit einem großen Rosenstrauß, die Leute standen auf und sangen dieses Hochsollsie ... Um Mitternacht wieder zu Hause, dort stand eine Tasche auf dem Tisch, hätte ich mir nie gekauft, ein messinggefaßter Schminkspiegel, Rose, Briefe an mich und Dein Marquez. Der wird nicht gelesen einfach so, der kommt mit in den Urlaub. Dann kriegst Du ihn wieder zum Weitergeben. Solche Bücher müssen jetzt von Hand zu Hand, sie sind Besitz geworden, Besitzstand, wie es heißt.

Schöner Mai, schwerer Mai, unvergeßlicher, hier mitten im kleinen Völkchen, im nicht sehr beherzten dazu. Manchmal raunts mir in der Seele, ob meine Tochter früher auch transplantiert worden wäre, ob sie eine solche Kur auch bekommen hätte. Ich esse jetzt Kiwi ohne schlechtes Gewissen und habe eine ganz neue große Reibefläche. Im Juli reisen wir mit Laura an die Nordsee – und sie verblödet nicht. Macht sich ihr eigenes Weltbild. In der Schule verlangen sie zwar wieder Lippenbekenntnisse, sie soll den Imperialismus als die beste Möglichkeit, das Kapital zum Nutzen aller einzusetzen, definieren, und das tut sie halt nicht, aber jetzt arbeitet sie bei einer Schülerzeitung, und in den Ferien macht sie mit ihrem Freund zusammen die erste Erfahrung beim Jobben auf dem Rummel. Ein paar Tage lang war sie mit der Klasse in den Dolomiten, das alles macht das Bild von der Welt widersprüchlicher, auch für mich. Manchmal atme ich durch, kann wieder staunen und mich freuen. Auf den Buchbasar heute auf dem Alex, auf Cuxhaven und auf das Weiterwohnen hier, denn ich melde die Angst, daß sie uns raussanieren, erst einmal ab. So kann man sonst nicht leben. Ich freu mich auch auf den Abend mit Annemarie Bostroem, in der Brecht-Bibliothek. Sie liest meine, ich lese ihre Gedichte. Sie war 1946 mein erster großer Impuls mit ihren »Terzinen des Herzens«. Schöne Erinnerung an Anfänge, obwohl die Bosti, wie sie sich nennt, frühe Kraft und Sinnlichkeit nur noch ahnen läßt. Als Gesprächspartnerin ist sie eher strohig, hinter- und vorher sprüht sie vor Herz. Ich muß los, mit Laura Reenemachen, bevor Kirsten von der Kur nach Hause kommt.

Mai 1993

Liebe Doktorin, Ministerin, liebe Regine Hildebrandt,

im Rahmen der Brandenburger Frauenwoche war ich von der Gleichstellungsbeauftragten eingeladen worden, am 10. Mai in Seelow eine Art »Runden Tisch« zu gestalten. Abends eine Lesung zu machen.

Wir wollten uns in der Gemeinde-Begegnungsstätte

treffen. Stunden vor der Abfahrt in Berlin rief mich die Frau H. an und bestellte mich um ins Kulturhaus. Dort erfuhr ich den Grund der Verlegung. Die Frau Bürgermeisterin hat mir die Gemeindestätte verweigert. Sie habe mich ein paar Mal reden hören, ich passe ihr politisch nicht, in diese Stätte läßt sie mich nicht.

Sie kann so denken. Ich muß ihr nicht passen. Sie kann auch so reden. Aber als Bürgermeisterin, denke ich, dürfte sie so nicht handeln. Da kriegt es über Ansicht hinaus Schwergewichtigkeit und schadet mir in meiner frauenpolitischen Arbeit und als Vorsitzende einer Frauenorganisation. Ich arbeite mit den Landfrauen, dem Hausfrauenverband und anderen Vereinen und Verbänden der Frauen sonst einfacher und gehöre zu denen, die sich um Schmiedung von Frauenbündnissen bemühen. Solche Erfahrung hab ich noch in keinem CDU-regierten Land gemacht.

Ich wollte Sie den Fakt wissen lassen, denn für einen Moment fielen mir die Arme runter. Sie tun jetzt selber, wogegen sie früher gewesen sind. Die Bürgermeisterin ist Mitglied der SPD und hat sich durchgesetzt, obwohl ihre Fraktion nicht ihrer Meinung gewesen ist. Einer der Männer, ein bildender Künstler, kam ostentativ und mit Erklärung in meine abendliche Veranstaltung. Ich hab gar nicht gewußt, daß ich so wichtig bin.

Mai 1993

Unser Verein steckt in einer gewissen Krise. Viele Frauen fühlen sich zu alt und zu beleidigt, um noch mitzumachen, sie sind krank oder haben schon abgeschaltet – und für die Jungen sind wir die ollen Handarbeiterinnen mit dem Kuchentick. Haben wir auch, natürlich, aber nicht nur. Wo wir junge Frauen gewinnen können, wie die Antje in Mecklenburg mit ihrem

Kreis, da ziehen sich auch andere jüngere hin. Aber wollen wir bescheiden bleiben und die Unablässigkeit pflegen.

Heute ist die Beerdigung von Antje Garden. Das Herz ist mir schwer. Ihre Mutter hatte mich um die Trauerrede gebeten, aber aus naheliegenden Gründen fürchte ich, das nicht durchzuhalten.

Ich habe ein Gedicht für Antje geschrieben, das werde ich sprechen. Ich hoffe, daß sehr viele Kollegen kommen. Wir wollen zeigen, daß die Antje nicht irgend jemand war, daß sie menschlichen Zusammenhalt hatte. Wir gehen mit Jürgen Walter. Ein bißchen zage ich auch vor der Wiederbegegnung mit Kollegen, die ich zu lange nicht gesehen habe.

Die Veranstaltung in Greiz, das sage ich Dir ehrlich, war für mich unerträglich, das war wirklich meine Butterfahrt. Der Mann von der PDS hatte mir vorher kein Wort darüber gesagt, daß es sich um eine große Tanzveranstaltung handelt. Die Gäste haben gar nicht gewußt, daß ich ein stiller Pausenknüller sein sollte. Die hätten viel lieber gehabt, daß einer Witze erzählt.

Wegstecken, Weitermachen. Paarmal davon träumen, schweißgebadet.

2. Juni 1993

Liebe Frauen,

herzlichen Gruß von mir nach Meuselwitz, Dank für die schöne Rezension, anbei das Gästebüchlein, ich hab Angelika nicht früher gesehen. Es wär schön, wenn wir uns wiedersehen. Aber die Gefühle sind natürlich immer geteilt. Auf dem Heimweg haben wir darüber gesprochen, wie beklemmend es ist, die »Maßnahmen« zu erfahren, die immer auf Zumachen, Abwickeln und Abschaffen hinauslaufen.

Pfingsten war ich in Greiz, in die Gespräche am Runden Tisch platzte die Nachricht, daß die Kreisbibliothek aufgelöst wird. Erschrecken, Tränen, Hilflosigkeit. Das ist natürlich die simpelste Möglichkeit, alte Bestände zu entfernen, und falls irgendwo neue entstehen, bestimmt die Autoren der Geldgeber. So sieht es nicht nach Kulturvernichtung aus, sondern nach Geschenken. Trotzdem tut jetzt Courage not. Ich hoffe, ihr habt eure Aufregung darüber, wie wohl der Herr Bürgermeister und der Herr Pfarrer unser Programm aufnehmen, nicht durch ungute Erfahrung bestätigt gesehen.

Ich denke oft an euch.

2. Juni 1993

Meine liebe Inge,

ein Gruß in Deine Zelle.

Ich habe meine Gedanken gesammelt. Was habe ich ihr zuletzt geschrieben, wie ging es mir da, wie ging es ihr. Grüße von Dir sind zu mir gelangt, ich habe Grüße mitgegeben, weiß aber nicht genau, ob ich Dir geschickt habe, was Du haben wolltest. Im Chaos, das mir entstanden ist, hatte ich seltsame Fehlleistungen. Zur Veranstaltung in Perleberg gab es kein Klavier, sie hatten mir das auch am Telefon gesagt. Mein Mann zog los, fand 40 km entfernt eins, das eigentlich nicht in den Kofferraum paßte, es mußte dann ja auch zurückgebracht werden, aber obwohl ich mich selber nur noch als schrullige merkwürdige Person sah, kam von ihm kein Wort der Kritik. Sowas gibts, kommt vor, hat er gesagt.

Zwei Jahre sind jetzt seit der Erkrankung meiner Tochter vergangen. Eine Zeit des Verfalls ihrer Zuständigkeit für das eigene Leben und wachsender Sehnsucht nach Rückkehr in die Kindheit, zur ordnenden tröstenden Mutter. Dies ist der eine Teil. Aber sie gewann im Leiden eine Kraft, die Menschenmaß übersteigt. Ob sie Blut erbrach oder mit Krämpfen in die

Intensivstation gebracht wurde, sie lächelte selbst dort noch die Schwestern an und versuchte, andere zu beruhigen. Sie beschwert sich nie, klagt nicht, zieht immer Schwächere hoch.

Nur die Heiterkeit des Sterbens war unerträglich, sie war euphorisiert und wußte trotzdem um ihren Zustand. Nichts ist stehengeblieben, keine Uhr, kein Herz und keine Sorge, die nach der elementaren ja wieder einsetzte. Das sagt sich so leicht: Hauptsache, sie überlebt.

Nun ist alles anders, es geht aufwärts, es gibt Hoffnungen. Diese schnelle Wendung des Lebens kann ich wie ein zu schwerer plumper Körper als Drehung nicht mitvollziehen, ich stehe immer noch glotzend auf der Stelle. Oder sitze an ihrem Bett in der Intensivstation, wo ich ihr einen Schluck Wasser geben durfte und sie mich versuchsweise anlächelte. Wenige Tage später saß sie, aß sie und fing an ins Vergessen und Verdrängen zu sortieren. Sie spricht schnell, jammert über das etwas rundere Gesicht durch Prednisolon und bringt die anderen Patienten auf die Idee, sie würden was Schönes versäumen, wenn sie sich nicht operieren lassen.

Nichts ist wie vorher, aber sie bemerkt davon nur soviel, wie sie will. Ihre Tochter ist erwachsen geworden, es blieb ihr in den zwei Jahren nichts anderes übrig.

22. Juni 1993

Lieber Herr G.,

Sie haben mir am Telefon ein Manuskript angekündigt, und schließlich bekam ich es in Dresden vor meiner Lesung in die Hand. Soweit die Intimitäten zwischen uns. Auf Ihre Gefühle mir gegenüber gehe ich nicht ein. Ich bin eine Frau, die etwas gefunden hat, was Sie vielleicht suchen und jeden Moment zu finden hoffen. Liebe, Zweisamkeit, vielseitig verwobenes Zusammenleben mit Respekt voreinander und dem sicheren Wissen, daß Liebe ein ewiger Lernprozeß ist. Ich habe Ihre Aufzeichnungen gelesen. Schon vom schmalen Umfang her gäbe es keinen Grund, dem Verlag damit die Aussicht auf ein Buch zu machen. Sie haben mich aber um meine persönliche Meinung zu Ihren Reflexionen gebeten, also kriegen Sie die: Sie kommen mir vor wie ein kleiner Junge, der durch einen Bonbonladen stürmt und sich den Mund vollstopft.

Ich kann leicht nachvollziehen, welch eine heimliche, offenbarende und Lüste reizende Situation es gewesen sein mag, als Sie als Zöllner Erotika und Pornos beschlagnahmen durften. Einen Teil davon konnten Sie für sich selber abzweigen, zur Erweiterung eigenen Wissens. Eben da muß sich in Ihrem Kopf etwas quergestellt haben. Sie verengen Sinnlichkeit auf Sexualität. Und mit Sexualität können Sie nicht umgehen. Das schieben Sie auf alle anderen, am wenigsten suchen Sie bei sich eine Erklärung. Dort wäre sie am ehesten zu finden. Sie laufen von einer Enttäuschung zur anderen. Sie tun und werten gleichzeitig, immer hastig, immer hastig auch wieder abhauend. Vielleicht sind Ihnen durch das Ablegen der Uniform Theorie und Praxis durcheinandergeraten. Nun halten Sie sich für ein außergewöhnliches menschliches Exemplar mit phantastischen Obsessionen. Worin sollen die denn bestehen? In jedem Menschen ist von allem, was Sie aufzählen, ein bißchen was. Ich find Sie da so doll nicht. Aber Sie müssen aufpassen, daß nicht aus dem von Leidenschaften gejagten Mann eine Lachnummer wird. Wie zieht man eigentlich jemandem Hemd und Hose über den Kopf? Sie folgen Annoncen eindeutiger Natur, fahren 400 km, um irgendwelchen Fremden bei merkwürdigen Verrichtungen zuzusehen, wobei mir bei Ihrer Schilderung die Einrichtung der Wohnküche eindringlicher ist als Ihre Einmischung bei gleichzeitigen Ekel- und Schuldgefühlen.

Sie machen mit und nehmen es den anderen Beteiligten übel. Die ist schamlos. Der hat einen dicken Bauch. Und Sie reisen wieder ab und wollen die bloß nie wiedersehen. Die Sie vielleicht auch nicht. Und Ihre Rezension wird die auch nicht interessieren.

Sie haben gar keinen Abstand zu sich selber und können nicht über sich lachen. Aus Ihren Aufzeichnungen, unterm Strich 9 Schreibmaschinenseiten, kommt heraus, daß Sie ein masturbierender, sado-maso-homo-bisexueller-fetischistischer Don Juan sind, der vor Trieb kaum laufen kann. Solche Beschreibung ist sehr langweilig, zumal ebenso offensichtlich ist, daß die Zeitung vom Bahnhofskiosk und die Bahnsteigkante von ihnen deutlicher wahrgenommen werden als der Leib der Person, die Sie mit dem nächsten Zug erwarten. Wenn Sie schildern, daß Sie Hunger hatten und wie es nichts zu essen gab, das ist packend. Aber der Sex? Haben Sie es nicht ein bißchen kleiner, angemessener? Wie spießig, wenn Sie ewig überlegen, was Sie der Hergefahrenen schenken sollen, und dann kommen Sie auf die 4711-Pulle. Was Praktisches, auch nachher gleich zu benutzen. Sie schmulen sogar nach Ihrer Mama und jeder anderen weiblichen Person.

Aber bitte nicht nach mir. Behalten Sie Ihre pubertären Phantasien bei sich. Solche Komplimente machen mir keinen Eindruck und zwingen mich nicht, für Sie beim Verlag einen Vertrag zu erbetteln. Ob Sie schreiben können, weiß ich nicht. Von erotischer Literatur sollten Sie die Finger lassen.

Juli 1993

Liebe Petra,

ich habe noch keins Deiner Gedichte gelesen, anworte also zunächst auf den Briefteil.

Es gab eine Zeit in meinem Leben, da muß ich besonders ungeschickt gewesen sein. Neulich schrieb mir eine Frau, sie habe sich die Haare rot färben lassen, weil ich öfter tadelnd von »grauen Mäusen« gesprochen habe. Ich hab doch nicht die und nicht Haare gemeint.

So redet man herum und verletzt andere, ohne es zu wollen.

Gedichte zu schreiben kann ein lebensrettender, jedenfalls aufhellender Vorgang sein. Wenn ich ein Gedicht schreibe, weiß ich hinterher besser, wie es mir geht. Wenn ich es strömen lasse, aus dem Verstand durch die Gefühle in die Sprache. Wenn ich drechsle, passiert gar nichts. Das kenne ich auch. Als ich sehr jung war, verlangte mir mein erster Ehemann, passionierter Jäger, ein passendes Gedicht für eine Jagdzeitung ab. Er kannte den Redakteur und wollte dem einen Gefallen tun. Ich hab ein Gedicht zum Thema Jagd geschrieben. Der Redakteur sagte mir ehrlich, er habe selten etwas so Stümperhaftes gesehen.

Ob Dein Wäscheschrank ein gutes Versteck für Deine Gedichte ist, weiß ich nicht. Aber ich verstehe: Du mußt Deine Gedichte verstecken. Und: An den Wäscheschrank geht er wohl nicht. Und: Sie hat Angst, ertappt zu werden. Mit zweiunddreißig, in Arbeit. Entweder gehn ihn ihre Gedichte nichts an, oder er könnte zuviel daraus entnehmen.

Also werde ich sie jetzt erst einmal lesen.

Hab sie gelesen. Wenn Du tupfen willst, dann tupfe. Aber tu nicht so, als ob Du ergründest. Dein Brief ist ehrlicher, als es Deine Gedichte sind. Hast Du Angst vor dem, was Du Dir aufdecken könntest? Die jetzige Situation der Frauen bringt viele in die Lage der Unterlegenen. Dich doch nicht. Du bist jung, strotzt vor Kraft, hast Verstand und Phantasie. Und tüpfelst im Garten herum. Alles möglich. Aber rechne es nicht hoch. Vielleicht kannst Du Dich jetzt nichts anderem hingeben als diesem merkwürdigen Taumeln zwischen dem einen und dem anderen Mann, dem Wunsch, der Neigung, der Pflicht, der gewachsenen Verbundenheit, dem neuen Zauber. Aber keiner der beiden Männer guckt auch nur als Andeutung heraus. Sind die nur die Adresse Deiner Gefühle?

Der Damm könnte brechen, Petra, dann wird alles unerträglich ehrlich. Von mir aus halt beide Hände davor und tanze durch Dein Gefühlsleben. Aber Du lebst ja nicht so. Ich sage nicht, laß es. Ich sage, fang es an. Nimm Dich und es und ihn oder ihn ernst. Liebesgedichte brauchen eine unerbittliche Suche. Damit fang mal an.

Juli 1993

Liebe Ministerin, liebe Regine Hildebrandt,

dankschön für Ihr Briefchen. Aber ich habe nicht gewollt, daß Sie sich für mich verwenden und wenn dies nicht, daß Sie überhaupt darüber reden. Ich muß das schon allein durchstehen. Ich wollte nur, daß Sie wissen, was alles so vorgeht.

Derzeit liegt mir Treppeln als Aufenthalt für vergewaltigte bosnische Frauen mit ihren Kindern sehr am Herzen. Ich war dort, habe mir das früher hermetisch von der Stasi abgeschottete Anwesen angeguckt und kann mir leicht vorstellen, daß Leute mit viel Geld dort viel Geld herausholen wollen.

Unser Projekt sieht anderes vor. Die Frauen könnten dort Hilfe beim Verwinden bekommen. Wie das Leben inzwischen nun so geht, kann man natürlich auf kühlen Amtswegen alle Ideen und alle Leidenschaft für eine solch wichtige Sache einfrieren lassen. Dabei wäre es fast zu schön, um wahr zu sein. Für unser Vorhaben ideal gelegen, mit Arbeitsplätzen für Fachleute. Vielleicht wirds nicht gehen. Aber vielleicht gehts ja doch. Frau Professorin Schaarschmidt ist eine Frau, die nicht aufsteckt, solange es Hoffnung gibt. Falls Ihnen also das Projekt Treppeln auf Ihren Tisch kommt, und falls Sie um Meinung gefragt werden, wäre ich sehr froh, wenn Sie sich die Umsetzung des Planes in die Wirklichkeit vorstellen und der Sache ein freundliches Schulterklopfen auf den Weg geben könnten. Oder was sonst in Ihrer Macht liegt.

Lieben Sommergruß von Haus zu Haus.

7. August 93

Lieber Wolfgang Harich,

meine Gedanken lassen sich am Telefon nicht ausdrücken. Auch störe ich Dich vielleicht, und zu denken, ich hätte Dich gestört, als Du Deinen »Offenen Brief« an den Generalstaatsanwalt geschrieben hast, wäre mir Pein.

Mein Mann und ich, wir wollen Dir danken, und ich will Dir unsere Verehrung bekunden. Ein solcher Brief in dieser Zeit, in der weder »juristische« noch sittliche Maßstäbe zu gelten scheinen, das ist so unvermutet, wie eben vom Leben und gereiften Charakter eines – wie sagte man früher? – wackeren Mannes nicht zu trennen. Ein blödes Wort, aber die deutsche Sprache hält für diesen Grad menschlicher Größe nicht gar so viele Attribute bereit. Was ist es? Lauterkeit? Die Unerbittlichkeit von Lebenserfahrung, die Vorwänden zum Trotz auf den Kern kommen will? Gerade Du hättest ja allen Grund – aber darin eben liegt auch Deine einmalige Chance. Du darfst das sagen und verlangen. Wirklich, Du forderst Dein Jahrhundert in die Schranken, Du weist es aber auch in solche.

Frau Staatsanwältin Möhring gerät nun in eine arge Klemme. Du verweigerst Dich ihr als Instrument einer Rache, die ihresgleichen bis zu Ende geführt sehen will, selbst ungeachtet, daß ihr Kontrahenten, Dein ehemaliger Richter und Du, gewiß an vermutlich keinem Punkt über die Welt gleichen Sinnes seid. Was soll sie tun? Dich vorführen lassen, und Du schweigst? Ablassen von Dir, da es ohne Dich nicht, oder kaum, geht?

Wir gaben uns die Zeitung in die Hand und lasen uns Passagen dieses Briefes vor. Ich habe die Seite vielfach abgelichtet und gebe sie Leuten, die das ND nicht beziehen. Die deutsche Philosophie ist arg in die Klemme gekommen und ihre zeitweilige Sprachlosigkeit war nicht Zurückhaltung von edlem Gedankengut. Jetzt, wo alles den Bach hinuntergeht, ist jeder von uns auf seinen eigenen Charakter, Mut, und noch einmal auf die Grundentscheidung für das eigene Leben zurückgeworfen. Menschen wie Dich hat es immer selten gegeben – und das reicht auch. Die Welt ist nie von vielen umgedacht worden, immer braucht es einen, der den entscheidenden Gedanken weiter ist, und wehe, er ist einsam und bleibt es in der Menge, die er um so eher schart, je mehr er falsch verstanden wird. »Warum läßt sie uns alte Männer, Opfer wie Täter nach allem, was wir hinter uns haben, nicht endlich zufrieden? Warum nimmt sie uns die Wahl, uns polemisch oder versöhnlich oder gleichgültig zueinander zu verhalten? Eins wie das andre stünde uns zu.«

Das habe ich mir herausgenommen und trage es bei mir, um es zu zitieren, wenn es wieder arg ungerecht zugeht. Wir sind nicht frei von Bitterkeit. Es ist alles so schlimm, wie man es nur befürchten konnte. Sag Deiner schönen feministischen Frau, daß wir als gemeinnütziger Verein bei Hoechst die Lizenz für RU 486 beantragt haben, die sanfteste Abtreibung, die es bisher gibt. Ich wünschte mir freilich mehr Dalli für bessere, für sichere Verhütung, die der Staat gefälligst bezahlen soll, da er sich als unfähig erweist, die für das Motto »Mehr Deutsche« gewünschten Kinder in einer kinderfreundlichen Gesellschaft aufwachsen zu lassen. Das Interesse am geborenen Kind ist Null. Der Mensch interessiert nur bis zum 40. Lebensjahr, dann soll er abhaun in die billigste Entsorgung, das schlecht versorgte Alter, von zu vielen Menschen schamhaft ertragen. Ich wollte Dich umarmen, ein menschlicher Fels in der Brandung, schiefes und kitschiges Bild, und außerdem bist Du vom Stein weit entfernt, zum Glück, zum Glück. Ein manchmal ungerechter, vergnügt krähender, beneidenswert makellos formulierender Mann – alt? –

In Deinem Brief an den Generalstaatsanwalt finde ich es würdevoll und großartig, daß Du von »uns alten Männern« sprichst, aber im Leben läßt Du die müden Tüten, die schlauen Heinrichs, die bedepperten Heinis und die wiederdeutschen Heinze alle hinter Dir.

Bleib uns erhalten und lebe so. Wer Dich langweilen will, möge es mit sich tun. Reg Dich nicht auf, umgib Dich möglichst nur mit Leuten, denen Du nicht umständlich erklären mußt, daß der Regen von oben nach unten fällt. Mein Mann liebt Dich und sagt, daß Du derzeit der Klügste bist, und nach Dir wird lange nichts kommen. Das könnte sein.

10. August 1993

Lieber Herr Gehrig,

wie angenehm, wie überaus angenehm, Sie und Ihre Frau ausgerechnet in Suhl beim linken Medienspektakel zu sehen, in einer so angespannten Situation. Ich bin in keiner Partei und werde dies auch bis zu meinem Lebensende so lassen. Wenn, dann ginge ich am ehesten in die neue KPD, die hat wohl 500 Mitglieder, und es würde den meisten Mut erfordern. Aber wenigstens komm ich halt dorthin, die Mehrzahl meiner Kollegen reißt sich ja nicht eben darum, sich mit links öffentlich sehen zu lassen. Mein Motiv ist ziemlich einfach. Deutschland braucht Opposition, dieses zu Übermut und Machtmißbrauch neigende Deutschland braucht Gegendruck, braucht Kontrolle, braucht Einhalt. Es sind ja alle so froh, daß es die SED und den Unrechtsstaat gegeben hat, da legen wir die gesamte Vergangenheit in die Zeit ab 1949, dann heißt sie DDR und das ist ein fester Teppich, unter den wir alles kehren können.

Als kennten wir nicht die Untiefen in der eigenen Brust. Wenn eine Gruppe Sintis an mir vorübergeht, halt ich die Tasche fester, oder nehm sie auf die andere Seite. Wenn der Fremde an meine Tür klopft, hab ich mehr Angst oder mehr Erbarmen?

Ich mache Mut, wenn ich kann. Ich hol mir Mut, wenn es geht. Heute war ich bei der Treuhand. Sie wollten von mir wissen, woher 1990 eine ziemlich hohe Summe auf mein Konto kam, ob ich vielleicht kriminell bin.

Sie können sich vorstellen, wie angenehm es mir war, zu belegen und zu erläutern, daß ich für meinen Mann ab 1979 ein Alterskonto eingerichtet habe, eine Sicherheitssumme für ihn, denn er hat seinen Posten als Chefredakteur für mich aufgegeben.

Vor der Währungsunion hat er innerhalb derselben Sparkasse die gesamte Summe an mich zurück überwiesen, sie sozusagen uns wieder zur Verfügung gestellt. Es war leicht zu klären, aber solche Intimität zwischen meinem Mann und mir erkläre ich nicht so gern einer Behörde. Die Bundesrepublik blättert unser Leben auf wie ein Fotoalbum. Jeder Vorgang obliegt der neuen Bewertung, jeder Irrtum wird als verzeihlich, läßlich oder nicht hinnehmbar erklärt. »Warum haben Sie soviel verdient?« Wie soll man das erklären? Viel?

Ach, wir leben. Und halten uns fest und helfen uns. Vor dem Amen kommt, was Liebe kann.

August 1993

Liebe Christiane M.,

solche Studentenbriefe bekommt man als Autor. Ich soll Ihnen also bündig mitteilen, was Sie eigentlich durch Ihre Arbeit rauskriegen sollen. Entsprechen kann ich einem solchen Anliegen nicht. Es widerstrebt mir aber auch, Ihren Brief einfach abzutun und den Eindruck zu erwecken, wir verstünden eben nichts von den Sorgen der Nachwachsenden.

Liebe Christiane, ich bin 1. nicht »die Lage« ich bin eine einzelne Autorin. Ich kann nicht für andere Schriftsteller reden. Aber da Sie speziell nach den schreibenden Frauen fragen, fühle ich mich wiederum über das Eigene hinaus angesprochen. –

Sie fragen nach der »Veränderung der Literaturszene nach der Wende«: Ein paar Stichworte: Wegbruch der gewohnten Arbeitsbeziehungen für viele Autoren. Verlage sind zusammengebrochen, auch Bibliotheken wurden aufgelöst. Die Leute haben ihre gewohnte Beziehung zum Buch verloren, weil sie wenig Geld haben und ein großes Nachholbedürfnis. Für viele befriedigen bunte Blätter und Trivialromane ein nie eingestandenes Bedürfnis. Auch den Wunsch nach heiler Welt als Trost in eigener Bedrängnis. Folge: Minimale Erstauflagen, wenn überhaupt Drucklegung. Bücher werden nicht mehr angepriesen, ausgelegt, vorgeschlagen. Du mußt nachfragen, dazu mußt du wissen, was dir die Medien kaum mitteilen. Die gewohnte Nachfrage nach dem neuen Buch ist eindrucksvoll gestört. Viele Leser wissen nicht, ob » ihre Autoren« noch schreiben. Also verlangen sie weniger nach ihnen. Die Vielzahl der Lesungen ist stark eingeschränkt. Auch dadurch, daß die Leute jetzt mal andere Gesichter sehen wollen.

Ich schätze –

zu 2) – Regine Hildebrandt, aber ich kann ihr nicht zustimmen, daß die »Gleichberechtigung« früher nicht reflektiert wurde. In den Büchern der Wolf, Morgner, Reimann, Kozik, Auer, Brüning, Zinner, Wander, Karau, auch in den meinen, wurde das durchaus getan. Ob Amanda oder Kassandra, ob in den Weibergedichten oder der Morgendlichen Erscheinung oder der Stille Aufbruch, Guten Morgen, du Schöne, die Tigerfrau,

Franziska Linkerhand oder der Rote Ballon – suchen Sie selber, setzen Sie die Reihe fort.

Wenn Sie die Bücher lesen, werden Sie vielfältige Reflexion finden. Aber Hacks und Müller wie Sakowski haben auch ihren Anteil am Weiterdenken über die Frauen.

Sie wollen wissen, ob es Wehmut über den zu befürchtenden Verlust gibt. Die DDR-Autorinnen leben noch, oder ihre Bücher können es tun. Wenn sie jemand druckt. Wenn die jetzige Hürde der geistigen Arroganz überwunden wird. Wenn die Bücher wieder gebraucht werden.

Das »Frauenbild« ist nicht zuerst in der Literatur der Frauen kritisch untersucht worden. Es ist auch nicht wichtig, diese Frage so zu stellen. Kritisches Nachdenken über die Frau ohne Madame Bovary, Fettklößchen, Effi Briest?

Viele Autorinnen haben das Leben der Frauen als konfliktreich gestaltet. Das Unbehagen an der eigenen Lage findet sich auch im »Schönen Buch«. Die Frau mußte sich mit dem Mann auseinandersetzen, dessen Arbeitswelt sich bisher nicht so verändert hatte, daß er völlig umdenken mußte. Daran ändert sich gerade einiges. Und die Frau mußte sich dagegen wehren, daß ihr Männer eine formale Gleichberechtigung zuwiesen, die im Leben nicht aufging. Gleichwertigkeit muß sich in vielen, auch staatlichen Rahmenbedingungn für die Vereinbarkeit der verschiedenen Lebensphasen und Lebensbereiche ausdrücken. Aber in der DDR war das als kritischer Prozeß nie gewollt.

Die Deklaration bot eine Möglichkeit, die konnte eine Frau nutzen, auf Kosten von Teilen ihres Lebens oder durch Selbstausbeutung. Für die Generation unserer Mütter, noch für viele Frauen der eigenen, waren die Männer nichts als ein Wall widerstrebender Leiber. Die wollten nicht mitdenken, sich nicht einschränken, nicht wirklich beteiligen. Nicht mitziehen, würde man das im Alltag nennen. Mein persönliches Frauenbild? Die Frau ist ein denkendes und fühlendes Wesen, vielfach aufgehalten, steckengeblieben, nur als Einzelne, als Ausnahme, darüber hinauswachsend, dann zur Strafe allein bleibend. Sie brauchte mehr Kraft, sich durchzusetzen, als eine allein haben kann. Dennoch gibt es für sie nichts Besseres als die Wahrnehmung jeder Chance und Herausforderung. Auch eine Frau braucht das ganze Leben, um sich verbrauchen zu können, sich in den Freundlichkeiten und Abgründen des normalen Lebens zu irren und so zu reifen. Die Frau als Hure, abhängige Hausfrau und dritte Stellvertreterin kann ich schlecht verstehen – es sei denn, sie möchte so leben, das muß immer akzeptiert werden, nicht nur toleriert. Auch die Amanda von Irmtraud Morgner möchte ich nicht als Pflichtlektüre sehen, aber freiwillig in den Händen vieler Leserinnen. Jetzt hab ich keine Lust mehr, Ihre Arbeit zu machen.

August 1993

Mein lieber Hermann-Georg,

die Woche in Sigmaringen war erholsam. Ich liebte die Stunden allein in meinem Zimmer in Thiergarten, mit den Büchern, Fernseher, mit den Wäldern und Bergen vor dem Fenster, ich liebte Deine Vorlesestunden und unsere langen Tafeleien. Dieser ganze Aufenthalt ist mir in lieber Erinnerung, hab Dank, Du großzügigster Gastgeber, und wenigstens habe ich nun einmal einen Fürsten von hinten gesehen, wie er seinen Hintern den Berg hochschob. Mir ist, als sei ich aufgetaucht aus trüber Brühe, schmecke noch Bittres, finde mich aber wieder.

Ich konnte, ohne doch als besonders wehleidig zu gelten, die Fülle der Umbrüche und Bewährungen nicht ohne weiteres wegstecken. So leer, so traurig und alt hat mich mein Gesicht im Spiegel vorher nur selten angesehen. Noch nicht unheilbar, habe ich gemerkt. Die Stunden des Zuhörens gehen mir nach. Auf langen Fahrten habe ich Dir in Gedanken viele Seiten geschrieben, kann sein, nun fallen mir die treffenden Worte nicht alle ein.

Du kennst meine Haltung zu Deinem Buch »Flucht aus den Traumländern«. Ich bewundere, wie gemäß sich Stoff und Sprache finden. Immer habe ich Dich dafür gerühmt, wie Du novellistische und essayistische Elemente zur schönen Mischung bringst. Ein Erziehungsroman mit vielen Novellen, auch Bericht von deutscher Tat und Untat, von Bildsamkeit und Lehrweg gleich Lebensweg.

Liebe wird, auch, als Liebesfähigkeit in Form von Barmherzigkeit erzählt. War der Anlaß zu lieben gewaltig, wurde es auch das Handeln für die Geliebte. Sowohl im Krieg bei der Polin Irena als auch bei der später wiedergefundenen Jugendliebe, lange dann Deine schwerkranke Frau, unheilbar, aber Mutter Deiner Kinder und bis zu ihrem letzten Atemzug geliebt. Die Liebe zu Irena hätte Dein Leben kosten können. Die Aufnahme von Verbindungen bis nach Auschwitz hinein war auch schwerer Leichtsinn. Aber Du hast recht, wenn Du sagst, die Gesetze gaben Geldüberweisungen her, nur hat kaum jemand dieses Recht in Anspruch genommen. Du bist bei Deiner Frau Eva geblieben und hast ihr zuliebe nicht nur den Wohnort in der Großstadt, sondern alle beruflichen Träume aufgegeben. Das im Soldatenrock geträumte Leben mit der Musik ließ sich im tiefen Thüringen nicht verwirklichen. Dies alles wird aus Deinem Manuskript vorstellbar, auch wenn der Lesende so nicht handeln könnte. Handeln ist mein heutiges Stichwort. In Deinem Manuskript finde ich, klar wie im Leben selbst, immer die Überzeugung, sogar Beweise dafür, daß der Mensch auch in äußerster Not noch die Freiheit eigener Entscheidung behält. Mag sie zweitrangig, mag sie vorläufig sein, späterer Prüfung nicht standhalten, sie ist aus sittlichem Ernst entstanden. Ich habe mir von Deinem Buch erhofft, daß es auch zur Erziehung dienen könnte, nicht nur zur Unterhaltung. Es hätte dazu getaugt. Den Anspruch hast Du über hunderte von Seiten geweckt und erfüllt.

Unter diesem Gesichtspunkt nimm meine heutigen Einwände. Deine männliche Hauptfigur ist noch in Gewissensnot und bei aller äußeren Bedrängnis immer aktiv, sich entscheidend. Dieser eine Soldat hat den Partisanen verscheucht, den Warnschuß abgegeben. Er hat sich widersetzt und in Treue verbündet. So hast Du eine Kunstfigur geformt, deren weiteres Ergehen durchaus auch zu schlimmen Brüchen führen kann – aber dann mußt Du als Erzähler diese Verwerfungen begründen. Wenn es Verlust an Glaubwürdigkeit und Größe gibt, so mußt Du sie uns vorführen. Du dürftest nicht, wertfrei, auf einmal nur hintereinander erzählen, was dann eben so alles passiert. Früher trat der Zweck aus dem außerordentlichen Vorfall in Erscheinung. Der geschilderte Mann stürzt sich nach langer Abstinenz und strenger Pflicht als Krankenpfleger der Ehefrau, sorgender Vater und pfennigzählender Hausbesorger, begierig auf Normalität, auf das ganze Leben, auf alle Genüsse. Er nimmt die erste, die sich bietet, heiratet, und Du als Autor verlierst den Abstand. Die beiden passen nicht zusammen und es gelingt Dir nicht, das zu gestalten. Da gibt es Verliebtheit, aber sehr sonderbare Vorgänge, wenn nicht Zumutungen an Launenhaftigkeit und Unempfindsamkeit, und Du huschst drüber weg. Zu erzählen wäre, wie verständlich, daß da einer nicht abwartet, bis sich – vielleicht nie! – noch einmal die ganz große Liebe findet, er lebt und mag, was er kriegen kann. Wie man für Liebe nimmt, was man eigentlich anders kennt. Wie es nicht gelingt, das wäre schmaler, strenger, mit weniger Thomas Mann Styling zu erzählen. Du bist weitschweifig und ungenau. Manier scheint durch, die Sprache wirkt gesucht, gedrechselt, die Sprache strömt nicht. Vieles wirkt gebastelt, überladen, ich komme in Begreifensnot.

Wer hat wem an welchem Tag und warum überhaupt den Auszug geneidet und vermiest. Ich blättere dauernd Seiten zurück und verstehe noch immer nichts. Nun gut, ich hatte das Manuskript nur eine Nacht, und Deine Lesung im Ohr, ich kann eben auch jetzt nicht nachschlagen, aber ich behaupte, daß Du Überfülle an Details schaffst, die dann zu keiner Tiefe führen. Anderes kommt zu kurz. Die spröde beginnende Freundschaft zwischen dem ehemaligen polnischen Partisanen Tadeusz und dem ehemaligen deutschen Soldaten Georg will erklärt werden. Tadeusz hat Irena geheiratet, er ist ein Mann, der fast nicht spricht, so einfach kann der erste Besuch nach über zwanzig Jahren nicht verlaufen sein. So hat es mir Irena bei Deinem sechzigsten Geburtstag auch nicht erzählt. Aber Du führst den eigentlich unwichtigen Schwiegersohn in epischer Breite vor, weil Dich als Schöngeist sein offener Hosenschlitz empört. Das ist natürlich plastischer als Schweigen, als schwere, langsame Schritte zueinander. Daß die Proportionen nicht mehr stimmen, wurde mir beim »Besuch in Gehren« noch einmal besonders deutlich. Von Deinem eigenen Sohn kommt außer seinem Fahrrad nichts rüber. Das Fehlende müßte ergänzt werden, oder Du kannst alles streichen. Warum erzählst Du nicht, wieviel an jenem Tag auf Dich einstürzte, was Du alles bedenken wolltest und wie Du überfordert warst. »Ihm aus der Disco bekannt«, das ist alles, was Dir zu der neuen Schwiegertochter einfällt?

Das ist mir doch als Leserin schnurz, wenn Du es mir nicht wichtig machst. Es spielt aber gar keine Rolle, wo die beiden sich kennengelernt haben. Es hat eine Sohnesehe getrennt, wie immer es begonnen hat.

Um Keuschheit brauchte ich mich in Deinem Manuskript bei den ersten 300 Seiten nie zu sorgen. Was ist denn auf einmal in Dich gefahren, daß Du nicht den Menschen, die Frau erzählst, sondern ganz ungewohnt indiskret auspackst? Denn nun kommt Lilo, Deine dritte Frau. Und da wird alles fragwürdig. So große Entscheidungen und Du als herumtrudelnder Liebhaber. Der hergenommen und gehandelt wird. Du erzählst nicht einmal, daß er nichts über Lilo wissen will. In so kleinem Ort wäre ihre Krankengeschichte als psychisch Gestörte leicht zu erfahren gewesen. Er muß sich doch fragen, woher diese schrecklichen Depressionen kommen, woher diese Lebensmüdigkeit, die dann ja auch zum Tode führt. Du erzählst mir naiv von zwei Liebenden, die das Laken entdecken. Dabei, das weiß ich nun wieder aus dem Leben, gab es doch deutliche Signale, die auf eine bereits zerstörte Frau verwiesen. Sie suchte einen Rettungsanker und glaubte ihn gefunden zu haben. Und Du tollst im Roten Licht herum. Du erzählst mir nicht, daß diese Liebe keine Chance hatte.

Ich muß nicht wissen, wonach sie in Anfällen von Lebensgier verlangte. Sexualität ist eh nicht erzählbar, und auch bei Dir bleibt es hitziger Turnunterricht. In der Abteilung Lilo entgleitet Dir die Sprache ins Peinliche.

Wahrscheinlich, weil Du nicht ganz ehrlich bist. Du zuckst vor den Wertungen zurück. Der Wechsel zwischen Unberührbarkeit und fast ordinärer Gier gehört zur Krankheit, von der die Familie wußte. Sie haben diese Frau unehrlich an Dich abgeschoben. Und Du hast sie – wie jeden Menschen, der Dir näherkommt – ganz in Deine Obhut genommen. Ohne ihr helfen zu können. Nach Deinen mündlichen Erzählungen war sie ein einziger Hilfeschrei. Belastet zudem mit »Konspiration«. Du lieber Himmel, da torkelst Du also mit hinein und stellst Dich neben die Geliebte, um ja alles zu teilen, statt sie da rauszuholen. So mußt Du das doch wenigstens heute sehen, statt Deine »Solidarität« zu idealisieren. Hatte die Stasi sie unter Druck? Was bedeutet das, heimliche Treffs, die euch nur enger zusammenführten? Lieber Freund, Dein Leben ist noch einmal in seinen Grundfesten erneuert worden. Hat Dich früher die Fülle der Gesichte bedrängt und die Einsamkeit beredt gemacht, so läßt Dich nun Dein glückliches Leben an mancher Erinnerung zweifeln. Du wirst mir als Leserin ungerecht, weil Du allen Figuren gerecht werden willst.

Aber nur Du kennst die Vollständigkeit, niemand zwingt Dich, unddannunddann zu berichten. Wirf doch nicht so viele Kohlen auf, sie ersticken das Feuer.

Mach eine Kopie und bewahre sie gut. Die Erfahrung sagt, nichts ist sicher und nichts ist für die Ewigkeit.

Sei umarmt, Kuß auf Dich, und nimms mir nicht übel.

August 93

Liebe,

das Gedicht für Antje Garden hatte ich mir aus den Augen verkramt, ich habs wieder und schicke es anbei.

Aber ich bin im ND wegen des Modrow-Gesprächs nicht kritisiert worden, dazu bestand auch kein Anlaß. Daß ich selber mit meinen zu vorsichtigen Fragen nicht zufrieden war, bleibt mein Geheimnis.

Das Publikum bestand vorwiegend aus grauem Urgestein. Gerade deswegen hätte ich es streitbarer machen sollen. Es waren aber auch Junge da. Nach etwa zweistündigem Gespräch meldeten sich zwei junge Männer, die eine Salve von Fragen abschossen, aber an keiner Antwort interessiert waren. Der ältere soufflierte dem jüngeren. Die Alten mopten, weil ihnen die Fragen ungebührlich erschienen. Ich habe den Vorschlag gemacht, daß wir uns zu ihrem Thema wiedertreffen. Beifall, allseitiges Einverständnis. Mir schien, es war ihnen darum gegangen. Kirschey hat weit hinten gesessen, der hat außer dem Unmut der müden Alten gar nichts mitgekriegt.

Angelika war dann bis drei Uhr morgens noch mit ihnen im »Sternchen«. Sie sind junge Nationalsozialisten und wollen an enttäuschte Linksintellektuelle heran, weil Deutschland eine geistige Elite braucht, damit der Nationalsozialismus, den es noch gar nicht wirklich gegeben hat, nicht dem Mob in die Hände fällt. Der Faschismus, sagen sie, ist eine italienische Erfindung. Sie wollen ein Deutschland ohne Ausländer, vor allem ohne Durchrassung. Frauen müssen zu ihrer natürlichen Aufgabe zurückgeführt werden, Männer endlich wieder Verantwortung übernehmen. Her mit dem § 218, denn die Deutschen dürfen ihren Nachwuchs nicht umbringen. Die »Untaten« im Nationalsozialismus sind auf den Mob zurückzuführen, mit Skins und Volksschädlingen anderer Art wollen sie nichts zu tun haben. Ihre Werte sind: Deutscher Fleiß, deutsche Sauberkeit, Tüchtigkeit, Reinheit. Wenn ein Mann mit einer Frau Begattung eingeht, muß er bereit sein, sie zu heiraten. Sie soll eigentlich erst heiraten und sich dann begatten lassen. »Mein Kampf hat ja gar keiner richtig gelesen.« Was das heißt, weiß ich nicht. Kann heißen: Dann würde man anders darüber denken.

Ein Phänomen, dieses Wiedererstarken? Wenn, dann von der Politik gefüttert. Wir leben noch mitten in den Folgen des ersten furchtbaren Versuchs.

Ich lese gerade Erika Szepanskis »Frauen leisten Widerstand 1933-45«. Die Bücher haben mich wieder und geben den Halt, den sie geben können. Auch dieses von der Erika. Die Aussagen der Frauen über Motive und Verlauf ihres Widerstandes haben mich sehr gefesselt. Es ist ein Thema, dem ich seit langem auf der

Spur bin. Mit Erich Selbmann und Dean Reed habe ich gesprochen, mit Peter Edel und Greta Kuckhoff. Woher die Kraft? Warum hat der Jude Edel zur Verurteilung als unreines Blut noch das Todesurteil als Widerstandskämpfer beschworen? Warum hat Greta, so schwach wie Edels Esther, Funkgeräte geschleppt und den Mut gehabt, sich ein Kind zu wünschen und es auch zu kriegen?

»Das denkende Herz« schicke ich Dir zum Lesen, die Tagebücher von Etty Hillesum 1941-1943. »Das Leben und das Sterben, das Leid und die Freude, die Blasen an meinen wundgelaufenen Füßen und der Jasmin hinterm Haus, die Verfolgungen und die zahlreichen Grausamkeiten – all das ist in mir wie ein einziges starkes Ganzes, und ich beginne immer mehr zu begreifen, wie alles zusammenhängt, ohne es bislang jemandem erklären zu können...« ... »Ich möchte lange leben, um es später doch noch einmal erklären zu können, und wenn mir das nicht vergönnt ist, nun, dann wird ein anderer mein Leben von dort an weiterleben, wo das meine unterbrochen wurde.«

Diese sichere Ahnung nahen Todes hatten die Mädchen, so jung sie waren, die Etty Hillesum, Anne Frank, Selma Meerbaum-Eisinger. Das ist ihrem Alter weit vorausgefühlt, sich den Tod als Gewalt zu denken. Die andere Traurigkeit ist: Es geht ja nicht. Niemand kann unser Leben weiterleben, wo der Tod es abgebrochen hat. Wir hinterlassen nicht einmal eine Lehre, die je beherzigt worden wäre. Schon viel, wenn wir dieses ermordete Leben achten und versuchen, es im Gedächtnis zu behalten.

Soll ich den jungen Nationalsozialisten von Etty und Selma erzählen? Ich hoffe, sie melden sich nicht mehr, denn ich habe nicht die Nerven, mich mit ihnen ruhig zu streiten und eher Angst, daß ich ausraste.

Und was wird denn bleiben von allem Erinnerten? Wer wird die Bücher von Edel noch einmal drucken, dem Zeugen im Globke-Prozeß, dem staatsnahen Künstler? Wer wird in den Büchern von Gorrish ein bescheidenes, tapferes Leben finden wollen?

Ich danke Dir für die Erzählung von der Pluhar.

Eine andere Welt, auch wichtig. Sie schreibt so sinnlich, ist voller Wahrnehmung, sie füllt das Büchlein mit Geschmack und Düften, Farben, Geräuschen und Porträts. Vor Jahren habe ich einmal über sie geschrieben, sie ließ mich über die Thalheim grüßen, sie fühlte sich verstanden. Begegnet sind wir uns nie.

Pluhar schreibt eine große Liebesgeschichte. Der Mann ist wunderbar und voller Liebe gezeichnet, aber ich hatte ob Pluhars unbestechlicher Gerechtigkeit auch einen bitteren Geschmack. Der Mann gehört zu jenen Egoisten, die ganz genießen wollen, das können sie nur, wenn sie von Anfang an ganz ehrlich sind. Sie kommen mit der Wahrheit zum Ziel. Sie sehen dir tief in die Augen und fügen zur Liebeserklärung hinzu, daß du leider zu spät kommst. Wenn sie gebunden sind, schildern sie dir die Schönheiten deiner Ungebundenheit, nach der sie für sich nicht streben, es sei denn, sie sind selber ungebunden. Dann wollen sie das bleiben. Er: »Sieh mich nie mehr an, als ob ich dich geschlagen hätte.«

Hat sie doch geschlagen. Sagt ihr nach der ersten gemeinsamen Nacht, daß gleich sein Taxi kommt, und den Sommer über ist er nicht zu erreichen. Den verbringt er mit seiner Frau, deren Bademäntelchen als Hoheitszeichen am Haken hängt. »Sei ruhig« habe ich auch gehört, mitten in begründeter äußerster Beunruhigung. Schöne Worte, schöne Gefühle und ein trauriger Weg abwärts, der bei den Präluminarien schon beginnt.

Es geht auch anders. Es gibt eine simple Art, miteinander auf Treu und Glauben zu leben. Scheinbar unspektakulär. Aber mehr kannst du nicht kriegen von der Welt, als einen, der dich kennt, aushält, Angst um dich hat und dich nicht bescheißt. Die Arbeit an der Liebe bleibt allemal schwer genug. Das kleine Mißlingen verpatzt oft den schönen großen Entwurf, der Fleck in der rechten Ecke, ausgerechnet in der Bildmitte oder direkt überm Signum. Auch die Pluhar ist eine von den Frauen, die den falschen Männern erlauben, sie zu vereinnahmen. Ob es Proksch war, der im Gefängnis landete, der selbstverliebte Spinner André Heller, der alkoholkranke Peter Vogel, was für ein wunderbarer Schauspieler, was für ein ungeeigneter Partner. Und ER auch. Schwache Männer mit der Attitüde des Kraftkerls, die immer eine starke Frau wollen, um an ihr zugrundegangen zu sein.

Du brauchst auch Bücher, nicht nur solche zum Schmökern. Teil mir den Termin Deiner Operation mit, anschließend mußt Du ja wochenlang auf dem Rücken liegen, da empfiehlt sich alles außer schwere Wälzer.

26. August 1993

Alice,

ich habe Dein Buch über Kelly und Bastian gelesen. War schon klar, daß Du damit nicht unangefeindet bleibst. Petras Freundin und Bastians Sohn haben das Recht, sich rauszureden. Nur nützt es nichts.

Die Tragödie steckt in der unglaublichen Anmaßung des Soldaten. Das grausame Fazit gibt der Sohn. In der sehr anständigen, sogar ungewöhnlich klaren Spiegeltv-Sendung leistet er bei aller Zurückhaltung und scheinbarer Bescheidenheit den moralischen Offenbarungseid. Er hält es für menschlich nachvollziehbar bis nobel, wenn der General in vorausschauender totaler Pflegesucht aus seinen öfter auftretenden Herzschmerzen das Recht ableitet, eine wehrlose schlafende Person umzubringen. Das leuchtet dem Sohn als äußerster Liebesdienst ein. Darin steckt aber der erbärmliche Hochmut des Erstgeborenen, der das Weib ohne seine Unterstützung für nicht lebensfähig hält. Es kann nicht darum gehen, daß Petra K. eben dies ausstellte und Bastian mit genau diesem Bild bediente. Wenn sie allein war, lese ich, kam sie prima zurecht, trotz möglicher krankhafter Vitalstörung. Aber hat er nicht auch seiner Ehefrau gegenüber den Dünkel der Unersetzbarkeit?

Er läßt sich nicht scheiden, und er geht nicht zurück. Der Soldat löst sein Problem mit der Waffe.

Du sagst, der Mord an Petra und die Wiedereinführung des alten Frauenbildes gehören zusammen. Mir scheint, da hast Du recht. Für die Frauen »drüben« mag es beruhigend sein, daß »Memmingen« vor Gericht heute nicht mehr möglich wäre. Aber ein genauer Blick auf den Abbau der Rechte von Frauen hier zeigt die Übertragbarkeit des Entwurfes.

Alice, wenn ich an die idyllischen Tage gemeinsamer Arbeit in Köln denke, dann sehe ich mich hier in einer anderen Welt. Von der Du nicht genug weißt.

September 1993

Liebe verehrte Frau Rocholl,

lieber Doktor, der Sommer war uns zu kurz, aber wir haben ihn intensiv zu leben versucht. Nun komme ich zurück und vertiefe mich in Ihre Zeilen. Ich erwidere sie von Herzen. Wenn ich denke, daß Sie meine Gedanken mit soviel Anteilnahme lesen, da wüßte ich den Büchern keinen freundlicheren Aufenthalt.

Der Abend war schön, obwohl überschattet von dem schlimmen Vorfall, daß der Bibliothekarin nur zwei Tage vorher das Geldtäschchen mit der erheblichen Summe für die Zahnarztrechnung gestohlen worden war. Das geht mir nach. Sie hat sonst nie soviel Geld bei sich und ausgerechnet an jenem Tag holt sich das Geld ein Dieb im Nebenraum aus der Tasche. Die

Angst, daß es jemand war, der davon wußte. Also Diebstahl und Vertrauensbruch. Wenige Tage später in der Brecht-Bibliothek das gleiche. Auch das erste Mal, auch während der Ausleihzeit, auch sicherer Griff. Die Verletzung von Treu und Glauben wird alltäglich. Aber wir können uns nur schwer abgewöhnen, uns so arglos wie gewohnt zu verhalten. Als ich mir neulich ein Kostüm kaufte, stand meine Handtasche im Laden herum. Ich bin mehrmals darauf hingewiesen worden, daß so etwas heute nicht mehr geht. Weiß ich ja. Wenn heute nach der Dämmerung jemand am Wegrand fuchtelt, trauen wir Fraun uns nicht, anzuhalten. Auf Parkplätzen riegeln wir uns ein. Das muß ich, wenn auch ungern, lernen.

Daß wir Angst empfinden, ist schon ein Teil der Gewalt, die wir wachsen sehen. Ich verhalte mich wie viele andere Menschen auch nur ungern argwöhnisch. Aber dort bei Ihnen war es schön. Ich habe mich über die Reaktionen besonders der sehr jungen Zuhörer gefreut. Die wollten mehr Liebesgedichte, haben sie hinterher gesagt. »Von Ihren schönen Liebesgedichten, da müssen Sie nochmal kommen und nur Liebesgedichte lesen ... Also, wie immer, derzeit liegen die Dinge zwischen Lachen und Heulen ...«

September 1993

Brigitte,

der Gedanke, Du könntest einmal ohne Broterwerb sein, lag außerhalb selbst spielerischer Denkmodelle. So eine tüchtige Person, die so schwer arbeiten will und kann. Selbst wenn Du früher im Gefängnis gewesen wärst, hätte Dir anschließend niemand das Arbeiten verwehrt. Nun beschäftigen sie Dich mit Aufnahme von Wissen, das Du anschließend zu Deinem Lebensunterhalt nicht verwerten kannst. Es ist schwer zu ertragen, daß Du mit all Deiner Energie wie gelähmt leben mußt. Und es ist für Deine Region kein Ende abzusehen.

Deine Sorgen um Inge Viett können unwidersprochen so stehenbleiben. Was ihr bis jetzt auferlegt ist, wird nicht alles sein. Was noch kommen könnte, weiß sie besser als wir. Ihr Lebensgefühl muß auch dem Ansturm von entmutigenden Gedanken ausgeliefert sein, jeden Tag. Es gibt Menschen, die hoffen, daß sie in zwei Jahren ihre Wohnung wieder beziehen kann, die von Getreulichen pünktlich bezahlt wird. Ich kann diese Ausrechnung nicht nachvollziehen, vielleicht Illusion, vielleicht Überlebenstraining. Aber sie hat sich ihr Leben wenigstens selber entschieden. Das Risiko kennend, ist sie es eingegangen. Der schmale Grat zwischen Mut und Schuld, sie hat ihn rechts und links überschritten. Sie lebt immer noch besser als ihr Opfer, sie kann hoffen, anders als die Familie in Paris, für die es keine Änderungen mehr geben wird. Der Mann bleibt durch ihren Schuß im Rollstuhl. Auch wenn sie ihn nicht gemeint hat, auch wenn es für sie Notwehr war.

Aber sieh doch ringsum die vielen Menschen, die vorher nichts zu sagen hatten und jetzt trotzdem die ganze Schuld kriegen.

Heute wurde Jürgen Fromm beerdigt, dessen Frau mich, nach meinem Beileidsbrief, gestern angerufen hat. Wir haben beide am Telefon geweint. Was hat er getan? Er hat als »Schräger Otto«, oder so ähnlich, am Klavier Spaßnummern gemacht. Und weil dadurch aus ihm kein berühmter Mann wurde, mit DDR-Künstlern im Radio Musiktitel produziert. Ich glaube, er war in der Partei, aber das war auch schon alles. Als seine Lebensgefährtin schwer erkrankte, hat er sie geheiratet, obwohl sie durch die Krankheit ein unverständliches und aggressives Verhalten an den Tag legte.

Nun mußte er sie allein zurücklassen, was er am meisten gefürchtet hat. Im Jahr 1991 bekam er zweimal eine Gehaltserhöhung, das machte ihm Hoffnung, er dürfe seine Arbeit behalten. Einen Monat später erhielt er die Kündigung, mit Anfang Sechzig. Er brach zusammen, Krebs, dann das Ende. Was hat er getan, und wem?

Johny Stave habe ich noch vierzehn Tage vor seinem Tod gesehen. Er war, wie die meisten Leute vom »Eulenspiegel«, ständig in Beweisnot für Witz. Das hat mich damals als Redakteurin dort sehr gestört, diese ständige Art, alles ulkig auszudrücken. Aber jetzt, als wir uns bei der »sanften Belagerung« des Palastes der Republik trafen, war er wie ein anderer Mensch. Er hatte doch Erfolgsbücher, war auch nie sehr ehrgeizig, und ich kannte ihn nur im Einklang mit sich selber. Eine ABM-Stelle, seine Frau auch, beide wartend auf die Rente, die er im nächsten Jahr gekriegt hätte, wenn er nicht, wie viele andere, dann noch zwei Jahre hätte warten müssen.

Na, schönen Dank auch. Aber das hat sich ja prima gelöst, weil er nun tot ist. Beiden Witwen wurde bei der Antragstellung gesagt, auf die Witwenrente müßten sie etwa drei Jahre warten. Mit dieser Art, den einzelnen brutal zu übergehen, komme ich nicht zurecht. Ich werde mich nie daran gewöhnen können, die lachenden Fressen der Politiker bei der Aushandlung der nächsten Notlage für Millionen zu sehen. Es betrifft sie ja nie. Und ich weiß wohl, daß die DDR-Politiker im Verlauf ihrer Machtausübung auch von allen Skrupeln verlassen wurden, daß wir nur noch als Masse, als Volk wichtig gewesen sind. Manövriermasse, Verhandlungsgegenstand.

Abends schalte ich den Fernseher ab, weil ich diese Gutgelauntheit, die permanente Game-Show, nicht ertrage. Und weil mir beim Zuschauen dauernd anderes einfällt. Mein alter Freund Bodo F. mußte in Hamburg eine Regie sofort niederlegen, weil er von Juhnke die Wiederholung einer Szene verlangt hatte. Das ist dem noch nie passiert, in Klammern, und das von einem Ossi, also raus mit dem ... Und Lippi? Die Sendung von Gottschalk hätte kein ausgebuffter Wessi auch nur mit der Feuerzange angefaßt. Lippi hatte nur zu gewinnen, nichts zu verlieren. Hat er diese mittelmäßige Wettsendung eben gemacht, so gut wie sein Vorgänger, oberflächlich, ordentlich. Aber nun kommt der Sonnyboy der Gummibären und MacDonalds mit einer Info-Sendung nicht klar, es liegt ihm nicht, da müßte er sich ja vorher immer informieren, also weg mit dem Ossi und zurück in die hohen Einschaltquoten. Es ist mir übel von all diesem Gemache.

Aber ich glaube, ich wollte Dir eigentlich ein bißchen bessere Laune machen und Dich nicht deprimieren. Ich versuchs demnächst, meine Liebe. Schreibe Dir lauter Heiterlein hin und glaube dann selber dran.

September 1993

Liebe Sabine,

mit Interesse habe ich die Ergebnisse Ihrer Befragung jugendlicher Ossis gelesen. Wie ich Ihrem Brief entnehme, haben Sie mit dem vorliegenden Material bereits bei Verlagen nachgefragt. Darüber war ich erstaunt. Es handelt sich um Rohmaterial ohne Idee zur Gestaltung. Die Plappereien sind naturalistisch und erfüllen allenfalls die Erwartung, die man an eine Fernsehsendung live stellt. Es kommt als Ganzes nichts anderes dabei heraus, als was Leute so spontan von sich geben. Um den Befragten Gerechtigkeit widerfahren zu lassen, müßte die mündliche Aussage aber überarbeitet werden, sonst schauen sie alle als Dummköpfe heraus.

Ich habe mich einerseits gelangweilt, weil Lebensangst und vorläufige Ansichten so langatmig ausgekippt werden. Andererseits fand ich Auskünfte, die schon ein Bild ergeben oder ergänzen. Angstquieker und trotzige Statements. Aber wie eng ist der Lebensabschnitt, den die Jugendlichen für überschaubar halten, wie blaß die Zukunftsaussicht, die sie sich zu hoffen wagen. Sie schwanken zwischen Glauben, auch an sich selber und tragen andererseits ihre ganze Unsicherheit vor. Und können eigentlich über fast gar nichts irgend etwas sagen.

Da ist der Junge, dessen Opa Nazi war. Wie hat Opa aber die Zeit der DDR überstanden? Ist er Nazi geblieben, später davon abgerückt? Warum und wie hat er darüber gesprochen? Ich wüßte gern, was ist in dem Jungen tatsächlich »rechts«, was nur vorübergehend Halteseil?

Es scheint nur noch wenige Berufe zu geben, entweder Sozialarbeiter, Banker, im weitesten Sinn, also näher an die ersehnte Masse Geld, und dann noch so Vorstellungen von irgendwas, also Bankfachmann/frau oder Ozeanologe. Die Traumberufe werden nur aufgezählt, keiner dieser Jugendlichen hat einen davon auf seine Verwirklichung geprüft. »Man weiß ja nicht, wie man da rankommt.« Extreme: »Ich glaube an Gott, den Freund, der mir hilft und mich aufbaut.«

Christlicher Glaube ohne Antreten eigener Verantwortung geht nicht, aber das hat ihm noch keiner gesagt. Immer wieder »Ich weiß ja nicht, wie man was erfahren kann.« Für 16 bis 18jährige erschreckend naiv. Deutlich die Aufnahme der armen Werbesprache in den eigenen Sprachschatz. Aber das ist ein allgemeines Problem, nicht nur das dieser Jugendlichen. Die trauen dem einzelnen Wort nicht zu, daß es etwas ausdrücken könnte. Auch dem treffenden nicht, daß es die Nachricht transportiert. »So wahnsinnig schockiert hat mich die Wende gar nicht.« Nur drei Sätze weiter sprudelt die verständliche Empörung heraus. Daß die Mutter jetzt solchen Kämpfen um Arbeit ausgesetzt ist, und sie wird sowieso unterliegen. »Fette Wessis, die sind anders.«

Sehnsucht nach den »Rockkonzerten, die sind Zusammenhalt.«

»Gute alte Zeit«, sagt dieser junge Mensch.

»Im letzten Monat hab ich gedacht, ach, ich werd Sozialarbeiterin.« Sie sind keine Kinder mehr, aber über ihr bisheriges Leben können sie sich nicht ausdrücken. Schon gar nicht können sie es gerecht werten. Kein Abstand zur Kindheit, zum Angehaltenwerden. Zum Ausgehaltenwerden natürlich auch nicht. Der Junge weiß doch nicht, was er sagt, wenn er zunächst einmal bekundet, seine Kindheit sei eigentlich nichts Besonderes gewesen, um dann nachzuliefern, die Familie habe immer zusammengehalten und er hatte zu den Eltern ein sehr gutes Verhältnis.

Über das so nebenbei entstehende Vollbild von Eltern gibt es nichts zu lachen. Was sie in ihrer Mehrheit den Kindern an Werten zu vermitteln wußten, scheint nicht standzuhalten. Sofern überhaupt etwas außer Durchsetzung kurzatmiger eigener Einfälle versucht wurde.

Nur bei Nazis und Christen wurde, so scheint es, Weltanschauung zu wecken gesucht. Oder die Jungen reden jetzt nicht darüber, was es an linker Ideologie zu vermitteln gab, zumal dies wie alles andere ja von den Jungen als alt und abgetan pauschal abgelehnt wird. Die Eltern erscheinen durch den Blick der meisten jungen Leute als unkundige, häusliche Macht ausübende und mißbrauchende Wesen, die schon mit ihrem eigenen Leben nicht zurechtkommen. Ob ihren Kindern das auch früher so vorkam, ist schlecht zu erkennen. Jugend schließt ja leicht vom letzten Eindruck her auf das Ganze. Aber in den Kindheiten spuken sie als Pfuscher herum. Das klingt furchtbar, ist aber über die hier Befragten hinaus nicht weit von der Wahrheit entfernt. Sie haben zu milde, zu hart, vor allem zu inkonsequent gestraft, den Partner gewechselt, ohne genau zu prüfen, ob der mit den Kindern zusammenleben kann. Die

Wahrnehmung der Kinder spielte eine zu geringe Rolle bei Scheidung und neuer Bindung.

Die Jugendlichen haben fast alle ein verletztes Grundvertrauen. Sie denken eigentlich nicht, daß die Alten diese neue Zeit, diese neuen Anforderungen, diese gewaltigen Umstellungen packen. Das gestehen sie sich nicht voll ein, es guckt aber deutlich durch.

Ruhe ertragen sie nicht. Sie haben Angst vor Stille, die Musik kann gar nicht laut genug und vor allem aggressiv muß sie sein. Stellvertretend für eigenen soll von der bevorzugten Musik eine Art Angriff erfolgen. Der alle Fragen zudröhnt. »Vielleicht kriege ich gar keinen Partner. Vielleicht kriege (!) ich keinen Beruf. Vielleicht kriege ich sowieso keine Wohnung.« Solche elementaren Zukunftsängste müßten zu Hause beeinflußt werden, aber das findet dort nicht statt oder wird nicht geglaubt. »Experten sagen«, darauf wird mit den Sprüchen anderer Experten gekontert, »wie kann man sich da durchfinden«. Das Leben als Labyrinth, in dem man die Suche nach dem Weg gar nicht erst aufnimmt, es ist ja bekannt, daß er eh nicht zu finden ist. Deswegen wohl dieser häufig auftauchende Wunsch fast aller: Nichts wie weg. Nach Australien, nach Amerika, bloß weit weg. Sie denken wohl, daß sie den Ossi nur so abstreifen können. Je weiter weg, desto unklarer dort die Vorstellung, was Ost und West in Deutschland für einen Unterschied macht. Die wissen das so genau nicht »die Amerikaner« und »Australier«.

Die Jugendlichen haben in der Mehrzahl nicht geübt, nach ihren eigenen, vor allem widerstrebenden Gedanken auch zu handeln. Jetzt müßten sie es lernen, es gibt keine Alternative dazu. Aber auf den klaren Gedanken, seltenen, türmt sich Denkmüll. Lauter Vorurteile: »Männer sind Verräter, man kann nur mit Frauen arbeiten und auskommen.« Wirtschaftsflüchtlinge, Ausländer, Linke sind generell Bedrohungen. Dabei haben sie keine eigenen Erfahrungen, weder mit der

Arbeitswelt noch mit »den Ausländern«. Alles ist vage, unsicher. Dennoch halten sie sich in der Mehrheit für die geborenen Helfer. Für Tiere und andere Menschen. Die Quintessenz lautet: »Mal sehen, was die Zeit bringt.« Aber ob sie was bringt? »Insofern hab ich doch manchmal Angst, ob ich überhaupt n Job kriege. Oder gibts n dritten Weltkrieg.«

Das würde natürlich auch aus der beschriebenen Qual der Berufssuche herausführen, ein Chaos, das die Regeln übernimmt. Sie sind so wundersüchtig. »Pinatubo« schließt »wahrscheinlich das Ozonloch«. Über Pinatubo und das Ozonloch wissen sie über das Fernsehen Bescheid. Was die eben so bringen. Tröstet wie der Marsriegel.

Jan hat Angst, »daß die Dummheit überhand nehmen könnte«. Die der anderen natürlich.

Manche schieben den Verdacht von Vorurteilen von sich. Sie sprechen über »Vorurteile, die der Mensch hat«.

Ich erinnere mich eines für beide Seiten nahezu befreienden Gespräches mit Hartmut von Hentig, in Bonn, während des letzten Treffens von Ost und West, ausgestattet von der Niemöller-Gesellschaft. Fürst Bismarck war da, Gräfin Dönhoff, Dorothee Sölle, Karl-Heinz Böhm, Portugalow, dessen Andeutungen ich nicht verstanden habe, ich war da wie vernagelt, obwohl wir in der Kirche nebeneinander saßen und tuschelten. Heute weiß ich, was er mir als bevorstehendes Ereignis ankündigen wollte, aber im Sommer 89 habe ich ihn einfach nicht verstanden.

Im Gegensatz zu von Hentig, ein so feiner und kluger Kopf. Wir überboten uns nahezu in Beweisen dafür, daß die Schüler sich schwertun, einfach eine Handlung zu erzählen. Sie stammeln, bleiben bei aaahm und öh hängen und erinnern die Autotypen und deren Crashs besser als die Konflikte und die Hauptpersonen. Nichtleser sind eben schlechte Nacherzähler.

»Guter Lehrer«, sagt einer bei Ihnen. »Ich sehe bei ihm, wie mans machen kann.« Das wärs. Kaderakte. Kein einziges Beispiel, kein konkreter Vorgang. »Berühmte deutsche Vereinsmeierei« kritisiert einer, der gerade in einen Tennisverein eingetreten ist. Dabei denkt er über Vereine: »Das wird sowieso alles von mittelmäßigen Leuten geregelt.« Worin die mittelmäßig sind und was er an Regelung befürchtet, das erfahren wir auch nicht. »Das Zusammenstehen für eine Sache, das ist schon faszinierend. Wie so eine Gruppe harmonieren kann, wenn sie will.« Derselbe, eine halbe Seite weiter: »Dieses Cliquenbewußtsein liegt mir überhaupt nicht.«

Die Angst vor jedem Risiko ist für Jugendliche eigentlich untypisch. Da sind ja meine kleinen Schwalben in ihren Balkonnestern verwegener. Nur auf Nummer Sicher gehen? Erst mal sehen! Man weiß ja nicht. Jemandem vertrauen, aber der könnte mich enttäuschen, also lieber Distanz. »Deswegen suche ich mir die Leute auch aus, mit denen ich zu tun habe.« Das möchte er gern. Aber so ist das Leben nicht.

Diese Selbstaussagen sind der einzige Grund, sich mit dem Material zu befassen. Sie wirken zwar wie Bonbon-Indianer, aber vielleicht sind es auch typische Jugendliche, aus Berlin, wie es scheint. Romantiker, Heimkind mit vier Geschwistern, von den Eltern verlassen, sagt: »Familie will ich sowieso nicht, ich will lieber Junggeselle bleiben, man braucht nicht soviel Miete zu bezahlen, man kann das machen, was man will. Die einzige schlechte Seite ist, daß man keine Ehevergünstigungen kriegt.«

Vermutlich wird der als erster klammern und einen festen Familien-Clan bilden. Aber das nimmt nichts von den Verunstaltungen weg, die in seiner Seele nachwirken. Wer nimmt sich dieser ganzen unguten Mischungen an? Jeder soll auf seinen Teller gucken, sagte meine Schwiegermutter stets. Laura wird am

Montag 18!, mündig, erwachsen. Sie hat das Manuskript gelesen, Einstimmung habe ich unterlassen. Unsere Meinung unterschied sich kaum, Laura meinte nur, so seien die meisten in ihrer Klasse auch.

Das wars für heute, Sabine, viel zu lang, und nun bin ich eilig.

Oktober 1993

Alice,

Gewalt ist das extreme Nein zum andern. Eine Explosion der Verneinung. Nicht die Meinung des andern wird verneint, sondern dessen Existenz. Männer können zehn Entwürfe anbieten, am Ende kommt Krieg heraus.

Wer wissen will, wie Krieg fast ohne andere Gewalt als die des Geldes daherkommen kann, der studiere die Verhältnisse hier im Osten. Krieg, vor allem gegen die Frauen. Da frage ich nach meinem weiblichen Anteil. Wie bin ich schuld an der nicht abzuschaffenden Lust der Männer, in Uniform oder in Nadelstreifen zu siegen?

Mein Anteil ist meine Leidensfähigkeit. Einmal Opfer, immer Opfer. Ich habe mir einreden lassen, es gäbe etwas, für das Totgeschlagenwerden ein angemessener Preis ist.

Wenn ich so denke, und selbst wenn ich mich als Opfer voraussetze, toleriere ich Totschlagen. Es ist mein Anteil. Ich brauche aber keinen Sieger. Von mir aus kann der Mann, den ich liebe, genauso angstvoll sein wie ich selber. Kann man immer noch, manchmal, über sich hinauswachsen.

Um das genau zu wissen, mußte ich drei Systeme überleben. Und sehe, noch immer schleppen zu viele Weiber einen Lorbeerkranz unterm Rock herum, um ihn dem nächsten Blödmann aufs Haupt zu drücken. Gewalt ist noch immer ein geachtetes, von uns Frauen geduldetes männliches Mittel. Sie wird uns alle umbringen.

Jetzt haben wir Oktober, ich habe zehn Pfund abgenommen, arbeite an »Die blödesten Augenblicke meines Lebens« und sowieso zuviel, von Angelika kommen CD und Kassette, »Unterschätz mich nicht«.

Neulich hab ich zum Abschluß einer schönen Veranstaltung allen ein schönes Fest gewünscht. Die haben so geguckt: Was meint die? Na, ich meinte Weihnachten. Wir haben gelacht, aber zum Nachdenken ist es wohl auch. Denn zu nah am Alter tu ich, als ob die Kraft durch Eile nachwächst. Ich gebe aber den Vorsitz im Frauenbund ab und sortiere alles Ehrenamtliche noch einmal neu.

12. November 1993

Liebe Ines,

ich versuche, Ihnen die fehlenden Bände zu schicken. Aber erwarten Sie nicht, daß ich Ihnen meine Gedichte »deute«.

Wenn Sie nicht die Absicht haben, das Gegenteil von dem zu verkünden, was ich an bescheidener Moral und Liebesansicht aufgeschrieben habe, werde ich Ihnen nicht widersprechen.

Denn wie ich das Recht habe, meiner inneren Bilderwelt, meiner Empfindung und Erfahrung zu folgen, steht dies dem Lesenden auch zu. Sein Leben ist der wichtige Ausgangspunkt seiner Aufnahme meiner Bilder, oder deren Ablehnung. Gehen Sie ganz von sich aus, nicht von mir. Ich hab ja auch nur meine Erinnerung und kein objektives Verhältnis zu den Versen. An Liebe glaube ich, ich halte sie für den wichtigsten Lebensbereich des Menschen. Von dort kommt alle Kraft und alle Schwächung. Es ist nicht meine Überzeugung, daß Mann und Frau inkompatibel sind, obwohl ich natürlich auch das kenne. Meine Ansprüche an den

Partner haben sich verändert, ich gehe anders mit mir und diesem wichtigen Menschen um. Empfinde ihn immer als verlierbar, als sterblich, als sich irrend wie ich mich, sich suchend, wie ich. Bei den irrtümlichen Verbindungen, auch in der Freundschaft, ist der Maßstab, den man gewinnt, oft ein dünnes Stäbchen. Liebe ist eben nur als Prozeß zu leben, als Lernprozeß. Aber darüber schreibe ich ja auch in Gedichten.

12. Dezember 1993

Arme Irmtraud, Schmerzenskind,

Dein Weihnachtspäckchen ist angekommen.

Du hast einen Knall.

Was plagst Du Dich jetzt mit Überraschungen zum Fest, statt Dich mal auf Dich zu konzentrieren? Jeder pumpt jedem Bücher, danke, ich pumpe Dir auch.

Kirsten hat eine Nierenbeckenentzündung, woher auch sollte die Entwarnung kommen?

Ich sehne mich nach Ereignislosigkeit und am meisten nach Unberührbarkeit.

Er wartet auf seine Rente, leidet daran, daß er »nichts beitragen kann«. Ohne ihn ginge wenig. Mindestens die Hälfte der Leistung kommt von ihm, aber das Kochen, Zuarbeiten, Autofahren, Schleppen, Einkaufen und dieses ganze Kümmern um alle und alles überzeugt ihn nicht.

Wir haben uns eine neue Musikanlage gekauft, denn wir waren eine musiklose Familie geworden. Als er neulich allein war, hat er sich Beethoven aufgelegt. Dirigieren hat er ja studiert, aber nun ertappte er sich dabei, wie er die Musiker antreiben wollte. Alles zu langsam, schneller, effektiver. Wir haben gelacht, aber die Überschrift müßte lauten: Folgen von Streß, Achtung!

Ein Scheißland, sag ich Dir.

17. Dezember 1993

Liebe Ines,

wenn Ihre Arbeit im März fertig sein soll und aus ihr kein wachsendes Unbehagen entstehen, dann müssen wir uns beeilen.

Ich möchte, daß Sie ganz aus sich schreiben. Daß es Ihnen Spaß macht. Unterstellen Sie mir, was Sie wollen, wenn es nur aus Ihren Gefühlen dafür einen Grund gibt. Haben Sie bitte keine Angst, daß ich nach Vollkommenheit Ihrer Arbeit trachte. Sie soll so offen und nach allen Seiten weiterzuführen sein, wie es meine Gedichte ja auch sind. Nehmen Sie es nicht als Schularbeit, sondern als lebendigen Austausch zwischen uns beiden.

Ihre Fragen, während der Veranstaltung notiert, sind natürlich ziemlich empirisch. Ich versuche dennoch, das eine oder andere zu beantworten.

Zum Spiel mit Kindern: Es ist ein ander Ding, sich in ein Kind hineinzudenken und einzufühlen. Das fällt mir leicht. Ich meine aber »spielen«. Da ich als Kind außer mit Sprache nicht gespielt habe, oder nur wenig, bin ich darin ungeübt. Käthe Reichel sagte mir einmal, sie koche für ihren Sohn, jeden Tag, sie sorge für ihn, tue alles, was eine Mutter tun kann, aber spielen könne sie nicht, das sei ihr fremd und ungewohnt.

Damals erkannte ich das wieder. Und wenn ich meinen Mann mit einem Kind spielen sehe, dann entdecke ich, wie mit ihm umgegangen wurde. Mit einem Kind spielen meint für mich, es einzubeziehen und ihm den Spaß vermitteln, auch an Arbeit, an Entdeckung.

Über mich haben viele Journalisten und einige Autoren geschrieben, Ines, ich habe auch eine Menge Zeugs da, aber es interessiert mich nicht. In gebundener Form liegt nichts vor, in Rezensionen natürlich, das können Sie jetzt ohnehin nicht aufarbeiten, vielleicht später mal.

Zur Frauensache: Sie ist für mich kein gesondert zu

betreibender Teil Politik. Ich beschäftige mich mit Frauenpolitik, weil ich mich an der Bemühung beteiligen will, Frauen liebesfähig zu erhalten, was sie nur sein können, wenn sie dieselben Grundrechte haben wie ein Mann. Menschen sind wir durch die Arbeit, sie fordert und formt uns, sie macht uns die Genüsse bewußt, auch den des Nichtstuns. Der Mensch kommt unabhängig vom Geschlecht auf die Welt mit Kraft und Gaben. Das beste Leben ist, sich bis zum Ende hin aufzubrauchen. Überforderung und Unterforderung sind gefährlich für Talent und Mitmenschlichkeit. Ich engagiere mich, weil meine Themen von je da hineingehören. Einsamkeit ist Menschenwerk. Wir müssen nicht einsam sein. Aber wir Frauen brauchen eine ganze, keine halbe, keine zweitrangige Chance.

Ich hab ja nichts dagegen, daß eine glücklich ist mit der Sorge um die Familie. Aber die Familie ist kein gleichbleibender Organismus, sie wächst unserer Sorge davon, wir unterliegen, wenn wir nicht mitwachsen und uns nicht genügend verändern dürfen. Eines Tages sind wir unseren Töchtern zu beschränkt, wenn wir nicht auch Teile ähnlichen Lebens führen, wie sie es haben. Mit Risiken. Und die müssen größer sein als die, daß ein Napfkuchen zusammenklatscht.

Sprachrohr? Ob ich mich als Sprachrohr fühle? Naja, schon. Eine Veranstaltung lang, wenn es stimmt zwischen den Zuhörern und mir. Aber dann ist es gesagt, ich muß anderes sagen, habe keine Zeit, bin getrieben, werde unzufrieden, wenn ich nicht dazu komme, die Antwort von gestern neu in Frage zu stellen.

Wie ich die Wende erlebt habe, das ist in den »Briefen« und im »Mama«-Buch nachzulesen. Finden Sie da meine vorläufigen Antworten und seien Sie sicher, daß ich selber noch nicht jede neue kenne.

Maxie Wander war eine schöne, sehr charmante Frau, gescheit, kritisch, lustig, lebensvoll. Der Tod schien ihr so sehr entfernt. Wir haben uns ein paarmal getroffen, als es ihr besser ging als mir. Da sie später ihre Tochter Kitty so tragisch verloren hatte, mochte sie meine Tochter besonders. Unsere Töchter wären gleichaltrig gewesen. Als ich die Nachricht erfuhr, hatte ich die Hoffnung, sie würde es schaffen. Ich habe ihr geschrieben, aber ich wußte über meine Tochter, daß sie keinen Besuch wollte und daß sie wußte, was ihr bevorstand.

Mehr möchte ich darüber nicht sagen, weil sie ja nicht mehr antworten kann. Ihre Antworten sind in ihren Briefen und Tagebüchern zu finden. –

Wie ich mich hineinfühle, obwohl ich die Frauen nicht kenne und ihnen trotzdem antworte? Ich kenn sie doch, wenn sie mir schreiben. Und kaum ein Brief enthält einen Konflikt, der zum ersten Mal auftauchen würde.

Wenn Sie die Bibel lesen, werden Sie erfahren, daß es dort alle Grundmuster schon gibt. Und trotzdem ist jedes Leben einzigartig. Jeder handelt ein bißchen anders als ein anderer Mensch an seiner Stelle. Ich denke mit, und nach, fühle mich ein und biete an, was ich denke. Manchmal ist es brauchbar, manchmal nicht, und glauben Sie bloß nicht, daß gar zu oft jemand nach meinem Rat handelt. Der Fehler muß ja erst mal bis zu einem markanten Punkt gebracht werden. Schreiben wir uns halt weiter.

Ines, ich hasse es, wenn Autoren ihre Mitbewohner zwingen, sich ständig das lauwarme Neueste anzuhören. Ich lese zu Hause niemals etwas vor. Ich rede auch nicht über Einfälle, zerquatsche sie nicht, das ist unkeusch. Jedes meiner Familienmitglieder hat ganz eigene Interessen, niemand muß mir ständig die Schleppe tragen, während ich deklamiere. Um Himmels willen. Nur die seltensten Male hört sich mein Mann eine Veranstaltung an. Er fürchtet die »Intimität des Kammerdieners«, so nennt er das. Und er weiß, daß ich miserabel bin, wenn ich ihn im Raum weiß. So verhält es sich mit Seiten eines Manuskriptes. Mir reicht es, ihm das erste Exemplar eines Buches, die erste CD zu schenken. Gedanken und Anliegen kennt er aus Gesprächen, aber ich beschlagnahme diesen klugen Menschen doch nicht für meine Vorläufigkeiten. Eines Tages würde er vor Langeweile vom Stuhl platschen, oder aus meinem Bett fallen, das fehlte noch. Ich guck mir ja selber nie einen Film von mir im Fernsehen, hör mir kein Hörspiel an, lese nur aus Gründen der Arbeit in Gedrucktem unter meinem Namen. Wenn jemand ein Blatt liest, das neben meiner Maschine liegt oder noch in ihr steckt, werde ich mürrisch. Das ist meine Sache, das geht niemanden etwas an.

Niedergeschlagen bin ich auch, wenn ich das Manuskript beim Verlag abgebe. Von da an ist es nicht mehr meins, das Vergnügen ist zu Ende.

Naja, manchmal habe auch ich die Möglichkeit benutzt. Wenn ich ratlos war oder mich unverstanden fühlte, habe ich es schon mal in einem Gedicht zu sagen versucht. Meist wird es prompt mißverstanden, vorwiegend zu meinen Gunsten oder daß ganz andere Leute gemeint sind.

An Hinweisen für unsere Ehe sucht er eher, wenn ich an uns zu allerletzt gedacht habe.

Wenn wir älter werden, scheint die Zeit immer schneller zu vergehen. Weil wir mit ihr mehr anzufangen wissen, als in ihr unterzubringen ist. Schade um die Vergeudung an Mißverständnissen, aber zu lernen ist ja auch daraus. Nach der Kränkung kommt die Einsicht, daß es in letzter Zeit karg zuging mit der Zärtlichkeit, oder was Mürrisches ist aufgekommen. Seine Antwort kommt mit einer heißen Suppe, mit der Hand auf meine Kopfschmerzen, mit einem Handeln zu mir hin, mit einem gewagten Scherz, mit einem Anlaß zum Lachen. Nicht Blumen und Konfekt, sondern Umarmung und Bessermachen. Ich weiß, daß er Angst um mich hat, wenn ich mit dem Ensemble auf der Autobahn bin und er nimmt dann das Ohr nicht vom Verkehrsfunk. Das war nicht gut zu ertragen, für beide nicht. Ein gemeldeter Unfall löste Panik aus, also haben wir auch da reformiert. Er nimmts auf sich, kommt lieber mit, als zu Hause abzuwarten, ob wir uns wiedersehen. Für mich ist das Leben dadurch wieder ein bißchen leichter geworden, denn vier Leute, Instrumente, Bücher, Tonanlage, Lichtanlage, Noten und Kleidersäcke in einem Auto sind zu ertragen, aber schwer bei 400 km Entfernung.

Ich bin nicht stark, Ines. Ich bin oft nur stärker als das, was gerade schwach machen könnte. Oder bin erst schwach und dann wieder stark. Sensibel sind wir alle. Wer das in sich abschafft oder weglebt, der wird für andere Menschen gefährlich. Früher hab ich geglaubt, als ältere Menschen werden wir dickhäutiger, gelassener und weniger verwundbar. Aber das stimmt nicht. Die Haut wird dünner, die Schmerzen gehen leichter durch bis auf die Knochen. Und die Verdrängung funktioniert nicht mehr, weil die Erfahrung es eh durchschaut.

Das ist wahr, Ines, ich bin kein mißtrauischer Mensch. Ich will es auch nicht sein. Ich gehe auf andere zu, möglichst auf sie ein, ich berühre andere Menschen auch gern. Ich habe gelernt, zu nehmen, und ich bin ausgesprochen nicht nachtragend. Erledigt ist erledigt, gesagt ist gesagt, dann geht das Leben unbefangen weiter.

Ein Tagebuch schreibe ich nicht, weil ich damit mein Gedächtnis entlasten würde. Was ins Tagebuch käme, reift nicht mehr.

Wie ich zur Ruhe komme? Früher konnte ich das besser. Ich bin sehr geräuschempfindlich, eigentlich schüchtern und eher menschenscheu. Das meint Ansammlungen, nicht einzelne, oder selten. Mit mehr als einem Menschen unterhalte ich mich ungern, es ist anstrengend. Geräuschkulisse ertrage ich kaum, im Restaurant, oder zu Hause. Zur Zeit bin ich abgeschabt, überanstrengt, empfindlich und sehr hellhörig. Umtreiben macht müde.

Die Ruhe, die ich ausstrahle, wenn Sie die meinen, die ist Disziplin. Das hab ich gelernt. Wenn jemand mit mir spricht, verliert er sein Lampenfieber. Er nennt mich dann hinterher manchmal rühmend eine unkomplizierte Person.

Ich freue mich, wenn jemand Wörter für sein Anliegen findet, und ich scheue mich, andere aus der Fassung zu bringen. Mehr ist über mich nicht zu sagen.

18. Dezember 1993

Lieber Hasso,

nun naht das liebe Weihnachtsfest, das auch uns Ungläubigen (soweit man davon reden kann) schöne Gefühle macht. Es gibt Angenehmes zu sagen, und das von früher ist auch nicht vergessen. Die Besuche in Saarbrücken unterschieden sich wesentlich von anderen. Obwohl ich jetzt möglichst nach Kalorien lebe, denke ich noch immer an die leiblichen Genüsse, bei Deiner Mutter, beim Chinesen, zwischendurch im Buchladen. Die Arbeit hat die alten Dimensionen. Punkt. Wenig großartige Triumphe, aber vielleicht haben wir zur Verhinderung von Heitmann beigetragen. Das wär doch auch schon was, jedenfalls für uns Frauen. Der hätte uns gerade noch gefehlt.

Jürgen ist wieder stark auf dem Weg nach oben. Talkshows, Konzerte. Bildzeitung: »Die Texte stammen wiederum … usw. Von 1967 bis 1972 war sie seine große Liebe.« – »Wir sind uns immer noch nicht langweilig«, verrät der Sänger. »Die Show muß wiederholt werden«, jubelte Balucci, der Besitzer vom »Praha« …

Ich wollte Dich und ein Dir nahestehendes Herz grüßen. Mal sehen, wie die Leute im nächsten Jahr wählen. Illusionen haben wir nicht.

Dezember 1993

Liebe Stolpers,

wir wünschen euch von Herzen ein ruhiges und friedliches Fest und einen inneren Zustand der Zuversicht beim Jahreswechsel.

Ich hab mich gefreut, daß Inge bei meiner schlecht besuchten Lesung war, aber nehmt das Geld zurück, wir haben uns auch früher kein Buch verkauft. Gute alte Sitten sollten wir beibehalten.

Armin, ich hätte längst mit Dir in Ruhe reden wollen, aber Ruhe war in diesem Jahr nicht. Jetzt bin ich abgeschrammt, ziemlich am Ende mit meiner Kraft. Wir können nur noch mit Enkeltochter in die Kerzen gucken und mal ausschlafen.

Also, denkt für einen Augenblick an die, denen es schlechter geht, auch unter unseren Kollegen. Und dann denkt an alles, was ihr gerne möchtet und nehmt euch vor, es zu kriegen.

Jugendpfarrer Hülsemann hat sein Bundesverdienstkreuz zurückgegeben, schön! Manche Illusionen über Regine H. können wir auch vergessen. Und vieles mehr.

Wir grüßen euch von Etage zu Etage herzlich und verbunden.

Dezember 1993

Irmtraud,

die von Dir weniger geschätzten »Ehedialoge« hindern mich an keiner gründelnden Tiefe. Du irrst Dich, wenn Du glaubst, ich mache es mir damit vorübergehend leichter. Diese zugespitzten Dialoge machen die meiste Arbeit.

In den ersten Fassungen sind sie immer geschwätzig, enthalten Insider-Pointen, die niemand verstehen kann, es mangelt ihnen an Dichte. Erst im Laufe der Lesungen werden sie knapp, und oft stellt sich der eigentliche Witz, oder der zusätzliche, erst nach vielen Malen ein.

Ich kann den einzelnen Text auch nicht oft lesen, dann fallen mir die Extempores nicht mehr zu. Im Schatten des Lachens kann ich viel Ernst aus dem Alltag unterbringen.

Daß ich mich selber zum Teil karikiere, besser über mich lachen gelernt habe, ist auch wahr und ist auch Teil des Überlebens. Bei all dem Kummer und den Sorgen möchte ich mit düsteren Vermutungen über die Welt den Leuten nicht wie ein zusätzlicher Furunkel daherkommen. Gedichte, die kann man sowieso nicht abstellen die verlangen ihre eigene Art von Arbeit. Aber die Ehedialoge brauchen Kenntnis vom Alltag, Einblick und genügend Courage zur Auskunft. Und eine gewisse innere Organisation, und dann noch den Witz, die Flüssigkeit und den Schuß Adrenalin, um sie vorzutragen, als ob ich am Küchentisch so vor mich hin rede. Erzwingen kann ich das auch nicht, aber ich kann inzwischen besser damit umgehen. Auch das ist einer der Gründe, warum mir Dilettantismus immer fragwürdig ist … wenn man es nicht lernt, kann man es nicht …

23. Dezember 1993

Liebe Ministerin, liebe Regine Hildebrandt,

Pastor Hülsemann hat sein Bundesverdienstkreuz zurückgegeben. Ich kenne ihn, es paßt, er meint das so.

An Ihrem Spaziergang mit dem langen Wickert hab ich Spaß gehabt. Auch das gehört zur Arbeit einer Politikerin, und Ihre Schlagfertigkeit und Unverstelltheit machten auch diese Sendung zum Genuß. Wehgetan haben Sie mir mit Ihrer Fassungslosigkeit angesichts der – ohnehin von niemandem als real genommenen – Gefahr, in Brandenburg könnte ein Linker Oberbürgermeister werden. Nun ist es sein ehemaliger Dozent geworden, der schneller den Hals gedreht hat, der farblos ist, der Wahlergebnisse braucht, um sich seinen Aufgaben zu nähern. Mit wem mag der wohl durch sein früheres Amt so geredet haben? Sie sollen gesagt haben, es wäre unerträglich, wenn ...

Wenn, ist ja nun nicht. Aber es geht darum nicht. Die Leute haben vielleicht weniger links gewählt, als ihren sozialen Protest geäußert. Das wissen Sie. Da gehört Klein-Machnow hinein, der zynische Umgang mit Leben generell. Mir hat die Benutzbarkeit Ihrer Worte wehgetan. »Wenn sogar die Hildebrandt« dahinter steht. Noch! Wo die doch im Umgang mit Andersdenkenden wahrhaftig fair ist. Sie waren es, ich hoffe, Sie sind es noch.

... Es ist kein schöner Land in dieser Zeit. Rühe setzt 300 Millionen in den Sand, Shirinowski darf hier herumreisen.

Niederdrückend, aber wir arbeiten, wir geben uns alle Mühe.

Dezember 1993

Meine liebe Inge,

ich danke Dir von Herzen für Deinen Gruß. Weihnachtszeit, schmerzliche Zeit, Atem für Bilanzen und Ausblicke. Gar nicht so einfach, Dir das ins Gefängnis hinein anzubieten.

In diesem Jahr hatte ich groß und stark zu sein. Das ist man ja dann auch. Manchmal frage ich mich, was ich früher eigentlich den ganzen Tag gemacht habe. Wir hatten eine Haushälterin, den Fensterputzer, ich hatte eine – wenn auch mehrfach geteilte – Kraftfahrerin, die wunderbare Sekretärin. Wir haben immer gearbeitet, aber über die Grenzen der Belastbarkeit hinaus? Vielleicht auch, aber nun ist so vieles aufeinandergefallen. Der Zusammenbruch innerer Überzeugung, daß wir bei allen Einwänden doch auf der richtigen Seite sind, die Katastrophe mit meiner Tochter, die totale Kolonialisierung, die neue Angst vor der dunklen Straße, und diese unwiderlegbaren Beweise: Du bildest dir nichts ein, die Selbstmorde finden statt, die Abbrüche der Arbeits- und Lebensbiografien sind Realität.

Du wirst ein anderes Land vorfinden, Inge.

Was meinst Du, was hier los war, als die Gefahr bestand, die Potsdamer wählen aus Frust den PDS-Mann Kutzmutz zum Oberbürgermeister? Ich mag die Regine Hildebrandt, ich kenne sie, wir haben uns mehrmals getroffen, aber auch bei ihr brach sofort die Panik aus, sie nannte schon die Gefahr »unerträglich«.

Nun haben sie den ehemaligen Dozenten von Kutzmutz, und die Seele ist beruhigt. Sie sollte in Aufruhr sein angesichts der immer noch zunehmenden Arbeitslosenzahlen. Frauen haben es doppelt schwer, als Ossis und als Weiber.

Ich war mehrmals in Deinem Magdeburg. Die Gleichstellungsbeauftragte wollte Einstellung der gegenseitigen Ausgrenzung. Und gelesen habe ich auch. Daß sich nach diesem aktuellen Anlaß die Intoleranz verringert, glaubte aber niemand von uns, und das ist ja auch verständlich, wenn Fördergelder an Wohlverhalten im politisch-öffentlichen Leben gebunden werden. Dabei müssen wir Menschen hier im Osten uns aus der Umklammerung des Kulturschocks befreien, wir müssen zu uns selber kommen und wir dürfen nicht erhoffen, daß der Staat für uns sorgen wird, wenn wir selber nicht gut für uns sorgen können. Manche drehn schon wieder die Mütze in der Hand und stehen demütig auf der Matte, viele hauen hier ab und denken, dann haben sie vorher nicht gelebt. Aber wir haben hier gelebt. Freund und Schurke zeigen sich überdeutlich. Ich werde das Meine tun, damit die Frauen sich nicht abfinden, und wenn ich mich dazu noch einmal in ein Amt begeben muß. Sinnvoll ist auch die Arbeit in den Gymnasien, das Wissen um Kunst und Kultur wird sehr armselig. Wir werden dem barbarischen Fernsehen unterliegen, weil viel zu viel Geld drinsteckt.

Du gibst Dich sehr munter, meine Liebe. Ich nehme Deine Worte und verfolge alles, was über Dich sonst noch zu erfahren ist. Derzeit wenig, das wird sich kurzzeitig bei Deiner Freilassung ändern. Damit muß dann auch umgegangen werden, als wärst Du nicht für Jahre weggeschlossen gewesen.

Dezember 1993

Meine liebe Eva,

aus traurigem Anlaß ein Gruß an Dich nach Schulzenhof.

Auch ich war durch nichts in meinem Leben auf den Schlag vorbereitet. Was immer ich gelebt, gesagt oder geschrieben habe, es paßte nun nicht und konnte nicht helfen. Alle Gefühle, von Schuldbewußtsein bis Zorn, sogar Anflüge von Haß, habe ich durchleben müssen wie jeder andere Mensch in solcher Lage auch. Vernunft, Argumente, alles unbrauchbar.

Im vorigen Jahr vor Weihnachten war ich auf unserem Friedhof.

Ich war auf Herrn Kopenhagen eingestellt, mit seinen wehenden blonden Haaren, weiß nicht, warum ich gedacht hab, daß er immer noch dort sein müßte. Er hatte doch die Ausreise beantragt und nur deswegen diesen Job gehabt. Aber dann war da diese mütterliche Frau.

Zwei Jahre lang habe ich das Sterben meiner Tochter mitgelebt. Sie selber machte mir nie den Eindruck, daß sie in der Lage ist, mit dem vollen Wissen um ihr Urteil zu leben. Sie hat gekämpft. Wahrscheinlich lag in ihrem Zustand auch eine Chance: Ich muß nicht erwachsen werden, ich darf jeden Moment aufgeben und muß dafür keine Verantwortung tragen.

Später sagte sie: »Manchmal denke ich, im Krankenhaus, das war eigentlich schön.« Das klingt grausig, aber sie wurde dort als Heldin bewundert, als eine unglaublich tapfere, mutige Person, die anderen als Beispiel dienen sollte. Das war sie auch, und es mag sein, sie hat es als Preis dafür genommen, daß nun niemand mehr von ihr die ganz normalen alltäglichen Zuständigkeiten verlangen kann, die ihr immer so schwierig waren: Zuverlässig sein, was vor sich bringen, etwas lernen und es auch anwenden. Wie langweilig.

Nützt mir das etwas, so bittere Worte auszusprechen? Nein, nichts. Der Schmerz kommt, die Seele nimmt ihren eigenen Weg, und da ist dein Kind, das leidet. Nach dir ruft und aufhört, zu leben. Sie hat die Transplantation weggesteckt wie nix. Schon in der Intensivstation hat sie mich angelächelt, so gut das ging. Sie sagt heute, die Operation war der leichteste Teil. Die Leiden vorher waren viel schlimmer.

Aber nun muß sie als Versuchskaninchen mit den täglichen Medikamenten leben. Das schafft andere Leidenszeit. Die Knochendichte schwindet, die Nieren lassen nach, das ausgeschaltete Immunsystem reagiert heftig.

Aber sie lebt. Sie hat dem Tod bis jetzt 9 Monate relativ lebenswerten Lebens abgerungen.

Wir stehen alle außen vor.

Sie hat eine Erfahrung, die niemand von uns mit ihr teilen kann. Sie denkt und fühlt zum Teil für mich nicht nachvollziehbar. Aber sie ist die einzige von den in derselben Woche acht Transplantierten, die nicht wieder im Krankenhaus gelandet ist. Es geht ihr oft nicht gut, aber ich wage nicht zu sagen, ob mit Schlaflosigkeit und Migräne der Preis zu hoch ist. Wer bald nach der Operation stirbt, tut es nach den Worten der Ärzte, weil er mit dem Entsetzen über das fremde Organ nicht leben kann, aus religiösen oder anderen Gründen. Ich denke, meine Tochter hat das gar nicht an sich herangelassen. Der andere Mensch ist nicht durch sie und nicht für sie gestorben. Die Seele freilich schwebt noch durch mir fremde Räume. Wie jeder Mensch hat auch Kirsten das Bedürfnis, sich alles mit anderen Menschen zu erklären, am naheliegendsten mit der Mutter. Das kennst Du doch auch. Ich bin jeden Tag eine andere für sie. Mal die Glucke, die nicht losgelassen hat und sie bis heute umklammert, mal die Person, die nur an ihre Karriere dachte und wilde Jahre hatte.

Du bist bei der Trauer angelangt. Dein Matti hat das Risiko abgelehnt. Ich bin noch auf dem Weg. Trost hab ich nicht. Ich wollte, wir beide würden ein schöneres Wissen teilen. Ich umarme Dich.

5. Januar 1994

Meine Marion,

»Sterben rings um uns?« Ja, auch wir erleben das. Freiwilliges Sterben oder eine Art Absterben bei lebendigem Leibe. Trümmer von Leben, das nun verächtlich gemacht und niedrig gehängt wird.

»Kaputte Verhältnisse, da kommt keine gesunde Seele heraus.«

Marion, wozu brauchen wir eine gesunde Seele? Die brauchen wir nicht, und ich kenne niemanden, der nicht schon aus seiner Kindheit Verletzungen ins erwachsene Leben mitgenommen hätte. Die müssen nicht weggelebt werden, sondern genutzt. Es kommt nicht darauf an, ob wir eine gesunde Seele haben. Wir müssen nur lernen, mit der angeknacksten zu leben. Darauf, welche Chance wir uns wieder geben, auch wenn wir bleiben, die wir sind. Immer auch ein bißchen schäbig, manchmal verlogen, zufügend und Zugefügtes wegsteckend oder -schleppend.

Selbstmordversuche haben wir fast alle auf sehr unterschiedliche Weise hinter uns. Manche sehen so aus, daß wir am falschen Kerl hängen, ihn einfach nicht verlassen, obwohl wir das sollten.

Die Kurzschlußreaktion ist seltener als der Langzeitversuch, zugrunde zu gehen.

Nicht meine Mutter hat getrunken, Marion. Mein Vater, mein Bruder.

Ja, ich war romantisch, als ich es mir eigentlich nicht leisten konnte. Und bin es geblieben. Meine große Liebe habe ich gefunden, da war ich Anfang Vierzig, danach kam mein erster Gedichtband, die »Weibergedichte«. Das alte Wort klang damals abschätzig, war aus dem Sprachgebrauch und ist inzwischen inflationiert. Nun bäckt jeder Weiberbrötchen.

Sensibel bin ich auch geblieben – vielleicht wäre ich es nicht mehr, sondern hart oder bitter, wenn die Liebe nicht standgehalten hätte, wir nicht ihr.

»Leidenschaftlich«, das ist wohl eine Frage der Mentalität, aber das alles verträgt sich durchaus mit Schüchternheit, Nüchternheit und äußerster Zurückhaltung.

Wonach wir uns sehnen, das ist mehr Unberührbarkeit. So sein und so leben, daß sich andere nicht trauen, einem ständig ein schlechtes Gewissen wegen ausbleibender Besuche oder Einladungen zu machen, einem nicht auf die Schulter klopfen oder unangemeldet über die Schwelle treten. Wenn ich mich angesprochen fühle, reagiere ich schon. Ich hasse aber plumpe Vertraulichkeiten von Leuten, die gar nichts von mir wollen. Belästigungen, wenn ich Minuten nach einer Veranstaltung angequatscht werde, ob ich eine Frau Steineck kenne, weil die doch einen ähnlichen Namen hat und auch in Berlin wohnt.

Unberührbar sein, ein wunderschöner Alterstraum – aber so leben wir nicht. Wir setzen uns immer wieder der Öffentlichkeit aus und müssen dann natürlich aushalten, was einem Liebevolles zugedacht ist. Wenige

Minuten vor der Veranstaltung ein schweres Gästebuch, eine Chronik auf den Schoß, eine Lebensgeschichte an den Hals. Alles ganz lieb gemeint und zeugend von der Ahnungslosigkeit, wie das ist, auf den äußersten Punkt konzentriert zu sein und sich den Anwesenden ganz zuzuwenden.

Ich hab zu mir selber gefunden, was die Grenzen nicht weiter steckt und keinen Schmerz leichter zu tragen hilft. Aber leid tue ich mir nicht. Nicht um die Kindheit, nicht um die Irrtümer, die Gegenschläge, nicht um all die falschen Ärzte oder Einsichten. Ich habe meine Mutter auch verachtet. Das hat mir geschadet. Ich ertrage sie nicht lange. Aber manchmal amüsiert sie mich, und ich bewundere sie auch, wie so viele andere Frauen ihrer Generation. Heute kann ich verstehen, warum sie so ist. Sie hat uns geschlagen, aber sie hätte nie geduldet, daß uns ein anderer schlägt.

Ich habe nie erlebt, daß meine Mutter, weinend und schwach, oder petzend und beifällig, zugelassen hätte, was ich bei Bukowski gelesen habe. Mir ist übel geworden, als ich las, daß sie die Mißhandlungen sozusagen bestellt.

Sexuellen Mißbrauch gab es bei uns auch nicht. Es war einfach nicht denkbar, obwohl die sozialen Verhältnisse das begünstigt hätten. Meine Mutter hätte einen Mann totgeschlagen, der uns unsittlich berührt. Als das am Pappelplatz einer versuchte, bin ich sofort nach Hause gerannt und habe es meiner Mutter gesagt. Da hat sich die ganze Verwandtschaft in Bewegung gesetzt, um den Übelfinger zu fangen, was nicht gelang.

Niemand ist davor gefeit, durch Umstände seinen Charakter zu schwächen, oder gar zu verlieren.

Was für ein wunderbarer Übergang zur Antwort auf Deine Frage. Nein, ich kandidiere entschieden nicht für den Bundestag.

Lieber Freund, lieber Günther R.,

anbei die Auslassungen über Dich, Du wolltest sie haben, und ich geb sie Dir ungern, muß ich aber, weil ich einen Kopierer habe. Bitter und schwer, solch Artikel in einer Lebenszeit, für die wir uns gewiß andere Genüsse versprochen haben, als wir sie zeitlebens eilig pflegten.

Ich wollte, Du würdest wirklich die Kraft haben, sachlich wahrzunehmen und mit Abstand zu erkennen, daß es wieder nur um Machtmißbrauch, Eitelkeiten und Haß geht. Soviel Rachsucht auch der kleinlichsten Art. Kein antikes Drama, nur Dorfdotschens Bunte Bühne.

Wir haben kaum jemanden verloren. Verloren sowieso nicht. Enttäuschungen, natürlich, aber klare Trennungen. Für die hatten wir vorher den Blick nicht, oder nicht die Traute.

Für uns war es ein Jahr größter Anstrengung. Kein Wochenende, kaum ein Tag der Ruhe. Ich bin besorgt um Dich, mein Freund. Weißt Du noch, früher haben wir uns bei Ausbruch der Redundanz auf ganztägigen Konferenzen immer verlobt. Das kannten die andern dann schon. Jaja, habt euch verlobt. Wir haben doch so gern gelacht, auch, obwohl Du schon immer eher schwermütig warst. Ich liebe Deine Bücher. Und habe Deine Filme geliebt, und Dich hätte ich auch ganz gern geliebt. Es hat nicht sollen sein.

Auch ich habe mich verändert. Sehnsucht nach Stille, nach immer denselben Büchern, möglichst nur Filme, die ich schon kenne, immer dieselben paar Menschen. Eine Wohnung, die nach was Gutem duftet, man muß es ja nicht essen, oder nicht zuviel davon. Keine falschen Eitelkeiten mehr und genügend Mut für Absagen. Weg aus allzuviel Vordergrund im Bild. Späte Pflege von früher versäumten Tugenden.

Februar 1994

Liebe Frauen,

worum geht es? Was wollen wir Frauen denn? Schunkeln? Auf dem großen Platz in Bonn? Nun gut, schunkeln wir. Aber warum rufen uns dort die Politikerinnen unsere Forderungen an sie zu? Haben wir etwas versäumt? Unsere Arbeit nicht gemacht?

Welche? Eine Lebensarbeit, die den eigenen Talenten entspricht, die hatten und hätten wir gern. Dranbleibendürfen an Berufserfahrung und sie erweitern, auch wenn wir Kinder kriegen und einen Mann gern behalten wollen. Seine Erstgeburt vergessen, seinen alten Hahnenstolz mißachten und ihn verwöhnen, sobald er das auch begreift. Seine Privilegiertheit aus Gründen des Geschlechtes ablehnen, und er soll sich zu gut sein, die in Anspruch zu nehmen. Wir sind bereit, die Macht mit dem Mann zu teilen, sobald sie dann zur Hälfte uns gehört. Der Mann ist nicht unser Nachhilfelehrer, und er soll nicht sein unsere lebenslängliche Angst vor Versagen. Durch ihn und an ihm. Die Frau am Ende des 20. Jahrhunderts ist verletzt und immer noch das Opfer, wenn die Männer den alten Schlachtentanz stampfen. Um Gebiete, um Rache, um Macht. Um solche Schmerzen zuzufügen, die sie selber am meisten fürchten.

Die Ungleichheit geht von oben nach unten.

Wir Frauen wollen, daß Frauen sich in die Politik einmischen und sich wählen lassen, obwohl politische Arbeit nicht eben das Herz bildet und nicht den Charakter festigt. Frauen brauchen Frieden, Arbeit und eine Umwelt, die für ihre Kinder gut genug ist. Wir wollen nicht hassen und uns nicht schämen, wenn wir satt zu essen haben und unsere Kinder in den Schlaf singen dürfen. Laßt euch einen Rat geben: Prüfe, die sich für dich pfründet, ob sich nicht noch ne Beßre findet. Wenn dieses Superwahljahr eine Chance für Frauen bietet, dann müssen wir Frauen sie nutzen.

Februar 1994

Lieber A.,

... Das Angebot einer Kandidatur für den Bundestag möchte ich nicht annehmen. Draußen bin ich eine »von uns«, eine, die auch sehen muß, wie sie zurechtkommt, eine, die weiß, »wie es uns geht«. Wenn ich mit solchen Frauen über mangelndes Engagement rede, dann bin ich ein Beispiel dafür, daß man sich auch in gewissen sozialen Abhängigkeiten sehr wohl riskieren kann. Da ich ihre Lage teile, kann ich auch harte Worte gebrauchen, kann aufrütteln, sogar herausfordern.

Wenn sich meine Situation verändert, werde ich mich, und sie werden sich mir gegenüber verändern.

Mein Leben ist dafür zu schmal geworden. So gut ich auch oft Hilfe gebrauchen könnte. Ich bleibe bei meinen ehrenamtlichen Funktionen.

Aber wenn ihr mich ärgert, gründe ich vielleicht doch zusammen mit anderen eine Frauenpartei. Ich glaub zwar nicht, daß die viel bringt, aber wenigstens könnten wir uns schön zersplittern.

Februar 1994

Lieber Fischer,

ich wollte Ihnen spontan schreiben, daß ich keinen Text über den Krieg in Jugoslawien schreiben kann. Weil es zu schwer ist. Wie soll ich diese jahrtausendlang angewachsenen Fehden, die nur unterdrückt waren, sich nun aber barbarisch austoben, in ein Lied fassen? Ohne Partei zu ergreifen? Beide Seiten haben recht und unrecht. Ich fürchte den Fundamentalismus, der sich ausbreiten möchte, und fürchte die Art, ihn zu bekämpfen und alles reinzuschmieren, was es je an Zwist gegeben hat. Wir sehen, wie extrem die Vorschläge sind, die von den anderen Mächten eingebracht werden. Die einen wollen Waffen verkaufen, die anderen möglichst eine Atombombe zünden, vielleicht ginge auch einmauern und sich selber überlassen. Hatten wir lange nicht. Wir suchen nach Sinn, nach den Guten und den Bösen. Unser Gefühl wendet sich dem zu, der gerade mehr geschunden wird.

Das alles und noch mehr wollte ich Ihnen schreiben. Aber dann hatte ich mich zu lange mit der Unmöglichkeit befaßt, also anbei der Text. »Ehe der Krieg beginnt, kannst du ihn sehn ...« Machen Sie was draus. Sie müssen aber nichts erklären, nichts verwenden und nichts bezahlen. Gehen Sie immer davon aus, daß wir in den gleichen Verhältnissen leben.

Februar 1994

Liebe Ines,

nach einer Routineuntersuchung redete der Arzt bedenklich herum, das gab Aussicht auf einen Krankenhausaufenthalt und unnötig bedrückte Weihnachtstage. Damals entstand das Gedicht »Du mußt denken, Tochter, wenn ich sterbe ...« Es finden sich auch in anderen Gedichten solche Gedanken an den Tod. »Ich sterb im Herbst« – »Und der Tod ist ja wirklich der Tod ...«

Falls Sie das wissen wollen, müssen Sie herausfinden, wo ich den Tod und die Liebe im Gedicht zusammenbringe. Wenn es sich aufdrängt, ist es eben nicht nur ein Wort, sondern meist neue Beschwer. Als ich siebzehn war, hab ich das nicht gedacht, jetzt denk ich »Geh nicht vor mir ...«

Wir wissen immer, daß Liebe verlierbar ist. Auch an den Tod, aber wir leben nicht alle Tage so. Oder doch, vor dem Einschlafen? »Ich lege mich nieder« habe ich in einer Phase der Trauerarbeit am Ende einer Beziehung geschrieben. Da war ich überrascht von der Erkenntnis, daß Loslösung ein Prozeß ist, daß man wohl allemal hinterherliebt.

Wann ich das Gedicht »dann tu es doch« geschrieben habe, daran erinnere ich mich nicht. Mir hat aber jemand die Situation erzählt, und ich dachte: Schade um die Chance. Liebe müßte abgelöst werden von lebenslanger Freundschaft, das wäre schön.

Die Entwicklung der Lyrik seit 1950 werde ich hier nicht aufzuschreiben suchen. Dazu müßte jemand eine Doktorarbeit verfassen.

Auch in meinem Leben gibt es jetzt manchmal Wichtigeres als ein Gedicht. Die Leute, nicht alle, lesen Danella und sehen »Traumhochzeit«. Die Wirkungen kommen aus den Ursachen. Das wäre auch Arbeit für Sie.

20. März 1994

Lieber Yaakov Ben Chanaan,

Ihr Buch »Die Geschichte der Juden in Deutschland« lag neben mir, der Kopf schmerzte, und ich hatte wegen des Themas Angst, den Band zu öffnen, so schwach, so vergrippt. Angst vor all den Ängsten.

In jungen Jahren bin ich mit dieser erdrückenden Schuld hilflos umgegangen, ich fühlte viel und wußte zu wenig. Schuld? Ich war zwei Jahre alt, als die Nazis an die Macht kamen. Schuld, dennoch Schuld. Darüber werden wir später einmal reden, ich hoffe es. Ich habe als Kind gewußt. Und mich dann, nach dem Krieg, aus Oberösterreich heimgekehrt, philosemitisch auf alles geworfen, was jüdisch war oder sich so gab.

Im Laufe meines Lebens habe ich gemerkt, daß ich Lust habe, in schmelztiegelhafter Kultur zu leben. Ich bin neugierig auf jede andere Art, zu musizieren, zu kommunizieren, zu essen und zu feiern oder zu trauern.

Mein Mann ist ein Nachkomme der Sterngucker Caroline und Wilhelm Herschel, stammt aus jüdisch-großbürgerlich-deutschnational-kaisertreuer Familie. Der tyrannische, aber nachwirkende und bedeutende

Großvater hat die Familie mit viel Goldmark gerettet, durch Erwerben eines zusätzlichen Buchstabens in den Namen Herschel. Da hießen sie denn Hierschel. Aber nicht im Kirchenbuch.

Lieber, an einem Nachmittag mit einer Stunde Zeit für mich habe ich die Angst vor Opfergang und gräßlichen Leiden weggedrückt.

Ihr Buch ist für mich zur Zeit das Wichtigste. Es reicht eben nicht aus, am eigenen Volk zu leiden ... wenn ich wieder mit einer Lebensgeschichte konfrontiert werde, die von dieser schrecklichen deutschen Unfähigkeit zur Erkenntnis eigener Beschränktheit gezeichnet ist, dann fehlen, fehlten mir ausreichende Argumente, Fakten. Die gibt mir Ihr Buch. Wie Sie denke ich, daß Toleranz zu wenig ist. Akzeptanz, die fehlt ... Aber die bedarf der Kenntnisse.

Ihr Buch ist für die hiesigen Verhältnisse, das heißt für die Leute, mit denen ich umgehe, zu teuer. Wenn wir eine gewisse Anzahl vom Verlag direkt beziehen könnten und uns beide zu einem öffentlichen Gespräch vor Publikum träfen, dann könnten wir es für den Abend billiger abgeben. Wenn Sie nichts dagegen haben, werden wir es so machen. Nicht in dem kleinen Raum in der Rykestraße, sondern in der Brecht-Bibliothek.

Ihr Leben gäbe Stoff für drei Abende. Nicht nur die Rettung in der Kindheit, sondern auch Ihr Leben als Psychiater, als Forschender – letztlich doch nun als Deutscher.

11. April 1994

Irmtraud,

Dank, bin gerade zurück. Aus Helbra, Eisleben, Zwickau etc. Wir hatten Laura mit auf Tour. Es ist wichtig, daß sie die Härte der Alltagsarbeit kennt. Häufige, zu häufige Wiederholung von schönen Veranstaltungen vor zu kleinem Publikum. Es geht doch vieles verloren, was vielleicht so nie wieder gesagt und ausgetauscht werden kann. Mir kam es für Laura vor allem auf ein Wochenende für behinderte Frauen in Zwickau an. Tagung, Seminare, abends Lesung. Aufwand, Organisation, die ganze Vorleistung, ich wollte sehen, wie sie darauf reagiert, wofür sie sich interessiert. Und dann kamen neun Behinderte und dreimal soviel Fachleute, um sich auf die zu stürzen. Aber »die« waren nicht etwa unberatene Leute, denen nun auf leichteren Weg geholfen werden konnte, sondern abgesehen von einer speziellen Behinderung Tüchtige, die selber für weniger Tüchtige ehrenamtlich arbeiten, oder sogar hauptberuflich.

Ich hätte das aus Erfahrung wissen müssen. Mach ein Arbeitslosen-Frühstück, und die Frauen bleiben aus. Sie wollen nicht auf einen negativen Nenner gebracht werden. Ein Treff für »Frauen in besonderer Notlage« wird eher gemieden. Ich versteh das. Entweder wollen sich Frauen ostentativ »Geprügelte Ehefrauen« nennen und so in den Ring steigen, oder sie sind verschreckt davon, überhaupt bei Sorgen vermutet zu werden.

Es wurde aber sehr interessant, nachdem wir uns über diesen Punkt verständigt hatten. Franz Christoph, selber schwerstbehindert, der für den Bundestag kandidiert, sprach sehr lange, sehr kundig, sehr kopflastig und immer in Anschaulichkeit ausbrechend, obwohl er das vielleicht gar nicht wollte, über die dunklen Seelen der Nichtbehinderten. Zum Teil glänzend, sehr geübt, en suite war ihm anzumerken, aber die Rechts-und Unrechtslagen sind schon ein besonderes Gebiet. Auch für mich war vieles neu, zum Teil besonders die Sicht. Was für ein böser witziger Kopf. Er redet viel zu schnell, nimmt keine Rücksicht, aber das braucht er wohl für sich. Ich fühlte mich herausgefordert, nachzusitzen. Aber manches ist mir auch zu schwer. Ich sollte in Erwartung eines Kindes nicht sagen: Hauptsache, gesund. Damit würde ich der Natur eine Bedingung stellen, und ich soll dem Behinderten nicht »helfen«, das verweist ihn auf seine begrenzten Möglichkeiten, während er doch zurechtkommen muß, auch wenn ihm niemand hilft. Das kann ich nicht nachvollziehen. Es ist mir zu absolut, rundet sich zu einem Weltbild, und mir fällt ein, wie oft ich behindert bin und Hilfe brauche, weil meine Körperkraft nicht reicht, oder weil ich desorientiert bin. Das kann ich nicht so einfach wegstecken.

Am Abend war es voll, zur Lesung kamen auch Leute aus der Stadt, aber mir war klar, daß nach meinem letzten Wort der Abend auch hier Franz Christoph gehören würde. War auch so, sei es drum. Ich hab versprochen, daß wir uns in Berlin treffen, wenn der Wahl-Marathon vorbei ist und ich ahne, daß ich mich vor der Anstrengung drücken werde. Ich bin nicht mehr so jung, daß ich mich um die gleichzeitige Überbeanspruchung der Sinne reiße. Es reicht uns, was wir unterwegs erleben. Zu Hause halten wir ganz gerne die Klappe.

Danke für den Reich-Ranicki, ich habe ihn in zwei Tagen ausgeschmökert. Auch ein sehr gescheiter und ein sehr eitler Mann. Verletzt oder gekränkt hat er mich nicht, ich kenne den ollen Provokateur ja. Das Büchel beweist nur ein weiteres Mal, daß alle »objektive« Rezension nichts anderes ist als persönliche, meist vorgefaßte Meinung. Wenn er will, vernichtet er jemanden, vor allem aus politischem Kalkül. Manchmal ist er großartig, manchmal. Ungerecht auch dann. Was er niemandem sonst zugesteht, läßt er bei Sarah Kirsch hochleben. Ihr Verhältnis zu ihrer Heimat DDR hat er feinsinnig erfaßt. Die Absolution ist fragwürdig, aber natürlich kann man es auch so sagen, besonders, wenn man nicht bei jedem anderen darauf zynische Nachrede machen würde: Die ist eigentlich unpolitisch, die hat bloß Gefühle für ihre Herkunft und Heimat. Richtig, Herr. Die haben wir alle. Mit dem Verstand haben wir analysiert, oder gemeckert, mit dem Herzen dran gehangen. Und wir werden auch gehaßt, weil wir das nicht vergessen können.

Vieles ist bei ihm ganz schief und krumm. Fatzke ist er ja auch. Und alter Fuchs. Bei mancher Bosheit denk ich: leider gut getroffen.

Aber wie er Rolf Schneider überschätzt. Und wie er den Strittmatter klein zu machen sucht. Das gelingt ihm nicht ...

31. Mai 1994

Liebe Gisela, meine liebe May,

es bleibt eine merkwürdige Sache mit dem Alter. Worin bist Du nun siebzig, worin erwachsen, was ist Dir im Laufe des Lebens verschlissen, was kaum genutzt und unterfordert?

Der Artikel im ND trifft es nicht. Ich hab Dich oft gesehen, manchmal privat, öfter als Künstlerin. Auch Du bist eine Frau, die sich letztlich entscheiden mußte. Das muß kein Mann. Jeder Frau wird es als selbstverständlich abverlangt. Wollen wir nicht beklagen, daß Du keine Wahl gehabt hast.

Vor die Alternative gestellt, würdest Du Dich wieder für die Arbeit entscheiden und dafür auf anderes verzichten. Das ist so wenig nicht. Eine vergnügte Esserin wie Du muß ständig knapsen, Du darfst nie schlampig aussehen, Du mußt Deine ungewöhnliche Ausstrahlung behalten und immer neue Nuancen hinzufügen.

Es hat gekostet, ich weiß. Das Lampenfieber ist nicht nur Respekt vor dem Publikum, es ist auch der immer lebendige bohrende Selbstzweifel: Reiche ich aus, ist es Angemessenheit oder Anmaßung, was mich vor die Leute stellt?

Ich habe Dein Buch gelesen, ich habe Deine Lieder mit meinen Texten gehört, ich habe Dich auf der Bühne gesehen, ich kenn Dich müde, traurig, eifersüchtig, egoistisch, abwehrend, leise, umarmend, solidarisch, klarsichtig, anspruchsvoll, scheinbar unermüdbar, mitreißend, humorvoll, uneitel in der Kunst, gefallsüchtig im Leben – zum Glück.

Du bist eine noble Person, das bist Du wirklich. Kleinlich hab ich Dich nie erlebt, in allem Auf und Nieder.

Als Lehrerin bist Du außerordentlich. Du bist wirklich neugierig auf andere Menschen, Du hörst Deinen Schülern zu.

Ich selber hab zu wenig von Dir abgekriegt. Ich hätt gern bei Dir lernen wollen, öfter mit Dir reden, mehr für Dich schreiben.

Das hat sich nicht ergeben. Aber wir sind Weggefährtinnen und dürfen nebeneinander altern. Schrecklicher Gedanke, man müsse jung bleiben und die anderen altern uns weg. Bleibe stimmig, meine Liebe. Werde immer neu, ich wünsche Dir Rollen wie die Schelesnowa, aber Du sollst auch Shaw spielen und schauspielen und singen und SEIN.

Juni 1994

Liebe zu viert, dritt, doch zu zweit? Und nun habt ihr euch verheddert?

Ich will nicht extra eine Wespe züchten, um sie reinzulassen, es soll alles so wunderbar bleiben. Aber für wen von euch ist es das? Die Freuden haben ihre eigene Moral. Und Liebe hat sowieso recht.

Aber warum glauben Sie, es habe ein Ereignis stattgefunden und nun müßten alle vier Beteiligten damit leben?

Ihr Mann versucht es. Er weiß wie alle Welt inzwischen, wie man sich in solchem Falle nicht benimmt. Man geht nicht unter sein Niveau, und wenn man zugrundegeht. Es macht ja auch keinen Sinn, den Partner zu vertreiben, wenn man ihn behalten will.

Viele meist bemühte Argumente fallen bei Ihnen weg. Es sind keine unversorgten Kinder in den beiden Häusern, mangelnde Obhut für die ist also kein Thema. Die wegfallenden Argumente rufen die anderen herbei. Ihr illegal Verliebten seid glücklich, eure legalen Partner sind es nicht. Für die einundsechzigjährige Ehefrau macht sich kein Rat erbötig, etwa: Du bist nun auf dein eigenes Leben zurückgeworfen, wie schade, daß du um der Familie willen nie ein eigenes Leben geführt hast.

Sie hat nicht, aber ihr heute daraus einen Vorwurf zu machen, weil sie nun nicht mehr nützlich, sondern eher lästig ist, wenn auch hoch gepriesen, das verbietet sich. So seid ihr ja auch nicht, liebe A. Ihr versucht nur, es allen recht zu machen, wo ihr zwei Personen ungerecht sein müßt. Das ist keine Wertung, das Leben ist so. Was Wunder, daß die Frau alle zehn Minuten anders ist. Statt eines geruhsamen Alters hat sie Torschlußpanik. Was sie jetzt verliert, kriegt sie so nicht wieder, weil sie so nicht ist und so nicht gelebt hat. Sie kann nirgendhin zurückkehren und hat keine Vorstellung für ein Leben aus sich. Damit müßte sie konfrontiert werden, jeder abschwächende »Trost« macht ihr dringend nötige Erkenntnis schwerer. Sie muß sich bewegen, sie muß, nicht ihr euch für sie. Ihr hindert sie daran, weil ihr alles so lassen wollt, was längst nicht mehr ist.

Das Wissen ist der Schaden. Die Phantasie tut ihr Übriges. Was hier an Rollen zur Verfügung steht, hab ich selber gelebt. Nein, Ihr Mann wird nicht eines Tages sagen: »Der soll tot umfallen, weil er es wagt, dich zu lieben und du liebst ihn.« Es wird anders sein, banaler. Die Bratkartoffeln sind versalzen, die Kleidung nicht aus der Reinigung geholt, ein Anruf wurde nicht übermittelt, der Ausbruch wird schon kommen. Es ist doch ein Prozeß. Harmonie zu viert kaum möglich, hab ich noch nie gesehen, wenn eine doppelt und die andere gar nichts und auch nichts mehr zu erwarten hat. So sind wir Menschen nicht, daß wir den schlimmsten, oft ausgemalten Verlust ohne Schmerzen hinnehmen. Und diese Schmerzen sind euch Glücklichen lästig. Ihr werdet schon noch herausfinden, daß der Kummer die eigene Schuld der anderen ist. Es werden Ereignisse in die jetzigen Konflikte hineinspielen, die haben gar nichts mit der Liebe zu tun. Geld wird eine Rolle spielen, das tut es jetzt immer, vielleicht Arbeitslosigkeit, nötiger Ortswechsel, Lebensentwertung oder falsche Geruhsamkeit.

Zeigt den beiden anderen doch mal, daß ihr auch überfordert seid. Tut nicht so, als hättet ihr recht damit, sie ständig zu beschwichtigen. Das macht ja erst ein schönes Bild, wenn ihr so tut, als hättet ihr alles im Griff und könntet Garantien für Beharrung anbieten. So ist es doch auch nicht. Adelheid. Ihre Gefühle sind eben nicht für beide gleich stark, das können die nicht sein. Eine Beziehung wird sich als stärker erweisen.

Spencer und die Hepburn konnten die beiden Lebenskreise voneinander trennen. Am Wochenende verschwand er in der Ehe, sowieso zunehmend im Nebel des Alkohols. Über seine Ehefrau habe ich nirgendwo etwas gelesen, wohl aber über die schönen Partnerinnen der Hepburn. Zwei Mühlsteine in weiter Entfernung voneinander können sich nicht reiben.

Ihr kommt nicht zurecht, ihr probiert es nur. Aber gemeinsam in den Urlaub? Das ist, als ob vier ein Laken teilen. Aber jeder hat sein eigenes Kopfkissen. Was steckt da drunter? Tränentüchlein oder Messer? Nehmt den anderen beiden nicht die Selbstachtung, sie haben Arme und Beine und einen eigenen Verstand.

18. Juli 1994

Meine Liebe,

Sonntag, etwas windiger, und ich muß zugeben, daß mich die Hitzeperiode sehr mitgenommen hat. Ab Mittag war mein Gehirn zu, ich fühlte mich miserabel, und nachts wurde es in unserer Wohnung auch nicht kühler.

Nun waren die anstrengenden Tourneen vorbei, die allzulangen Fahrten, eine Art Überlebenstraining, aber ich war leer. Ich konnte meine eigene Stimme nicht mehr hören. Schließlich machte ich bei jeder Veranstaltung andere Texte und knüpperte Schwierigkeiten hinein, extemporierte, guckte nicht mehr aufs Blatt, aus Angst vor Routine und innerer Kälte.

So bin ich abgesprungen und weitergestolpert, fand keinen Halt, kam mir faul und überflüssig vor, wenn ich auch nur für eine Stunde nachließ. Alles Liegengebliebene türmte sich, als ob sich der Stau einem entgegenbiegt. Vernachlässigte Schränke, Bücher, wie erst die Familie.

Nachts restless legs, hoffentlich schreibt es sich so, rastlose Beine, die nach Kühle und Bewegung suchten. Mein Arzt sagte: da fehlen dir Magnesiumtabletten. Haben geholfen, ein bißchen. Nu gibts ja Tabletten für und gegen fast alles. Das ist eine der Annehmlichkeiten, die ich nicht mißachte, nur weil ich die Gesellschaft, die soviel Überfluß produziert, ablehne.

Opposition macht Spaß, endlich mal ohne die DDR-Skrupel und Feigheiten etwas riskieren, dafür bezahlen müssen, auch ausgegrenzt werden von lukrativeren Chancen, dafür überall reingeholt, wo sie kein Geld haben.

Der Urlaub in Portugal, Freundin, war das erhoffte Wunder. Nur mein Mann und Laura. Mit Skopolamin-Pflästerchen hinter den Ohren konnte ich zum ersten Mal ohne Spucken und angstfrei fliegen. Wir waren in Luz, 70 km von Faro entfernt. Ein Fischerdorf an der

Algarve, das leider gerade für den Tourismus baut, aber noch gibt es dort Ruhe, Gemütlichkeit, nur ein paar unscheinbare Restaurants, kleine Läden.

Wir hatten uns eine maurische Villa auf dem Hügel gemietet, hoch über dem Atlantik. Mit eigenem, uneinsehbaren Swimming-Pool, lebensnotwendig mit unseren Hautproblemen. In Portugal kann man nicht mit nackter Haut herumliegen, das konnten wir aber am Pool.

Ich konnte zum ersten Mal in meinem Leben die Sonne vertragen. Es fehlte mir nichts. Dabei haben wir nichts Besonderes gemacht. Auf der Terrasse gefrühstückt, in der Sonne gelegen, abends Skat gespielt, wir sind essen gegangen, er hat mehrmals täglich die vielen Katzen gefüttert, den dicken Aua-Kater geflickt, und wir waren ziemlich glücklich. Telefonieren nach Berlin kein Problem, Laura hat davon Gebrauch gemacht und natürlich ihren Freund vermißt.

Wenn wir zu dritt sind, geht es uns gut. So eingespielt, wie wir aufeinander sind. Wir hatten 25 Bücher mit und wenig Kleidung. Es war gut, es war wichtig, nun kann der Alltag wieder kommen.

Ich arbeite an einem Band Texte: »Für Frauen ist Krieg im Land«. War nicht dran, war nicht geplant, hat sich aber gesammelt.

Bei der Arbeit daran zeigen sich die erheblichen Spannungen, unter denen vieles entstanden ist. Manchem Gedanken oder Gefühl muß ich lange nachspüren. Ich weiß schon nicht mehr, was ich empfunden oder gedacht habe. Da fliegt es aus der Sammlung. Im August kommt das neugefaßte »Brevier für Verliebte«, ich schicke es Dir und betrachte noch einmal ziemlich fassungslos die alte Taschenbuchausgabe, so häßliches Papier, so häßliche Druckfehler.

Das Jahr von Sommer zu Sommer läßt sich schwer einordnen. Die Fülle war es, nicht auch die Tiefe. Oder ich kann sie noch nicht verwerten. Zu viele Orte, auf

Menschen zugehen, reden, arbeiten, im Dunkeln wieder einsteigen. Manchmal habe ich auf der Rückfahrt überlegt, wo wir denn gewesen sind. Die Marktplätze und all die neuen oder renovierten Häuser sind meiner Erinnerung flüchtig oder austauschbar. Nur die Gesichter und die Gefühle nicht. Und viele Situationen. Wie wir in der Friedensburg in Gotha ankamen, die schwere Anlage ausgepackt hatten und alles hochgeschleppt in den herrlichen Saal. Und dann Stromausfall. Gewitter. Mehrere Männer, die wir beim Tragen nicht zu sehen gekriegt hatten, rannten aufgeregt hin und her. Nichts geschah. »Kein Licht«, riefen sie, aber das hatten wir schon gemerkt. In diesem Moment rief mein Mann aus Berlin an, fragte mich ab, und mit seinem Rat versehen machten wir uns auf den Weg und suchten nach der nächsten Lichtquelle, Angelika und ich. Ein Stockwerk tiefer fanden wir sie. Aber wir durften die kostbare barocke Bibliothek nicht betreten, verständlich. Kabeltrommel, haben wir auch noch besorgt und habens gepackt. So weit, so noch nicht unvergeßlich. Unser Publikum aber waren etwa 40 Deutschlehrer, unser Thema Kunst im Unterricht. Also erst Programm, danach Gespräch. Nach dem Programm wars wieder duster, Kabeltrommel wurde uns abgenommen. Also saßen wir im Dunkeln, nur ein bißchen Licht von den Hoflaternen. Es ging niemand, wir blieben und hatten ein offenes, kritisches und freundliches Gespräch.

Oder neulich in Leeste bei Bremen. Die Kulturbeauftragte hatte mich eingeladen, Eva Böller, eine kluge, kompetente Frau. Natürlich hatte sie alle wichtigen Frauen aufgeboten, ob Katholikin, Protestantin, Linke, Grüne, die Kabarettfrauen, Sozialarbeiterinnen, Ärztinnen, Lehrerinnen ect. Ein Mann, und der ließ sich von mir die »Weibergedichte« signieren. Bei der Trennung von seiner Frau mußte er die abgeben, dafür hat er ihr »Einfach Zuneigung« weggenommen. Für solche Fälle habe ich immer einzelne Exemplare dabei. Kriegen sie beide ihrs wieder.

Die nach der Währungsunion aufgekauften Bestände aus der DDR sind weg. Schien eine Last fürs Leben, aber sie haben alle einen guten Platz gefunden.

Ich war beim internationalen Pleinair der Frauen in Gladrow, dort wohnt meine schöne rotzopfige Kristina Kautz, auch dort wäre ich gern länger geblieben, im Forsthaus am Waldrand, aber es geht halt nicht. Immer scheint der Abschied unangebracht, es sind doch die ersten Sätze kaum gesagt. Die Polinnen, Tschechinnen, Skandinavierinnen haben mit aller Inbrunst Papierpampe gemacht, und Kristina war gerade dabei, aus einem Sessel vom Sperrmüll eine nachdenkliche Oma zu gestalten. Und ich mußte weiter.

Krisen hatten wir auch, Irmtraud. Eine wurde durch einen Holzbock ausgelöst, den mein Mann ohne sein Wissen kennengelernt hatte. So entstand ein nach innen gewandertes kartoffelpuffergroßes Erythrem, muskelzersetzend, giftig. Ich war mit drin bei der Ärztin, die er endlich nach einem halben Jahr innerlichen Abfindens mit dem nun ausbrechenden Krebs aufgesucht hat. Wie sie geguckt hat, habe ich das für einen Moment auch geglaubt. Also wieder schwere Antibiotika. Kurz vor dem Urlaub Wasser- und Sonnenverbot und ein bißchen unterschiedliche Gemütslage, geben wir es ruhig zu.

Kannst Du Dir vorstellen, daß ich erst jetzt, vier Jahre danach, das schlechte Gewissen beim Verzehr von Obst verliere? Immer haben wir die Kirschen fürs Kind gelassen, die Erdbeeren, gar jede Kiwi. Langsam gewöhnen wir uns daran, daß Vitamine auch uns zustehen.

Uns reißen sie gerade die Hauswand ab. Totalreko im 25 Stockwerkhaus. Noch stehe ich dem Ansturm von Lärm und Dreck apathisch gegenüber. Meine Ruhe darüber mag nicht echt sein, sie teilt sich aber meinem Mann mit. Ich sage, erstmal sind sie noch gar nicht hier. Zweitens können wir dann endlich die Heizungen zudrehen und unsere Fenster werden schließen. Und drittens hätten sie sich für die Mieterhöhungen sonst was anderes ausgedacht.

Erst mal leben. Ganz empfindliche Stellen unseres Daseins wollen vorsichtig berührt werden. Mein Mann hat in dieser Woche die Ablehnung seines Antrags auf vorzeitige Berentung erhalten.

Bundesrepublik spielen macht aber auch Spaß. Laura erzählt, sie und ein Junge sollen sich in der Klasse einen mündlichen Vortrag teilen. Er kommt zuerst dran und hört einfach nicht wieder auf, gibt ihr keine Chance, einzusteigen. Dafür hat er eine Eins gekriegt. Ich weiß ja nicht. Wenn einer von den Schülern zu Hause ein Buch vergessen hat, ist das ein winziger Vorteil für die anderen. Sie geben ihm das ihre nicht. Haben sie nun etwas Wesentliches vergessen – oder begriffen?

Kirsten hat wohl eine Krise. Es geht ihr zwar gut, sie hat einen Freund, aber zwei der zeitgleich Transplantierten sind tot. Der junge Türke, der ihr ein Freund geworden war, ist schon das zweite Mal transplantiert, und sie hat sich überwunden, seiner Bitte zu folgen und im Krankenhaus Abschied von ihm zu nehmen. Die anderen Patienten sind an den Nebenwirkungen der Medikamente gestorben, die Kirsten ja auch jeden Tag nehmen muß. Wir sind alle überfordert. Sogar die Stelle, wo die Liebe zu meiner Tochter war, ist betäubt. Sie weint am Telefon und redet mit mir oder schreit mich an oder ist eifersüchtig auf Laura, und ich höre zu, bleibe apathisch, weine nicht, es geht mir im Moment nicht einmal nach. Sie ist ein anderer Mensch geworden, und ich bin es auch. Damit müssen wir nun zurechtkommen.

Juli 1994

An die Leserbriefredaktion
Neues Deutschland

Betr.: Idula

Reinhold Andert scheint öfter mal in sich hineinzulächeln und -zulauschen. Dann bringt er allemal gute Mär über sich selber.

Diesmal erfahren wir, daß die Weggefährten versagten, und Andert, der gute Mensch, eilte dem starrsinnigen Greis Honecker in die lobethalsche Verratenheit zur Seite. So einfühlsam, daß der traurige alte Mann nun auch noch von der Reue gepackt wurde, diesen würdigen Nachfolger übersehen zu haben. Er hat ihn zu spät kennengelernt.

Er lernte ihn aber erst kennen, als das lukrative Buch über die feinsinnigen Gespräche der beiden erschien, das H. nicht autorisieren mochte, denn ihm schien wohl, er habe manches nicht oder nicht so gesagt. Aber wat mutt, dat mutt.

Daß Andert aus politischen Gründen verboten gewesen wäre, ist mir neu. Weder Hager noch Ragwitz haben ihn je erwähnt. Ich bezweifle, daß Hager den Andert überhaupt kennt.

Andert ist aus extrem privaten Gründen selber aus der SED ausgetreten, und damals hatte er recht. Er vergißt nur zu erwähnen, daß die Parteileitung des Schriftstellerverbandes es abgelehnt hatte, gegen ihn ein Parteiverfahren zu eröffnen, ein paar ältere Frauen in der Parteikontrollkommission aber ziemlich spitz darauf waren. Mir ist es heute peinlich, wie wir uns Andert aufgedrängelt haben, uns in Anspruch zu nehmen, falls er irgend Hilfe braucht.

Hineinlächeln, Andert. In die eigenen Erfahrungen. Das Leben war ein bißchen anders, als es sich heute so leiderfahren und selbstgerecht erzählt.

1. September 1994

Liebe Hannelore Bernau
Liebe Neue Saalezeitung,

Sahib Schäuble hat langsam von uns die Schnauze voll. Wir waren häßlich, sogenannte Nichtblüher, hatten zu kleine Autos, zu schäbige Wohnungen, Straßen, Reiseziele.

Was hatten wir eigentlich? Nichts, was sich in Zahlen ausdrücken läßt. Uns, unsere Liebe, unser Leben, unsere Freude über den Trabant, einen Telefonanschluß, ein paar Tage an der Ostsee. Und unsere Freude auf die andern bei der Arbeit, den Klatsch, die alltägliche Art, Frau Schulze, ich hab dir Kuchen mitgebracht. Die Fahndung nach Kinderstrumpfhose, Melonen, Apfelsinen, einer Knoblauchzehe, einer Gurke im Frühling.

Wir hatten nicht: Angst, unsere Arbeit zu verlieren, die Wohnung nicht mehr bezahlen zu können, daß unsere Kinder nichts lernen dürfen. Wir hatten keine Angst, abends zu einer Veranstaltung zu gehen und im Dunkeln wieder nach Hause, keine Angst vor der Post im Briefkasten, keine Angst, uns durch Theaterkarte oder Buchkauf ein zu großes Loch ins Budget zu reißen.

Ich verstehe, daß die meisten Leute durch die Situation Ihrer Veranstaltung überfordert waren. Die Disziplinierung funktioniert ja auch.

Das Leben geht jetzt in Zahlenkolonnen langsam Zielen zu, die wir so nicht hatten und ohne die sich der herablassende, ungeduldige und stark frustierte Herr Schäuble das Leben nicht vorstellen kann. Selber himmelhoch finanziell abgesichert, kommen wir für ihn gleich nach Asylbewerbern.

Seien wir dankbar, daß die aufsässigen Weiber nicht auf dem Marktplatz verbrannt werden, daß noch nicht alle arbeitslos sind, die es eigentlich verdient hätten, daß Herr Schäuble es genervt noch mal gut sein läßt.

Unser Volksvermögen ist perdu, die ehedem zusammengeraubten Flächen und Besitztümer finden ihre »rechtmäßigen« Besitzer wieder, und wer sich heute aus sozialer Angst und Demütigung aufhängt oder aus dem Fenster springt – archaische Todesarten bei archaischem Umgang –, der kommt dem ziemlich nahe, was für uns vorgesehen ist. Wir sollen aufgeben, was unser Leben gewesen ist. Es nicht mehr als Wert empfinden.

Mein neues Buch heißt: »Für Frauen ist Krieg im Land«. Herr Schäuble hat einen der Beweise geliefert.

14. September 1994

Lieber Peter Gehrig,

nein, ich war nicht gut in »Talk im Turm«. Ihre Worte sind Balsam auf die verletzte Seele, aber ich weiß es besser. Ein Moment der Unachtsamkeit und des Übermutes genügt, um Fehler zu wiederholen.

Talkshows bin ich aus dem Weg gegangen. Auch dem Turm von Böhme. Dreimal abgelehnt, und die verhaßte Frida Duckmaus in mir kam sich schon wieder überheblich vor. Beim vierten Mal hab ich zugesagt, wenn auch mit Unbehagen. Ein netter junger Redakteur war vorher bei mir, versuchte mir Wichtigkeit und Harmonie zu suggerieren. Aber schon die Maskenbildnerin lehnte mich innerlich ab, mein Buch »Für Frauen ist Krieg im Land« lag auf dem Tisch, sie redete mir das Falsche ein, schminkte mir die Augen weg, das Gesicht breit und machte aus mir einen bleichen Eierkuchen.

Alles war falsch.

Hinter der Bühne waren die Herren Politiker eine übermütige Bubenschar. Zwei hatten den gleichen modischen Matrosenanzug an, und beide übersahen es souverän. Anspielungen flogen hin und her, des Scherzens war kein Ende. Politische Kultur, sieh an.

Mit dem Aufleuchten der Scheinwerfer beendet, nun waren sie erbitterte Gegner, jedenfalls müssen die Zuschauer das glauben. Sie verletzten sich schon mal in der Substanz, beleidigten sich gegenseitig. Bei diesem Spiel konnte ich leider nicht mittun, weil mein Mikroport als einziges abgestellt war. Ich wurde tonlich nur hochgezogen, wenn der Meister eine Frage an mich richtete, war dazu ausersehen, am Schluß noch mal gefragt zu werden, warum die Leute im Osten wählen, was die Leute im Osten wählen. So wurde keine Partei bevorzugt, für den Schluß brauchte es halt einen Papua.

Mit dem Erlöschen der Scheinwerfer waren die Buben wieder gute Freunde und strebten dem Restaurant zu, wo für den Umtrunk alles vorbereitet war. Die mitgebrachte Claque hatte bei jedem funktioniert. Auch bei mir. Mein Mann Wilhelm Ernst Martin hatte sich beinahe mit einem geprügelt, der mehrmals vorschlug, mich an den Haaren über das Parkett zu schleifen. »Werden Sie bezahlt, oder machen Sie das hier aus Vergnügen?« hatte er den gefragt. Haß kam zurück.

Zischeln, Ostsäue, werdet schon noch sehn. Wir hatten aber genug gesehen und wurden mit Unverständnis entlassen, wo wir doch so nett eingeladen waren, und wann hockt man schon mal mit der FAZ, mit Minister und sogar einem Ministerpräsidenten zusammen. Der hat unwahrscheinlich leuchtende blaue Augen. Wie Newman, das muß ich ihm zugestehn. Zu Hause auf dem Anrufbeantworter: »Sowas wie Sie werden wir mit einer Bombe hochgehn lassen.«

Ich war mutig? Das sagen mir die Leute draußen, aber ich finde das nicht. Wie so oft in meinem Leben habe ich die Hälfte runtergeschluckt.

... es gibt zwei Probleme. Erstens hast Du Deinen weißen Regenschirm in meinem Hotelzimmer stehenlassen, Frau Gr. bewahrt ihn für Dich auf. Zweitens hier der Rat, um den ich gebeten bin: Fahr zu Deinem Vater, so bald Du kannst. Wir tragen Versäumtes durch unser Leben, mehr als Ertragenes. Wie immer Du den so lange Totgeglaubten vorfindest, selbst wenn Du nur noch an sein Grab gehen kannst – tu das Deine. Die Erklärungen für all diese sonderbaren Lebenslügen werden sich finden. Er dort im Westen, Du hier. Aber er hat sich auch nicht gemeldet, nie.

Fahr nicht allein. Nimm eine Deiner Töchter mit. Und wenn es irgend geht, wohnt nicht in dem Haus, in dem seine jetzige Familie lebt. Selbst wenn der Kontakt ideal werden sollte, Du weißt, daß Dir Emotionen bevorstehen, die es nötig machen, daß Du Dich manchmal in den sicheren Schutz eines fremden Zimmers und in den vertrauten eines Angehörigen zurückziehen kannst. Guck hin, denk nach, und wenn Du weinen mußt, weil er so ein wunderbarer Kerl ist, den Du gern als Vater erlebt hättest, dann wein halt. Und wenn Du denkst, daß er ein Quatschkopf ist und Du an ihm nicht viel versäumt hast, dann weißt Du auch mehr als jetzt. Ich kenne kein schlimmeres Gefühl als Reue. Lade Dir das nicht auf. Nach einer gelungenen Operation hat er noch ein paar Jahre zu leben, so schnell geht das nicht zu Ende.

Du wirst merken, daß schon mit dem Entschluß, es zu tun, die Unruhe zurückgeht. Deine Familie wird es verstehen. Gut, er hat sich nicht gekümmert. Vielleicht hatte er kein Bedürfnis. Du hast eins.

Meld Dich, eh Du fährst, oder spätestens danach.

11. Oktober 1994

Mein lieber Hartmut von Hentig,

ich habe oft an Sie gedacht und das beiderseitige Schweigen nicht als Abbruch unserer Verbundenheit empfunden.

Die Welt stellt uns jeden Tag vor Entscheidungen, wir geraten unentwegt in Situationen, in denen wir uns verhalten müssen und zu Antworten gezwungen sind. Auch aus Ihren Büchern nehme ich manchen Gedanken, den ich dann benutze. Ihre Erfahrung im langen Berufsleben als Pädagoge, der »Papst unter den Lehrern«, wie man Sie nennt, ist anwendbares Wissen auch für den Alltag.

Mit gerunzelter Stirn lese ich, daß Sie nach Berlin ziehen werden. Schön in die Nähe, aber nur scheinbar. Diese Stadt scheint mir kalt, unfreundlich und charakterlos geworden. Von einer Straßenseite zur anderen ist es schon ein weiter Weg.

Die Stadt tut weh. Ost und West haben jeweils ihr Eigenes verloren und vom anderen nichts angenommen. Nun hat die Stadt gar keinen Küchengeruch und keine Stille mehr, keinen Großstadtstil und kein Flair.

Ich bin hier geboren, meine Heimat war immer der Osten, Scheunenviertel, wo ich zwischen armen Leuten aufgewachsen bin, ob Juden, Zigeuner oder Gesindel unserer Art. Da gab es nur Unten und ein bißchen Oben und viele Dialekte, die sozialen Gewohnheiten in der Ackerstraße waren andere als am Kudamm.

Aber jetzt? Wenn Westberlin vor Weihnachten aussieht wie Las Vegas, zu viel, zu bunt, zu »schön« und in Ostberlin wird als Sparmaßnahme abends nur die Hälfte der Straßenlaternen erleuchtet – was ist das? Welch eine neue Art von strafendem Unten und Oben, welch eine Demütigung.

Wenn ich Wunder suche, gehe ich zu den Frauen. Es liegt auch vorgestriges und gestriges Verhalten darin, wie sie ihre Familie durchbringen, wie sie das anpacken. Über die Weihnachtsbeleuchtung machen die sich sicher weniger Gedanken, fahren eh zum Bahnhof Zoo und früher, also in der DDR, war es auch nicht geschmückter. Naja, außer auf dem Weihnachtsmarkt. Da gab es viel weniger Fahrgeschäfte, und Geschenke auch nicht gar so viele zu kaufen, aber für die Kinder war es ein Paradies, denn die Eltern konnten sowohl die kandierten Äpfel wie auch das Kreislaufen mit den Pferden bezahlen, alles war erlangbar, es war für die Kinder gemacht, und nun ist auch das ein Geschäft geworden.

Die Frauen sind tüchtig. Sie müssen es sein, aber ich bin so vielen begegnet, die sich aufgerappelt haben, als niemand in der Familie mehr einen Arbeitsplatz hatte. Sie versuchen es mit kleinen Pensionen, Hotelchen, Buchladen, manche schaffen es wirklich, und wenn die Familie mitzieht, werden sie auch an den Krediten nicht ersticken. Nur so können Familien jetzt davon abgehalten werden, in alle vier Richtungen auseinanderzulaufen. Das passiert ohnehin viel zu häufig, aber als Sensation in den Abendnachrichten werden wir das vergeblich erwarten. Nicht so wie früher, als jeden Abend die Zahl der Flüchtlinge verkündet wurde.

Von Westdeutschen ist wenig Hilfe zu erwarten. Die werden mit ihrer Verachtung nicht fertig, daß wir nicht so gut dastehen. Wie sie. Und für sie hat sich ja gar nichts geändert. Noch nicht. Aber so kann es eigentlich nicht bleiben. Wenn ich die Politik richtig verstehe, werden die Probleme übergreifen. Das glauben die nicht. Die lächeln und sagen, naja, aber das ist eben euer Problem. Die Hilfsbereitschaft blitzt im Augenwinkel und erlischt gleich wieder. Wo sollte man denn hier anfangen!!!

Sie können sich nicht vorstellen, daß auch wir Normalität gelebt haben, mit unseren Kindern, unserer Liebe, unserem Alltag.

Ist aber nicht schon die Unfähigkeit, sich in unser Leben einfühlen zu wollen, auch ein erschreckender Mangel an Kultur? Wir werden von solchem Verhalten nicht unberührt bleiben. Ich glaube daran, daß durch die neuen Genüsse die Erinnerungen an alte verblassen. Und das ist auch gut so. Eine Herausforderung, die anzunehmen ist. Aber mein Leben lasse ich bestimmt nicht werten von Menschen, die mir alles mit Zahlen beweisen wollen.

Wir müßten wieder einmal miteinander reden, so wie damals, im Sommer 1989 in Bonn, als wir alle aufgeregt waren und nicht wußten, was das Jahr noch bringen würde. Vielleicht hat es Portugalow gewußt, mir vielleicht Andeutungen gemacht in seinen langen Statements, und ich hab sie nicht verstanden.

Oktober 1994

Meine liebe Maria,

wieviel Freude hat es mir gemacht und habe ich der Laura machen können mit den Kinderzeichnungen zum Thema »Der böse Rudi«. Ich hab gewartet, bis ich Laura bei mir hatte, dann bekam sie die Bilder, zu einer schönen Kette aus Rosenquarz, nachträglich zum 19. Geburtstag. In den Zeichnungen der Kinder drückt sich soviel Lust aus, selber mal was anzustellen. Die Fotos von den Kindern haben uns berührt, die Kinder sehen so vertrauensvoll, so gelöst aus.

Ich wollte Dir früher antworten, aber wir waren unterwegs. Wenn ich es überlege, sind die unerfreulichen Zusammenkünfte sehr selten geworden, hier gibt es sie fast nie, eher »drüben«. Das ist eben eine andere Welt. Wenn man von den Linken eingeladen wird, muß man mit schlechter Organisation, auf der Lauer liegenden Fehden, chaotischem Ablauf und generell mit nur sehr geringem Respekt vor Kunst rechnen.

Ich bin inzwischen lustlos, solche Einladungen anzunehmen. Gerade waren wir in einer großen Stadt, in der unser Programm stattfand, nachdem sich die Frauen im dummerweise von mir angeregten Forum vorher dermaßen gestritten haben, daß die einen beleidigt abrückten, andere stumm und erbittert davonschritten und die verbleibenden etwa 12 Frauen hätten lieber über die anderen geredet, als unseren Liedern und Texten zuzuhören. Dafür haben wir ein Klavier hintransportiert und die Treppen hochgeschleppt, sind pro Tour 600 km gefahren, zwei Autos, 5 Leute. Das Honorar werden wir am Sankt Nimmerleinstag zu sehen kriegen, Fahrkosten sowieso nicht, und unsere Übernachtung sowie Verpflegung haben wir auch noch selber bezahlt, weil wir keine Schmalzstullen mochten.

Ich wünschte, die Wahlen wären endlich vorbei. Kulturlosigkeit allenthalben, unerträglich, diese Selbstdarstellung meist unbedeutender Menschen, einer so unglaubwürdig wie der andere.

Rings um uns gehen die Menschen in die Knie. Die Seele ist krank, und der Körper sucht sich ein benennbares Unheil, um sich vom Entsetzen zu befreien. Am ehesten dies haben sie uns angetan, daß sie uns im Sack hatten, sich einen so alten Wunsch erfüllten, und dann mit dem Knüppel ausholten.

Hassen kann ich nicht. Das konnte ich nie. Helfen aber, und zulassen, daß mir geholfen wird.

·

Oktober 1994

Meine liebe Christina,

ich kenne den Artikel nicht, der Dir meinetwegen weh getan hat, und ich werde ihn auch nicht lesen. Ich würde mir die Antwort sparen, aber ich kenne Deine Redlichkeit, versuche Dir also zu antworten.

Vor achtzehn Jahren entstand eine Situation, in der niemand eine Chance hatte, alles richtig zu machen. Da standen sich zwei eigentlich potentiell zusammengehörige Gruppen auf einmal (?) gegnerisch, nicht feindlich, gegenüber. Jede hatte für sich zum Teil recht. Und jede wurde benutzt. Ich war damals voller Zorn und Empörung. Und mit mir waren es Peter Edel, Paul Wiens, viele alte Antifaschisten, gute und kluge Leute. Aber auf der anderen Seite waren auch gute und kluge Leute. Und auf beiden Seiten gab es Idioten. Mir reichte es, daß wir im Schriftstellerverband keine Vorstandssitzung abhalten konnten, ohne daß mein Mann mir beim Abholen sagen konnte, worüber wir geredet haben. Es kam vor Ende unserer Beratung immer über den Rias. Von einigen Kollegen wurde ein häßlicher und unfairer Zeitungskrieg entfacht, in dem immer nur die eine Seite sich äußern konnte. Sie waren wohlversorgt in Westverlagen, hatten ihre Reisepässe, ihre Verträge, und die Rezensenten auf ihrer Seite. Sie wurden, vorher weitgehend unbeachtet, alle als die größten Dichter deutscher Zunge gerühmt. Das macht stark und unabhängig. Mancher oder manche wußten schon, daß sie hier nicht bleiben wollten. Einer hatte mir mit 22 Jahren schon gesagt, mit Vierzig wird er gehen, falls die Mauer dann noch steht.

Nun war Biermann sein Anlaß.

Mit Biermann war ich befreundet. Wir haben uns fast jeden Tag gesehen, als armer Student hatte er bei uns Freitisch.

Ich war von seinen Liedern hingerissen und habe mich – zunächst bedingungslos – für ihn geschlagen, das tut man als Weib ja nie ungestraft, später empörte Männer haben zugesehen und Witze gemacht. Jener mit den Absichten der Ausreise mit Vierzig jedenfalls konnte den Barden Biermann nicht ausstehen und sprach ihm alles ab. Fehlte nicht viel, und sie hätten sich einmal bei mir in der Wohnung geschlagen.

Biermann hat einen Charakter, der von der pathologischen Eitelkeit, dem Wahn eigener Wichtigkeit und unglaublicher Bedenkenlosigkeit gezeichnet ist. Was ihm selber an Einhalt fehlt, verlangt er gleichwohl missionarisch von allen anderen. Ich mag die Geschichten nicht wiederholen, die zum Abbruch der Freundschaft geführt haben, sie hatten nichts mit mir zu tun, aber ich fühlte mich mit anderen stellvertretend verraten. Das war zehn Jahre vor Biermanns Ausbürgerung, dem blödesten, was passieren konnte – für das Land DDR, für viele Künstler, Studenten, Leute mit ohnehin angestauter Unzufriedenheit in der Seele. Nicht für Biermann, der wußte, daß er nun geht und wohin er geht und daß dort sein Geld ist, und er hat ja auch am Tag davor von seiner Ziehschwester Margot ausreichend Abschied genommen. Ich wollte Biermann nicht wiederhaben, und trotzdem haben wir in einem Brief an den Minister für Kultur gegen die Ausbürgerung, als kraß abzulehnendes Mittel, in Deutschland wahrlich nicht machbar, protestiert. Seither mischen sich Lügen und Wahrheiten. Einige von uns wollten nicht mehr mit denen in einem Vorstand arbeiten, die unentwegt gegen das Statut verstießen, das auch ich unterschrieben habe, ohne es zu lesen. Es war falsch in all seinen Bestandteilen, sowohl, was die führende Rolle der Partei als auch, was die Bedingungen für die Entstehung von Kunst unter Führung der Partei angeht.

Man hätte es ja nicht unterschreiben müssen. Hacks hat in der DDR als Schriftsteller berühmt gelebt, obwohl er nach dem Rausschmiß von Heiner Müller wegen vorgeschobener Gründe und nicht wegen der »Umsiedlerin« ankündigte, den Verband nie mehr aufzusuchen, und er hat sich daran gehalten, wofür ihm Müller später keinen Dank wußte. Da lange darum gestritten wurde, wer von beiden künftig als Klassiker angesehen würde, hat sich Müller für Müller entschieden und war es zufrieden, daß Hacks raus war.

Es war widerlich, die Ansichten über die Debatten in der DDR nur in den westlichen Gazetten zu lesen. Man könnte sagen, dafür konnten die Autoren nicht, wenn sich ihnen die DDR-Zeitungen nicht öffneten. Aber warum haben es die westlichen Zeitungen getan? Auf einmal so brennend interessiert an der Freiheit der Kunst? Das war doch wohl zu naiv gesehen – und glaube mir, mancher hat es so einfach gesehen. Beide Seiten waren schwer bewaffnet. Die einen mit der Weltpresse und dem Geld hinter sich, die anderen mit diesem falschen Partei- und Verbandsstatut, mit falscher Disziplin, Beharrenwollen und der Sehnsucht, daß wieder Frieden reinkommt. Da sie an die anderen nicht rankam, hat die Partei uns benutzt. Sie hat uns die heiße Kartoffel der Auseinandersetzung in die Hand gedrückt, sich selber feige geduckt, trotz öffentlicher Anwesenheit – und uns später gerügt für die Ergebnisse.

Uns stand keine Zeitung zur Verfügung, in der sich kluge und besonnene Leute mit Für und Wider äußern konnten. So blieben nur ein paar unsägliche Marginalien in der Chronik, denen man freilich aus westlichen Blättern tödliche Beleidigungen an die Seite stellen könnte, hätte können, wenn uns die Zeitungen erreichbar gewesen wären. Hat nicht Biermann den Hermlin, der die ganze Aufrührung organisiert hatte, im »stern« zum Dank dafür ein dreimal um die Ecke geficktes stalinistisches Magengeschwür genannt? Hat er.

Damals habe ich, auch durch eigenes unsicheres Verhalten, durch Schwanken, Freunde verloren, vielleicht paßt der Ausdruck nicht ganz, frühe Weggefährten, deren Verlust ich nie ganz verwunden habe.

Es gibt da ein immer stichelndes Schuldgefühl in mir, aber von anderer Ursache, als ich sie in manchen Erinnerungen lese. Die waren da nur einsteckende Opfer, während ich sie als austeilende Kämpfer in Erinnerung habe. Ich habe nicht genügend durchschaut oder glauben wollen, welche Dimensionen da zur Debatte standen. Aber nun hat der Sieger die Möglichkeit, aus den damals zum Teil unüberschaubaren

Kämpfen nachträglich einen Sieg des Guten zu machen. Nun werden die einen von Gauck bezahlt, um sich – auch für ausgebliebene eigene Werke – reich entschädigen zu lassen, andere übernehmen sich mit der Übernahme von Funktionen, zu denen sie anderen Charakter und andere Geistesstärke brauchten.

Manche haben sich damals rausgehalten. Hatten eine Autopanne und teilten dem Verband am nächsten Tag ihre Zustimmung mit, so blieb es diskret. Es läßt sich heute kaum noch sagen, wer da mutig und redlich war und wer die richtige Seite der Barrikade wählte, weil sie bereits als das Siegerpodest zu erkennen war.

Aber fast jeder Ausgereiste nennt sich heute Ausgebürgerter. Die damals für Menschenrechte eingetreten sein mögen, sehen den Kampf wohl heute ausgestanden. Ich hör nicht, daß sie das Damalige als Etappe sehen und sich nun wieder für ihre Ideale einsetzen.

Damals fühlte ich mich von der Partei benutzt und von den anderen ausgetrickst. Es gab keine Seite mehr, auf die ich gehören wollte.

Es blieben Fragen. Warum hat Biermann über jeden Verdauungsvorgang gesungen, aber nie etwas darüber gesagt, daß er mit Margot Honecker zusammen bei seiner Mutter aufgewachsen ist? Daß sie es war, die ihren »Bruder« in die DDR holte. Er brauchte nie einen Passierschein in ihrem Ministerium, auch das haben wir nicht gewußt. Der Bezirkschef der Partei in Berlin hat einmal zu mir gesagt: »Zwei Dinge würde die DDR nicht überleben. Die Hundesteuer erhöhen oder Biermann einsperren.« Er meinte damit, daß der entfernteste Genosse am heftigsten um Biermanns Freilassung kämpfen würde, ein Kampf wie um Angela Davis, sagte er.

Geschichte? Nicht erwähnenswert? Warum sind bei den Aktionen 1968 immer die jungen Plakatkleber verhaftet worden, Bettina Wegener, Sandra Weigel, Thomas Brasch, die Havemann-Söhne, niemals Biermann?

Selbst wenn sie idiotisch waren, es waren doch Gesetze, gegen die Biermann ständig verstieß. Mit großem Vergnügen, und wie wir heute wissen, ganz ohne Risiko. Wie sonst hätte er in seiner Wohnung Platten produzieren können und Veröffentlicher aus der ganzen Welt empfangen? Nicht nur für seine Lieder, die ganze DDR-Opposition konnte sich dort ausstatten. Hätte das nicht leicht abgestellt werden können? Wurde aber nicht. Habe ich damals einen Satz gesagt, den ich heute nicht mehr sagen würde? Bestimmt. Ich hoffe nur, daß ich niemandem so auf das Herz getreten bin, wie es mir widerfahren ist.

Herbst 1994

Lieber Günther Z.,

eine sonderbare Zeit. Einen Tag Herbst wie Winter, dann Herbst wie Spätsommer.

Selbst in meinem Alter lassen sich die Gedanken auf einmal schwer ordnen. Und auch ich habe zu vielen Dingen eine in sich widersprüchliche Meinung.

Über die Wahlen habe ich mich gefreut. Daß doch so viele Menschen wählen gegangen sind und die Politiker gezwungen werden, sich mit uns zu beschäftigen. Die Attitüde vom Anfang, die bloße Herablassung und Einschüchterung, die wird nicht lange funktionieren. Da können sie uns undankbar, uneinsichtig, bockbeinig, betonköpfig nennen, es geht nicht, daß wir ein weiteres Mal vor der angeblichen Geschichte kuschen. Das reicht mir. Solange ich lebe, ist mir die nächste Zukunft immer als besonders schwierig und Entbehrungen fordernd geschildert worden: Wir sind jetzt arbeitslos, da können wir uns kein Obst leisten, jetzt kommt Krieg, jetzt ist Nachkrieg, erst einmal aufbauen, wir müssen uns autark machen, unabhängig werden von den Rohstoffen, wir müssen der Sowjetunion helfen, wir dürfen von den Gegnern nichts annehmen.

Und nun noch einmal? Aufschwung Ost, das soll heißen, daß wir unseren von Steuergeldern gebauten Plattenbau noch einmal bezahlen müssen? Daß ich mich schämen muß, gearbeitet zu haben? Sie sind ja alle während der letzten Phase des Wahlkampfes so schmerzend ehrlich geworden. Wir interessieren sie wie eine Kies- oder Goldgrube, deren Ausbeutung verdammt viel Geld kostet. Der ganze Transport, die Löhne, naja, wie eben bei Diamanten auch. Da werden die Sorgen, die ein jedes unter uns hat, auf einmal auch umgewertet.

Dieser verdammte Parkinson, mit dem Du Dich abfinden mußt.

Das ist der Fluch. Es gibt Krankheiten, mit denen kann man sich einrichten. Die Schmerzen, Beschwerden und Einschränkungen sind nicht zu umgehen, aber manchem Menschen gelingt es, damit zu leben. Bei Parkinson ist es der prozeßhafte Verlauf, der das Leben unübersichtlich macht.

Zwar, die Hepburn hat trotzdem Hauptrollen gespielt, und es gibt ohnehin nicht den »typischen Fall«, aber woher soll ein betroffener Mensch denn wissen, ob er zu den glücklich oder unglücklich Typischen gehört?

Nur nicht Einsamkeit, nur nicht allein bleiben, schon Aussprechen erleichtert mehr als das Grübeln.

Du kämpfst, aber sicher nicht immer. Du hast den ganzen Überblick, aber doch auch nur, soweit man ihn haben kann. Schon morgen kann es ein Wundermittel geben, aber das sagen wir bei allen unbeherrschbaren Krankheiten.

Im Moment bin ich traurig. Bei einem Buchbasar begegnete mir eine anziehende junge Frau. Sie sagte: Ich habe Krebs. Seit drei Jahren.

Ich habe ihre Hand genommen und ihr meine Adresse gegeben. Wir schreiben uns und telefonieren. Jetzt haben sie ihr, nach Amputation beider Brüste, Dauerkatheter in die Schulter plantiert, nekroses Gewebe aus der Armbeuge geschnitten – zuviel. Mich hat der Mut verlassen, und ich fühlte mich entsetzlich unterlegen. Ich weiß nicht, was ich sagen soll.

Sie weiß, daß es zu Ende geht. Sie geben ihr weiterhin Chemotherapien. Der Ehemann, den sie nach der ersten Operation verlassen hat, kümmert sich, und da ist der kleine Sohn. Wie kann ich ihr helfen? Wem überhaupt noch?

11. November 1994

Lieber Wessi Wilhelm Fink,

Ihr Brief hat mich in mehrfachem Sinn erreicht. Ich danke Ihnen für ein Geschenk. Ich hatte das abgedruckte »Gespräch« nicht mehr, und beim neuerlichen Lesen fand ich es aufhebenswert.

Ich nehme Ihre Worte als Anfrage. Zwischen Sarah Kirsch und mir gibt es wohl doch einen großen Unterschied. Sie ist eine große Dichterin, ich verehre sie, leider nur als solche. Im Dichten ist sie eine Große, menschlich finde ich sie eher klein und mickrig. Von Politik hat sie nach meinem Eindruck nie etwas verstanden, sich aber immer so gebärdet. Das tut sie ja nun nicht mehr.

Sie hat nicht einmal der sterbenden Irmtraud Morgner verziehen, daß die im Fall Biermann anderer Meinung war. Obwohl beide vom selben Mann ein Kind haben, also Halbgeschwister. Das ist nicht meine Welt. Und muß es ja auch nicht mehr sein.

Die Leute hier setzen ihre Bücherreihe von mir fort, das reicht mir. Drüben bin ich wie viele meiner Kollegen nahezu unbekannt. Leben hier noch 16 Millionen? Mit vielen teile ich Erinnerung, Unbehagen, Geschichte und einen oder mehrere Kulturschocks. Die Leute haben auch mit meinen Liedern gelebt, und es wird von mir abhängen, ob sie sich dafür schämen.

Ich wäre hier nie weggegangen. Und wollte nichts so lassen, wie es war. Das ist aber eine ganz andere Geschichte. Ich hielt es nicht für überzeugend, die eigene Arbeit fragwürdig zu machen, indem man ohne äußerste Not Menschen verläßt, denen man vorher verläßlich scheinen wollte.

Streit gab es immer, der lief bei mir nur nicht über die Westmedien. Vielleicht war das in seiner Konsequenz falsch – aber was habe ich versäumt? Mein Leben war reich, wir haben materiell überlebt, und zu Reichtum hätten wir es vorher auch nicht gebracht.

Eine Unruhe läuft um die Welt, die hat mit unser aller Überleben zu tun. Und was geschieht? Die Antworter vom Dienst machen sich mit ihren Privatquerelen in den Medien breit, reden um neuntrangige Themen wie um Prioritäten. Da wird tief gedacht? Nein, nur hoch gestapelt.

Hier ist es sehr interessant, Herr Fink. Wer sich je zum Raubritter oder Strauchdieb mausern wollte, er kann es jetzt, hier im Osten. Jeder Lump ist hier auf Trebe. Soviel Betrug und Beschiß hatte das Volk lange nicht.

Aber ich denke, die Wahlen werden uns bestätigen, daß die Leute mehr Ängste vor neuen als vor ihren alten Beschwerden haben.

Schreiben im Osten, das ist jetzt ein Versuch, die Leute bei ihrer Fähigkeit zur Selbsthilfe zu packen. Ich bringe sie mit »Ehedialogen« zum Lachen. Die Leute müssen lachen und weinen, damit die Kruste nicht gar zu dick wird. Auch bei mir nicht.

15. November 1994

Meine liebe Hannelore,

noch immer bin ich davon überzeugt, Dir den richtigen Rat gegeben zu haben. Aber der nächste Rippenstoß folgt sogleich. Ich freue mich über Deine

Freude – und vorerst ist alles gut gegangen. Du hast Deinen leiblichen Erzeuger zum ersten Mal in Deinem Leben gesehen, er ist sicher gerade wegen seiner schweren Krankheit auch weichgestimmt, und ein so großes Erlebnis wie die erste Begegnung mit der eigenen Tochter ist aufwühlend. Aber Du hattest einen verständnisvollen und liebevollen Stiefvater. Den mußt Du Dir jetzt nicht kleiner machen. Er ist nicht nur der Stiefvater, er war nicht nur da, als er gebraucht wurde, und der andere war weit weg, in einem anderen Land, doch doch.

Magst Du Deinem Vater ähnlich sein, euer Leben war es nicht. Er hat eine Familie, Du hast eine Familie. Mich stört, daß Du schreibst, Du willst eigene Pläne aufgeben und »alles dem Zusammensein mit ihm« unterordnen.

Da organisierst Du Dir Enttäuschungen. Am liebsten möchte ich Dich in den Arm nehmen und sagen: Und nun geh zwei Schritte zurück, laß Dich nicht vereinnahmen, tu niemandem weh, der enger in Dein Leben gehört.

Du sollst Deinen Gefühlen folgen, aber hüte Dich, daraus die falschen Schlußfolgerungen zu ziehen. Du schreibst, daß Du genau weißt, ihr wärt eine glückliche Familie gewesen, ohne die Weltgeschichte, die da hineingespielt hat. Das kannst Du nicht wissen. Du kannst es träumen und Dir ausmalen, aber wissen kannst Du es nicht. Und Du weißt auch nicht so genau, was seine jetzige Familie über die zum Lebensende des Vaters so plötzlich auftauchende Tochter denkt. Zuerst ist alles schön, alle sind gerührt. Aber ob er alles genauso sieht wie Du, das kannst Du auch nicht wissen. Wenn es ans Erben geht, sieh zu, daß Du nicht Dein blaues Wunder erlebst.

Hannelore, die Freude, die so unerwartete und sicher große, kann das Leben Deines Vaters verlängern. Das ist in solchen Fällen möglich.

Aber ich möchte nicht, daß Du zu viel tust, was Du später als schweren Verlust beweinen mußt. Gestatte Dir doch statt eines unkritischen ein sachliches Blicken auf ihn. Er denkt anders. Wie sieht das aus? Ist es nur harmlos? Kann es sein, daß er von Dir hören möchte, Du habest nur gelitten oder wärest gern »nach drüben« geflitzt, wenn Du nur gekonnt hättest?

Ich gönn Dir das Glücksgefühl, den Ausgleich eines Verlustes, den Du ja empfunden haben mußt. Aber Du bist so ein herzensreiner argloser Mensch. Du traust dem, was Dir gesagt wird. Es muß sich bei dieser unvermuteten Zusammenführung von Familien aber doch um sehr unterschiedliche Gefühlslagen handeln. Noch bist Du von keiner Seite mit Eifersucht konfrontiert. Auch das kann aber geschehen und muß von Dir verstanden werden. Überleg Dir noch mal, ob Du wirklich einen eigenen Lebensplan drangeben willst. Geht nicht beides?

Ein bißchen Sorge habe ich neben der Freude, die ich mit Dir teile.

Dezember 1994

Meine liebe Inge,

schon wieder ein Jahresendgruß in Deine Zelle. Ich denke nach, ob es ein helles oder dunkles Jahr war. Da es nun ruhiger wird und ich mich den liegengelassenen Dingen zuwenden kann, wird der Kopf störrisch und will endlich weiterdenken. Aber ich renne zwischen Bügelbrett, Telefon, Fax und Schreibmaschine aufgescheucht hin und her, als ließe sich alles an einem Tag ordnen. Dabei reicht an keiner Stelle die Zeit.

Anbei mein neues Buch, sie werden es Dir hoffentlich geben. Da weißt Du, was ich zusammengedacht habe. So viele Veranstaltungen in diesem Jahr, manchmal nur für sechs Kuchenbackerinnen, geruhsame, die ihren Kaffee schlürfen und sich über die »Begegnung«

freuen, manche sind mit ihrer Rente zufrieden, denen ist es, sagen sie, »noch nie so gut gegangen«. Sie kommen mal eben über den Platz, aber ich fahre in gänzlich anderer Erwartung viele Stunden auf unerträglich überfüllten Autobahnen. Dagegen stehen Sternstunden. In Bibliotheken, Theaterchen, Vereinsräumen, Gymnasien, Schloßsälen, bei freundlichen Wirten im Hinterzimmer. Wenn ich sie aufbringe, kommt Ruhe hinein. Wenn ich die Kraft habe, kann ich sie abgeben. Und die Freude auch. Ich spür, daß sie wächst und fühle mich trotzdem ungewohnt gezeichnet, vom Schlafdefizit, von gelegentlicher Entmutigung. Zu viele schlechte Nachrichten über mißlungene Versuche, wieder auf die Beine zu kommen. In den Schulen begegnet mir die Hilflosigkeit von Lehrern, die sich gegen die wachsende Gewalt der Schüler untereinander nicht durchsetzen können, sich auch von unwilligen rauchenden Kindern verarscht sehen.

Langsam anwachsend stehen die Bücher von Ostautoren, auch die meinen, wieder in den Regalen. Nicht so wie Pilcher oder King und Reisebildchen sowie Lebensrezepte, aber die Talsohle ist da wohl erreicht. Solange die Menschen nicht wieder zu sich kommen, werden sie auch unter uns keine neue Auswahl treffen, sie werden uns nicht brauchen, noch nicht, vielleicht, das sind so Hoffnungen.

Ich denke an Dich und wünsche Dir so sehr, daß die mildere Variante des Urteils ausgesprochen wird. Es macht doch für die Einsicht, daß es der falsche Weg war, eh keinen Unterschied mehr. Die Schlacht um die zukünftige Erdenwelt ist in vollem Gange. Entsetzt sehen wir die Bilder und behaupten, nicht fassen zu können, was da in Tschetschenien geschieht, in Bosnien, Afrika – der Gedanke an den Nationalstaat scheint, seine Schatten scheinen vergessen. Es brauchte seit jeher den gedachten, kriegerisch zu unterwerfenden Feind, um die eigenen Schwächen mit ihm zu erklären. Sieg und Niederlage um Macht und Geld, nein, um Geld und Macht, wann schon um Ideale.

Derzeit wird hier viel über eine Generalamnestie geredet. Eine Anruferin vom Fernsehen wollte mich für einen »Einspruch«, eine der dümmsten Brülltalk-Sendungen. »Sie sind doch bestimmt für die Generalamnestie und würden sich dafür einsetzen.«

Ich sagte, nein, so einfach sei das nicht. Generalamnestie bedeute in vielen Fällen gefühlige Verzeihung ohne vorherige Klärung der Schuldfrage. Da bleiben die Unterstellungen wie die unklaren Sachverhalte stehen. Ich habe dann auch als einzelne nicht mehr das Recht, mich zu wehren, weil keine strafrechtliche Verfolgung zu befürchten ist.

Natürlich gehe ich nicht in die Sendung, mir hängt so etwas zum Hals heraus, wenngleich es sehr populär macht. Mir kommt es aber so vor, als ob mein Mann sagt: Ich verzeihe dir anläßlich dieses Tages, daß du mich betrogen, hintergangen und verraten hast. – Hab ich nicht. – Gut, ich verzeihe dir trotzdem.

Es wird Weihnachten, Liebe. Das bedeutet ein paar Tage ruhigerer Gangart. Für einen Anlauf, ohne den die Ruhe nicht zu ertragen wäre. Meine Tochter lebt. Sie lebt, mehr kann niemand voraussagen.

Und Du? Hältst Du durch? Tust Du alles, was Du dort für Dich tun kannst und trotz alledem? Hältst Du Dich gesund? Hier brechen jetzt viele Krankheiten aus, die kommen durch Kränkung. Wir sehen es, verstehen es und können wenig dagegen tun.

Dezember 1994

Birgit,

vielleicht hätte sich Deine Liebe zu Kindern mit einem oder zwei eigenen gut ausleben lassen. Nun bist Du Kindergärtnerin geworden und hältst die laute Seite der vielen Kleinen schlecht aus ...

Ach Rapunzel, am schönen Haar klettert so manch einer nach oben, dem dann schwindlig wird, wenn er bemerkt, da hängt ja eine ganze schwierige Frau dran. Wir lieben, aber wir können nicht in jedem Moment einen anderen Menschen mehr lieben als uns selber, uns also ständig zurückstellen, verleugnen, Zeit und Kraft opfern für die xte Wiederholung ohne Neuigkeit. Natürlich, der liebe Gott sieht alles. Und der Mann wartet nur darauf, uns als Frau im Jenseits für unsere Hingabe im Diesseits zu entlohnen.

Tu doch mal, was DU willst.

4. Januar 1995

Liebe Felicitas Knöfel,

gestern habe ich die Sendung gesehen, die Sie mit Jürgen Walter vor dem lodernden Kaminfeuerchen gemacht haben. Für mich war es sehr eigenartig. Vieles weiß ich auch so, manches anders, anderes könnte ich aus meiner Sicht ergänzen. Die Geschichte unseres einzigen Krachs in dreißig Jahren hört sich nun immer seltsamer an. Aber weh hat sie getan, und als der Unwille weg war, blieb Schmerz. Der hat zu neuen Liedern geführt. Wehgetan hats gestern auch noch mal. Auch das Schöne. Die sehr liebevoll ausgesuchten Momentaufnahmen, und dieses immer Atemberaubende an Talent, der hats, und wie schön der ist. – Das war damals der erste Eindruck, das nie ganz Verwischte.

Sie haben das Gespräch sehr angenehm gemacht. Ihre taktvollen Fragen waren kundig gestellt und gaben dem Künstler gegen heutige Üblichkeit eine Chance zum Antworten. Sie sahen auch schön aus, und ein bißchen warmer Mantel der Sympathie umgab Sie beide. Ich möchte Ihnen danken, daß Sie der Liebe von damals nichts getan haben, denn sie hat sich wie alle Liebe im Wandel erhalten, sie hat sich verändert und ist aus unserem Leben nicht wegzudenken. Wir haben uns auf besondere Weise ein zusätzliches Leben geschenkt, eine Über-Zeugung. Ich hab ihn gehalten, daß er sich finden konnte, und er hat mich herausgefordert, aus all der Verwirrung Lieder gedeihen zu lassen und daß keine unerträgliche Niederlage draus wird. Ich konnte ihn nicht behalten, aber halten schon.

Ihnen, Liebe, wünsche ich von ganzem Herzen, daß Sie in solcher Arbeit bleiben können, weil Sie Geschmack und Kultur ausstrahlen, und eine schöne Ruhe. Sicher über Unruhe erarbeitet. Aber wo es soviele Blödmänner und kalte Promifrauen gibt, eine schöne kleine Enklave ...

16. Januar 1995

Monika,

das sind Handschriften, die müssen zu Ihnen zurück. Ich verstehe Ihre Gefühle. Die sind groß, Sie sind unausgelebt, und nun mischt sich Erfahrung mit der Hoffnung, alles könnte noch einmal gut werden durch ein übermächtiges Gefühl. Aber schon mischt sich der Kleinmut ein: Ich werde nicht geliebt wie ich liebe, nicht so begehrt. Ich bin ihm nicht lebenswichtig. Ja, wenn ich unauffälliger wäre, wenn ich eine leise abstellbare unauffällige Liebe hätte, da ließe ich mich gut in sein Leben einpassen.

Ihre Gedichte sind Selbstgespräch, Abbau von Überdruck, notiert, nicht gedichtet. Es gibt auch Ausweichen vor Diagnosen, die sich aufdrängen, aber noch nicht ertragen werden. Ansätze, immer wenn es lakonisch wird: »Sie legten nicht einmal die Spielkarten aus der Hand.« Als Sie endlich nach Hause kamen. Aber wie war der Abschied, wie die Erwartung auf Sie?

Die Wut will heraus, und sie ist immer gerecht, so ungerecht übertrieben sie auch sprudelt.

Abarbeiten. Die Seele von Nurgefühlen entlasten. Aber das schaffen Sie mit Ihrer Lyrik nicht.

Gedichte können auch einklemmen, solange die Steine nicht fortgeräumt sind, die auf der Sprache liegen. Durch Arbeit kommt das Bild auf einmal von selbst daher, ganz leicht, es stellt sich ein, wenn es genau sagt, was es sagen soll.

Ihre Arbeit ist ein Anfang. Aber das Fischlein schwimmt im engen Becken und sucht nach seinem Strom. Und die Liebe, Schwester, kann zum Schreiben gar nicht weh genug tun.

18. Januar 1995

Sehr geehrter Star Herr Walteroderwie,

ich bin schon lange Ihr Fan. Aber gestern hatten Sie mich angerufen und wollten, daß wir heute ein Haus von Ihnen angucken oder wie. So ein modernes teures Scheißmodell Musterhaus, aber dann habe ich Columbo gesehen, und kein Anruf. Nun weiß ich nicht, ob ich den Staubsauger anschmeißen soll oder mir Farbe auf den Kopf kippen, was sehr nötig wäre. Mein erstes graues Haar in Deiner Hand, das wäre doch auch ein schöner neuer Text, soll ich daran weiterarbeiten? Vielleicht sind Sie noch in einer Orgie, und da darf man die Künstler nicht stören, sonst werden sie so blaß wie Jacko – und was ist nun mit Claudia? Und David?

Ich hab also weiß Gott genug zu tun und muß nicht darauf warten, bis ein Star aus der Hüfte kommt.

Aber wie immer getreulich verbunden und ich würde mir für Sie ein Bein rausreißen lassen, nicht wie andere, die jetzt auf andere stehn.

Aber was sollten Sie mit meinem Bein, wo Sie an Ihrem nun schon so ein teures Haus dranhängen haben. Oder wie.

Was kann ich in all dem Geschiebe bewirken? Erfahrungen zur Verfügung stellen und ansprechbar sein. Jammerlappigkeit ablehnen und Vorschläge machen oder mittragen.

Die Frauen haben vielerorts durchaus das Bedürfnis, sich zu verbünden. Das hat nichts mit neuer Vereinsmeierei zu tun, die gibt es natürlich auch. Aber sie wollen nicht allein bleiben und suchen Ansprache. Was gelebt wird, ist meist anders als die Weissagung – ach, und sogar anders als die Analyse. Die ist nie so feinmaschig wie das Leben. Ich kann mich auch hinstellen und meine Forderungen an die Welt verkünden. Das wird die nicht sehr interessieren. Ich kann aber auch daran denken, daß ich als Präsidentin des Komitees für Unterhaltungskunst diese Erfahrung der Nichtwirkung schon gemacht habe. Ich bin mit Illusionen angetreten, habe Null bewirkt und war nichts als ein Alibi. Schade um meine kostbare Zeit, über die auch Blödmänner verfügt haben.

Ich habe Hoffnung, das jetzt besser zu durchschauen und ein bißchen härter beim Ablehnen bin ich auch geworden. Nicht hart genug. Weiß ich. Und ändere es nicht.

2. Februar 1995

Meine liebe Inge,

wir haben eben Deinen Brief bekommen, und er hat mich froh gemacht. Vordergründig besteht dazu vielleicht nicht Anlaß genug. Aber der Ton, der herüberkommt, hat sich verändert. Ich spüre, daß Du trotz Haft wieder zu Dir selber gekommen bist. Wo Du abschirmst oder genauer hinguckst, da hast Du auch Grund, und ich teile Deine Ansicht.

Das Geeiere der PDS war unwürdig, die Absichten

des »Ankommens« kaum überdeckt. Wenn ich auch verstehe, daß es schwer ist, sich so dicke in die Kreide zu stellen, erhebt sich trotzdem die Frage, warum diese Partei hinwill, wohin sich eine andere bereits bewegt hat. Sie sagen, sie wollen keine Teilhabe an der Macht, jedenfalls vorher nicht, aber das klingt, als ob ich Rothschild ein Diadem ablehne, das er mir nicht angeboten hat. Sie können nicht leben mit einer 25jährigen klugen Sarah, die doch nur einerseits überspitzt, andererseits aber eben unbequeme Wahrheiten sagt? Dann werden sie mit sich selber leben müssen. Ich finde es unglaublich, Hoffnung auszudrücken, daß »ihr die Partei hoffentlich bald verleidet sein wird«. Und ich akzeptiere auch nicht, daß Gysi ihr vorwirft, sie habe sich von den Medien vereinnahmen lassen. Das eben hat sie nicht getan, sondern da wie dort ihre Ansichten geäußert, kompromißlos, das steht ihrer Jugend zu. Zum Differenzieren hat sie noch lange Zeit. Der Streit um sie war das Dümmste, was den Männern gerade jetzt einfallen konnte.

Ich jedenfalls bin froh, daß ich altersweise genug war, die Kandidatur für den Bundestag abzulehnen. Weil mir meine Ehe wichtiger ist, als Staub zu kneten. Zweitens, weil ich dann aufhören müßte, zu schreiben. Beides gleichzeitig geht nicht. Und ich bin sicher, daß ich dort seelisch krepieren würde.

Es gibt noch einen anderen Grund, und da komme ich zu einer bedenkenswerten Stelle Deines Briefes, Deiner Frage.

Wir leben in unstabiler Balance. Auf der einen Seite habe ich nie vorher so viel gearbeitet und glaube manchmal, daß sich unter der Betriebsamkeit auch geistiger Stillstand entwickeln könnte. Es ist nicht gut, immer zu antworten und seltener zu fragen. Andererseits habe ich mich verändert und meine Art zu schreiben ergibt auch einen anderen Stil, den ich nicht wissentlich gesucht habe. Wie die meisten Frauen habe auch ich viel Zeit an Aufgehaltensein wenden müssen. Es ließ sich gar nicht vermeiden. Auch wenn es ganz friedlich zugeht, scheinbar ganz gerecht, ist die weibliche Nötigkeit zum Überlebenskampf unabwendbar. Es sind zu viele Halteseile, aus denen sich Fallen basteln lassen, immer auch mit den eigenen Händen und vor den eigenen Füßen. Unsere schönen Eigenschaften wenden sich gegen uns, und da wir sie in der Tiefe unserer Seele ja doch immer für Stärken halten, statt ihnen als Schwächen zu begegnen, geben wir eine Leistung vor, hinter die wir dann vor uns selber und vor den anderen nicht zurückwollen, oder nicht zurückkönnen.

Natürlich kommt einiges auch durch veränderte Denkweise anders in die Sprache.

Ich kanns noch nicht genau definieren. Daß sich die Sprache verändert wie alles Lebendige, dagegen kann ich als Autorin ohnehin nichts tun. Aber ich versuche, die Richtung zu erkennen. Es funktioniert, auch im halb Unbewußten, im Wiederaufnehmen und Weglassen. O Freude, daß Dein Buch geschrieben wird und Dich fesselt, sinnvoll genutzte Zeit. Weihnachten auf Freigang, das wünsche ich Dir sehr.

Sei vorsichtig bei diesem berühmten Verlag. Sie haben mehr zu bieten, auch an Vertrieb, aber ein Band Gedichte von mir ist dort erschienen mit mehr peinlichen, sinnentstellenden Druckfehlern, als je in einem Buch von mir.

Ich schicke Dir das Buch neu, bin froh, daß Du die Ablehnung der Entgegennahme überhaupt erfahren hast, ich wußte nicht, daß es eingeschweißt sein muß. Pardon!

Inge, sie werden Dich mit Einladungen für Talkshows überschütten. Vorsicht! Ich geh in keine mehr, keine. Frau Rosh hatte mich eingeladen, einladen lassen, mit unehrlichen Angaben. Das hatte ich vermutet und mir ausbedungen, zwei Tage vorher die Namen der tatsächlich Teilnehmenden und den endgültigen Titel zu erfahren. Nur so habe ich absagen können, sonst wäre ich neben Kristina Söderbaum die zweite Blöde gewesen und der Titel lautete: »Wes Brot ich eß.« Was bei Böhme wie eine faire Chance aussah, war keine. Mein Mikro war zu, nur meins, Gerhard Schröder, Wißmann und Rexrodt konnten jederzeit hörbar ihre Meinung kundtun.

Das einzig Gute an meiner Teilnahme war, daß ich mich für einen Moment vom Videoband gesehen habe und beschloß, mein Leben zu verändern. Lach nicht, ich haßte mich und hatte Grund dazu.

Mein Buch »Die blödesten Augenblicke meines Lebens« gedeiht.

P. S. 1 Jetzt fällt es mir wieder ein, der vorgebliche Titel bei Frau Rosh lautete zunächst: »Die Verantwortung des Künstlers.«

P. S. 2 Wenn Du mir ein paar Seiten schickst, kopiere ich sofort und schicke zurück. Würde mich freuen. Bin neugierig.

4. Februar 1995

Liebe Marion, liebe unbescheuerte Person!

Ich kenne, daß man Trauer empfindet, obwohl man nicht zurückmöchte. Wenn zwei solange zusammenleben und soviel Gelebtes sie zusammenhält, sind es nicht nur die Kinder, auch die Erinnerungen vermischen sich, bis in die Chemie hinein.

Es gibt Phantomschmerzen, qualvolle Träume, in denen Sehnsucht nach dem Partner erwacht, wie sie schon jahrelang nicht mehr empfunden wurde. Schuldgefühle melden sich. Das Gedächtnis dreht die Uhr zurück, viele Ereignisse wollen neu gewertet und anders gesehen werden.

Die Furcht, nun vielleicht doch die einzige Chance auf Glück selber verspielt zu haben, schafft den Boden für ein Gefühl der Unterlegenheit. Ich habe nicht genügt. Ich werde nicht genügen. Ich habe gegen die Kinder gehandelt.

Das gibt sich. Nach einiger Zeit kommen die Erleichterungen. Nicht mehr neben diesem gleichgültig gewordenen Menschen einschlafen müssen, nicht mehr streiten, nicht mehr abblocken oder aus der Haut fahren. Das heißt: Ich habe mich zurück.

Für diesen Bereich würden Sie nicht besonders viel Trost brauchen. Da genügt eine neue Liebe, gescheiter begonnen, nicht unbedingt auch so geführt, denn gar so viel lernen wir Menschen nicht aus unseren Erfahrungen.

Bei Ihrer Überforderung ist kein Wort über mangelndes Geschick oder Untüchtigkeit zu verlieren. Die Fakten belegen das Zuviel. Nun kommt auch noch auf Sie, was Ihnen Ihr Mann sonst abgenommen hat.

Sie dürfen nicht erwarten, daß Sie sich bei gleichem Arbeitsumfang und gesteigerter Verantwortung fangen und erholen. Im Gegenteil, Sie werden hektischer, immer schneller rennen und durch Müdigkeit ungeschickter. Folgt, daß Sie reizbarer werden, ungeduldiger, auch ungerechter. Ich kenns aus einer Zeit ohne Waschmaschine, Kühlschrank, Zentralheizung, Pille.

Trotz solcher Erleichterungen wird es so nicht gehen. Analysieren Sie Ihren Haushalt. Verlangen Sie, auch vom nun getrennten Mann, daß erleichternde Geräte angeschafft werden, damit mehr Zeit für die drei Kinder bleibt. Ein Geschirrspüler war für mich vor 15 Jahren – Eintagsangebot im Interhop – wichtiger als eine Reise. Und als der erste die Mücke machte, habe ich noch am selben Tag das Bemühen um den zweiten eingeläutet. Obwohl das damals schwierig und viel zu teuer war. Umgerechnet 1:5, gut, da mußte anderes bleiben. Aber kein Gezänk mehr, wer jetzt dran ist und wer abtrocknet. Stellen Sie sich vor, das Geschirr riecht nicht in der Küche herum, es verschwindet und kommt sauber wieder zum Vorschein. Noch heute denke ich und danke ich jeden Tag mindestens einmal, daß es so geworden ist. Es hing mehr dran, als der Vorgang. Wenn Ihr Mann dagegen ist, Männer sind ja meist der Meinung, die Frau ist billiger als der Strom, dann soll er doch abwaschen kommen.

Überprüfen Sie Ihr menschliches Umfeld darauf, wie weit es nur redet, wie weit wirklich bereit, zu helfen. Machen Sie einen Plan, damit Sie jede Woche ein paar Stunden nur für sich haben. Das geht, wenn Sie niemanden hochmütig aus der Verantwortung entlassen. Das geht, wenn die ehemalige Familie sich die Arbeit teilt. Papa hat sich ja nicht von seinen Kindern scheiden lassen. Lassen Sie den falschen Stolz. Sie müssen niemandem beweisen, daß Sie mehr können als jede andere Frau. Gehen Sie zum Sozialamt, beantragen Sie eine Hilfe, die ein- oder zweimal in der Woche die Kinder versorgt. Laura macht das bei einer alleinstehenden jungen Frau, die hat 2 Kinder, Sie haben drei grade mal halbwüchsige Nachkommen.

Sie müssen auch den Kindern zuliebe endlich Ihren gesunden Egoismus anmelden. Aussprechen, fordern, durchsetzen. Sie wollen keine Versorgung, soll er Ihnen mehr Arbeit abnehmen, als mal mit den Kindern in Urlaub zu fahren. Es sind ja auch seine Kinder.

Ihr »Lover« kommt nur als Erwähnung vor, hoffentlich ist er im Leben mehr als das. Ein exklusiv versorgter Mann, der aber leider nur die Tür hinter sich zumachen muß, dann ist er alle Sorge um Sie los. Wollen Sie Hilfe von einer der Beratungsstellen? Kann ich vermitteln.

Die Frauen in der »Kita« haben auch böse Erfahrungen, darum gucken die so mißtrauisch. Es ist nicht hilfreich, also miteinander reden. Und mich anrufen.

6. Februar 1995

Liebe Christine,

vor dem Forum mit den Deutschlehrern will ich Dir meine gemischten Gefühle nicht verschweigen. Es ist eine Pflichtveranstaltung. Eine Bildungsveranstaltung. Wie ich das liebe. Die Lehrer können sich eintragen und mich dann abhaken. Und ich weiß nichts von ihnen. Sie werden kommen und gehen, ich kann den begnadeten Lehrer nicht vom Langweiler unterscheiden. Wir klagen darüber, daß unsere Nachgeborenen nicht mehr über die Sprache verfügen, in der sie ihre feineren Empfindungen mitteilen können. Besonders die Lehrer klagen über die Kargheit des »Wortschatzes«. Aber ich weiß ja nicht, wie weit sie selber das Vaterland Muttersprache herausfordern und damit fördern.

Über die Sprache kann sich die Seele befreien, aber welcher Lehrer setzt sich durch einen solchen spinnert wirkenden Satz dem Gejohle der Klasse aus? Lesen, Zuhören und Sprechen gehören zu den kostbaren Gaben, die ein Mensch mitbekommt und erwerben muß. Wie drückt man das in der heutigen Kürzelsprache aus?

Ich überlege noch, wie ich die Lust daran wecken könnte, denkbare Hemmungen zu umgehen. Vielleicht gelingts. In Gotha gelingt mir manchmal fast nichts, und ich fahre ab in dem verdammten Gefühl einer Niederlage, die ich beim nächsten Mal auch nicht vermeiden kann. Weil ICH etwas anders machen müßte, oder es an den erzählten Ungemachen in der Kulturszene liegt? Ich laß es nicht gern dabei bewenden. Deswegen komme ich nochmal, und weil es ja einmal so wunderbar gegangen ist. Und was kannst Du dafür?

Und Dir, Sensible, sage ich: Wenn dieser Schüler nicht aufhört, zu koksen, oder zu drücken, dann bringt er sich auch nicht um.

Warum sollte er? Wo Du soviel Angst zeigst. Das reicht doch als Sensation und Übertragung von Verantwortung an Dich.

Februar 1995

Liebe Me.,

wenn sich ein Mann und eine Frau eures Alters begegnen, hat es seine Schwierigkeiten. Beide sind fertig gebacken und wollen wieder Teig werden. Wenn da wirkliche Entflammung stattfindet und damit Chance auf Liebe, dann versucht es doch. Urteile sind was anderes als Vorurteile, auch geschnürte Päckchen können noch einmal aufgeknüppert werden, und die Ansichten scheinen nur unverrückbar. Sie ändern sich schon durch das Zusammensein.

Es gibt Partner, die holen das Beste aus uns heraus, und wir lassen uns mit anderen ein, die uns elend machen. Ich kenne mich in Partnerschaften ebenso kleinlich und zänkisch wie edel und großmütig. Den einen hinterging ich und wäre dem anderen zu Fuß durch die Wüste gefolgt, ohne ihn um einen Schluck Wasser zu übervorteilen. (Zum Glück bin ich auf diese Nagelprobe nie gestellt worden, also glaube ich das von mir.)

Mißtrauisch werde ich, wenn Männer edel argumentieren. Meine Gefühle sind zu groß, du bist zu gut für mich, ich darf dir mich nicht antun – naja, vielleicht wirklich nicht.

Kompliziere doch nicht immer alles. Hol Dir den, wenn Du ihn haben willst. Warum solltet ihr euch nicht über »bestimmte Dinge« streiten. Es wird Dir zwar auch nicht passen, daß er in manchem recht hat. Du willst doch bloß nicht, daß Dich Deine Töchter bei Kompromissen erwischen.

Wenn Du meinst, daß ein pauschaler Einwand gegen Wessis bei ihm nicht angebracht ist, dann weise doch jeden Einwand zurück. Obs Liebe wird, kann man dann sehen. Nichtmachen kannst Du im Alter immer noch.

April 1995

Liebe Maj-Grit,

nun sind schon wieder Tage vergangen. Ich war in Rostock zu einer aufregend schönen Veranstaltung, zusammen mit Angelika Neutschel. Die Menschen haben auch hier beides angenommen, das Lachen und die bitteren Worte. Etwas verändert sich. Sie blocken nicht mehr ab, nicht mit dem Blick zurück, nicht mit dem nach vorn. Es gibt zwar wenig Illusionen, aber die Bereitschaft, sich neu einzulassen und die Herausforderung anzunehmen. Besonders bei den Jungen entdecke ich die Unlust, empfohlene Schwarz-Westmalerei zu übernehmen. Sie fühlen sich nachträglich nicht besonders gefoltert. Es war der erste Teil ihres Lebens, und sie interessieren sich für ihn genug, um nachzufragen. Ein Interesse wie das für die Nachkriegszeit, an die sich für sie auch keine persönliche Erinnerung knüpft. Manchmal kommt, wie verständlich, die ernstgemeinte Frage: Ja, und warum habt ihr euch das gefallen lassen? Da hätte ich an eurer Stelle ...

Ich sage, nun könnten sie ja beweisen, was sie sich gefallen lassen.

Dennoch sind sie mir lieber als jene »verdienstvollen« Menschen. Die haben ihr ganzes Leben lang gearbeitet. Ja, das stimmt. Und sie sind auf Erden dafür wenig belohnt worden, stimmt auch. Sie haben getragen, was ihnen manchmal schwer zu tragen war, sie hatten immer die nächste Zeit des Verzichtes vor sich, ihr ganzes Leben ist durchzogen von Notwendigkeiten. Und nun machen sie daraus keinen handhabbaren Reichtum, sondern blocken ab. Alles war früher gut. Heute ist alles schlecht. Sitzen da, trinken Kaffee, essen Kuchen und wissen schon wieder alles besser. Wenn ich relativiere, schweigen sie. Sie wollen mich nicht verprellen, sind ja auch höflich, ich tue was, dafür sind sie mir dankbar.

Und ich habe schließlich die »Franziska Linkerhand«

geschrieben und die »Briefe aus Schulzenhof« und bin eigentlich die Karau, oder »Sie verwechsle ich immer mit der Kino-Eule« oder wie!!!

Wenn ich davon rede, daß ich meine Heimat geliebt habe, daß ich ein ganzes Leben hatte, »keines nur hinterm Eisernen Vorhang«, dann denken sie, daß wir nun auf der gleichen Wellenlänge sind. Unlustig, die Körner zu sortieren, werfen sie alles in einen Topf.

Wir beide wollen aber nicht schon wieder verzichten auf Sichtweisen oder Lebensarten, wir wollen selber denken und auch unbequeme Entscheidungen treffen, und sei es für Verzicht und gegen Verrat an den eigenen Idealen. Die gibts doch noch. Es wird Sozialismus geben, oder mehr davon als heute, wir werden ihn nur nicht mehr erleben.

Aber wenn Dornröschen nach hundert Jahren nicht klüger ist, dann hat sie es wirklich verpennt. Ich möchts ja gern noch erleben und mitmachen. Das wird so nicht sein. Aber wie ich diesen Satz denke oder sage, das entscheidet darüber, wie ich heute lebe. Nicht allein, sondern inmitten. Nicht beleidigt, sondern belehrt. Nicht besiegt, sondern erfahrener.

Und dankbar, auch Dir.

6. April 1995

Freundin,

uns hat die sogenannte Killergrippe erwischt. Der Gruß an Dich, das sind die Osterglocken, wenn sie denn läuten. Wir kamen von einer Tournee durch viele Orte in Sachsen-Anhalt, Sachsen und Thüringen. Sone und solche Veranstaltungen. Im Hotel mit speisenden Gästen, in Gera nicht vorbereitet, kaum jemand da. Bloß ne Kusine von Wilhelm mit Mama, die mußten aber gleich wieder weg. »Wach auf mein Herz« ist ein überwiegend sehr gut aufgenommenes Programm mit A. N. Manche fühlen sich auch gekränkt. Ein Lied gegen die neue Landnahme der alten Feudalen »könnte falsch verstanden werden«, meinte ein Wessi, der uns lieber mißverstanden als abgelehnt hätte. »Aber wenns richtig verstanden wird, ist nichts dagegen einzuwenden?« Dann natürlich doch. »Wieso, sind Sie Baron, wollen Sie hier Land zurück?« Nein, er nicht. Aber er fühlte sich stellvertretend angegriffen. Kann ich verstehen.

Ein Text über eine zur »Heldenmutter« ernannte Vietnamesin, die neun Söhne in den Kriegen gegen Franzosen und Amerikaner »geopfert« hat, so stand es auch im ND, wurde nicht angezweifelt. Schwieriger ist es mit meinem Gedicht gegen den Papst. Es heißt darin: Mein Gott, warum hast du uns mit dem alleingelassen / hol ihn heim in dein Reich, nimm dich seiner an / wir sind hienieden vor ihm nicht sicher / ... sonst lassen wir wirklich die Kindlein zu ihm kommen / ... woran du glaubst, die Hölle, dir wäre sie sicher.

Meine liebe Schwester Ursel von der Diakonie, dieses unerschütterbare Weiblein, rief in Magdeburg als erste »Bravo«, da haben sich auch die anderen getraut.

Ich bekomme Berichte von Menschen, die sich schwer durchs Leben schlagen müssen. Auch von Christa Kozik, deren schöne Kinderbücher, Filme und Chansons ich mag. Nun hat sie Krankheit und Enttäuschungen zu verkraften. Sie fährt mit schwerer Tasche zu den Lesungen mit dem Zug und wurde neulich überfallen, ausgeraubt, verletzt. Die größte Sorge der Zugbesorgerin war, ob es denn eine Fahrkarte gegeben habe. Niemand ist derzeit bereit, Christas Gedichtband neu zu veröffentlichen. Und wer weiß, in welchem trostlosen Zustand sie das Anwesen einmal übernommen haben, wieviel Geld und Fleiß, von Liebe zu schweigen, darin steckt, der wird leicht verstehen, daß der Anspruch des Alteigentümers so hartnäckig zurückgewiesen wird. Bis er siegt, daran kann kein Zweifel bestehen.

Nun ist es wieder 2 Tage später. Ich mußte in mein Bette, mitten im Brief, und gestern war ich – ohne meinen Wilhelm! – mit Angelika in Rostock. Sensibles, aufgeschlossenes Publikum, zu unseren Gunsten voreingenommen. Kein Ende des Beifalls am Schluß, ich bin runter von der Bühne und habe Hände gedrückt, Frauen umarmt, Zuspruch, Tränen. Auch Lachtränen. »Danke für die Courage. Bleiben Sie so mutig.«

Ich sagte: An Mut hab ich ja einiges nachzuholen. – Wir auch, sagte eine Frau, klar, wir auch.

Um Mitternacht war ich wieder zu Hause und fühlte mich besser als am Tag zuvor. Termine bis in den November hinein, also Arbeit, dieser so nie gekannte Trost.

Dazwischen Momente, wo es mir jeden Einwand verschlägt. So bekam ich einen Brief von einer Frau, deren Worte für mich seltsam klangen. Sie schrieb, sie läge das 30. Mal in 40 Jahren im Krankenhaus, habe Ichthyosis, eine seltene Krankheit, Drachenhaut. Eine Professorin hatte ihr meinen Band »Briefe an Frauen« geschenkt, nach dem Lesen hat sie mir geschrieben. Es war zwei Tage vor unserer Tournee, aber ich ging mit W. am nächsten Tag in die Hautklinik der Charité, ich dachte, ich kann ihr vielleicht irgendwie beistehen. Niemand von uns hat je so eine Erkrankung gesehen. Sie ist mit der Haut einer Schlange, eines Sauriers oder eines Drachen, geboren worden. Ein dicker Schuppenpanzer, zentimeterdick, unter dem es im Sommer kocht, im Winter eiskalt bleibt. Jedes Jahr wird im Krankenhaus dieser Panzer einmal heruntergeholt, durch pfundweise Salben, schmerzhafteste Unterwasser-Massagen. Dann kommt unter dem Panzer eine schrundige brachende trockene Haut hervor, die keine Wärme austauschen kann. So liegt A. frierend unter mehreren Decken und guckt mit ihren warmherzigen braunen Augen auf die Tür. Sie erzählte mir, Siegfried soll diese Krankheit gehabt haben, auch Lohengrin, aber sie sei so selten, daß daran wohl kaum geforscht werden wird. Sobald die Behandlung aufhört, wächst der Panzer wieder.

Sie ist verheiratet und hat eine liebevolle gesunde Tochter. Aber ihr Leben ist ein Album voll unvergeßlicher Bilder von Zurückweisungen und Kränkungen. Dennoch hat sie aus der unheilbaren Verfassung einen Charakter gebildet, in dem bei geringster Chance auch Heiterkeit, neuer Mut und Zuneigung ohne Arg geweckt werden kann. Eine so schwere Krankheit ist ja kaum zu ertragen, auch wenn jemand von lieben Verwandten umgeben ist. Aber wenn die Mutter ihre Tochter ablehnt, weil sie »sowas geboren hat«? Das ehemalige Kind sieht bei sich die Schuld und versucht abzurackern, was sie der Mutter schuldet, weil die sie nicht gleich im Kindbett gemurkst hat. Da sitzt du an so einem Bett, ahnst die Bescheidenheit, nahe an der Grenze zur Armut, das läßt sich ein bißchen beeinflussen, aber vor lauter Nötigkeit zum äußersten Takt fliegst du irgendwann doch über ein Wort, das hättest du im Hals lassen sollen. Natürlich ist die Frau arbeitslos, nachdem sie jahrzehntelang als qualifizierte Hauptbuchhalterin gearbeitet hat. Raus mit der! Da sie gegen die Kündigung alle Instanzen durchlief, bekam sie am Ende wegen zu vieler wiederholter Kündigungen kein Arbeitslosengeld. Ihr schwacher Mann lehnt sich an ihre Kraft, auch er arbeitslos.

Er nennt sie gesund, was sonst sollte er auch machen? Und nun die neue Zeit, die schöne Zeit, die Freiheit. Nur noch die halbe Zeit der Klinikaufenthalte pro Jahr. Das war ihre Zuflucht, ihre einzige Behandlung. Kein Einzelzimmer mehr, obwohl sich nicht nur die Schwestern vor dem Dienst an ihr drücken, sondern auch die anderen Patientinnen, weil die Salben stinken. Einzelzimmer gibts nur noch für zahlende Privatpatienten.

Ich kann nichts tun, anders als früher. Früher konnte ich mich aufborschteln, drohen, durchblicken lassen, auch mit sieben Meter Wind hinter dem Haus. Jetzt kann ich bei den Beamten niemanden mehr beeindrucken. Ich stehe vor einer Wand von immer den Staat begünstigenden Regeln und Gesetzen oder Auslegungen.

Glück? O ja, Momente. Glück, das ist Laura, dieser durch Umstände schon so früh sachliche, herzliche Mensch, mit dem es sich gut lachen und leben läßt, auch denken und arbeiten. Lohn für uns alle, am 5. Mai geht es für vierzehn Tage ab nach Portugal, an die Algarve.

Dorthin nehm ich Dein Büchlein mit, ich bin Eichhörnchen und sammle seit Weihnachten die Lektüre.

Ich hätte Dir viel mehr zu erzählen, von Krisen und Auferstehungen.

2. Mai 1995

Frauen, ach!

Muttertag und Mutterglück und Mutterliebe, Muttersprache und Muttererde – unbehagliche Wörter. Sie verweisen auf übertriebene Zuständigkeit.

Hinter all diesen Wörtern sehe ich ein Mutterbild, das anders ist als das meine. Ich hab so nicht gelebt, so sollten meine Kinder auch nicht mit mir umgehen. Aber ich erlebe in diesen Tagen, daß junge Frauen sich von mir zum Muttertag ein Buch über Mama und Tochter signieren lassen. Mütter in einem Alter, in dem sie den Muttertag durch die Üblichkeit in der DDR doch vergessen haben sollten.

Was kann man machen.

Aus dem Mißbrauch rücken. Das eine tun und das andere nicht lassen. Der Internationale Frauentag wird für uns hier nur dringlicher, wir müssen uns ja über die wieder ferner gerückte Gleichstellung der Frauen verständigen.

Viele Frauen können sich aber Mamas Erwartung

nicht entziehen, und Mama will einmal im Jahr ihre Blümchen und ihr Ritual.

Sentimental?

Wenns das ganze Jahr über zu wenig Beachtung gibt? Mit so einem Aufkleber kann man auch unbequeme Dinge weit wegschieben. Als Mutter brauche ich diesen Tag nicht. Als Tochter werde ich meine Mutter in Hamburg anrufen, weil sie sich sonst mit anderen bedankten Müttern vergleicht und denkt, daß sie schlecht wegkommt. Bedenk ich Waisenhaus und Kinderlandverschickung sowie meine frühe Heirat, haben wir eigentlich nur sieben Jahre zusammen gelebt. Für die bedanke ich mich nun seit über sechzig Jahren. Nie genug, dieses Gefühl gibt mir meine Mutter immer.

29. Juni 1995

Unsere liebe Frau Taraba,

wir möchten nicht aus Ihrem Leben verschwinden, ohne uns noch einmal bei Ihnen zu bedanken. Laura Marie hat ihr Abi in der Tasche, und die Mathematik hat sie nicht reingerissen. Wir sind sehr zufrieden und halten das Ergebnis auf dem Zeugnis unter den gegebenen, äußerst schwierigen Umbruch- und Wandelzeiten für gut. Ja, nicht nur zufriedenstellend, sondern gut.

Frau Taraba, Sie haben uns sehr geholfen. Auch als Lehrerin für Mathematik, das ist sehr wichtig gewesen. Aber die Wege zu einer Nachhilfe-Lehrerin hätten Dornenwege sein können, lästige Pflicht, ständiges Unbehagen. So war es aber nicht. Laura hat sich jedesmal auf ihre Frau Taraba gefreut, sie hat Sie respektiert und hat Sie lieb. Sie haben ihr einen Knoten gelöst, den sie selber nicht lösen konnte. Sie haben ihr Angst vor Versagen weggenommen. Daß man bei Mathe lachen und begreifen kann, das war ihr neu. Damit haben Sie Laura in einer Phase ihres Lebens beigestanden, in der die Entmutigung sie täglich in Versuchung brachte. Die schwierigen häuslichen und schulischen Bedingungen haben ihr zugesetzt. Daß nichts mehr von Dauer und Festigkeit schien, daß Menschen sich so entblößt haben, ist für junge Menschen schwer zu ertragen. Laura hat in den letzten beiden Jahren Fähigkeiten und Haltungen erworben, die für ihr künftiges Leben dominierend sein können. Es ist ja schon eine einschneidende Lebenslehre, wenn man begreift, daß es sone und solche Menschen gibt, und die sind auch nicht nur so oder so, sondern mal so und mal so. Naja, auf einen sehr schlichten Nenner gebracht, aber wir wissen doch, daß es vor allem die eigene Unreife und Unentschiedenheit ist, die zu so gewaltigen Forderungen an alle führt.

Liebe Frau Taraba, wenn Sie uns je brauchen, bitte melden Sie sich.

Juli 1995

Lieber Günther,

Gruß nach Osterburg, aber warum bedrängst Du mich, Dir meine – bitte wie? – »Stellungnahme« zum Appell »In großer Sorge« schriftlich zu geben? Wozu brauchst Du die? Für Dich selber doch gewiß nicht, da genügen meine Worte. Du hast mich befremdet, weil Du der Meinung bist, ich dürfe nicht in einem Atemzug mit Menschen genannt werden, die Dein Vertrauen nicht genießen. Warum nicht? Nachdem mich die maßlosen Erwiderungen von Mitgliedern der PDS verletzt haben, pflichte ich nun auch jenen Stellen im Aufruf zu, die mein Problem so sehr nicht sind. Wir sind »Stalinisten« und wollen als »Betonköpfe« die alten Machtverhältnisse wiederhaben? Ich will die alten nicht zurück und kann mit den neuen trotzdem schlecht leben.

Die linke Opposition in Deutschland ist nicht im Besitz einer Partei. Ich kann links, visionär oder revolutionär sein, ohne irgend jemandem beizugehören. »Professorenriege« war das leicht gefundene Wort, das alte Abneigungen gegen Intellektuelle wecken wird. Es braucht »neue und unbelastete Leute«, das darf man als PDS nicht sagen, ohne die Verantwortung für eine solche Formulierung zu übernehmen. Wie darf man nicht gelebt haben, um als unbelastet zu qelten? Oder wie alt darf man nicht sein?

Juli 1995

Lieber Peter,

ich kann zu eurem Gedenken an Urte nicht kommen. Hinter mir liegt ein Jahr der Abschiede, und der von Urte gehört zu den Wunden. Ich kann mich mit ihrem Tod nicht aussöhnen. Ich hatte zu wenig von ihr. Sie fehlt mir, und seit ich weiß, daß ich außer in meiner Erinnerung nicht mehr zu ihr gelangen kann, hadere ich.

Ihr Gesicht bleibt mir, das kranke, schöne von ihrem Geburtstag. Ich hatte ihren Nachnamen vergessen, wollte sie finden, hatte aber nur noch die Hausnummer in der leicht irrenden Erinnerung. Mein Mann hat mich getröstet, wir finden sie schon. Aber das in Hellersdorf.

Ich hab sie Mietern geschildert, in dem Haus mit den vielen Wohnungen. Über Ole haben wir sie gefunden. Ich erinnere mich der Helle in den Räumen, Urtes Freude, ich seh noch Oles Kinderzimmer, den selbstgebackenen Käsekuchen auf dem gedeckten Kaffeetisch, und wieder war da unsere Nähe, von der ich nicht sagen kann, ob ich Urte als schwesterlich oder töchterlich empfand. Das war zwischen uns auch nicht wichtig. Es gab keinen Abstand, nicht den des Alters und nicht den der Erfahrung. Urte hatte andere, nicht weniger.

Sie war stark und wollte leben. Und ich, ich wollte sie halten, mit ihr reden, ihren Optimismus teilen, mit ihr denken. Wenn eine von uns einen Gedanken aussprach, folgte die andere ihr leicht. Auch am Telefon. Wir konnten auch Pausen deuten. Die hießen: Es tut mir weh, wie weh dir das getan haben muß, oder tun wird, oder tut.

Ich halte es nicht aus, mich in einer feierlichen Stunde mit dem Tod einer Frau zu versöhnen, die so für das Leben gemacht war.

Juli 1995

Meine liebe Barbara Krause,

Dein Buch über die Brigitte Reimann hat mich sehr bewegt. Schade, »Böhiger« Wind? Das blieb leider von der Gegenleserin unbemerkt. Letzten Endes muß uns der Verlag mehr bieten als die Druckerei. Können wir aber an den eingeschränkten Hilfen nichts ändern, sollten wir uns untereinander helfen. Ich würde heutigen Tages leicht darum bitten. Kathrin Ludwig hat ein hübsches kleines Buch gemacht, auch bei unserem Verlag: »Auch ein kleines Ei ist ein Huhn.« Das gleiche Dilemma. Wimmelt vor Fehlern. Gabs früher nicht. Wie bei Dir sind die Trennungstriche mitgedruckt worden, sowas macht eben keinen erstklassigen Eindruck.

Beeindruckt hat mich Deine Einfühlung in die schwierige Brigitte. Als ich Brigitte das erste Mal sah und erlebte, war ich überrascht, wie schön eine in den Details eher unschöne Frau sein kann. Ihr Hinken störte am wenigsten, daraus hatte sie einen Flirt mit dem Gehen gemacht, sie wiegte sich leicht, setzte den Fuß vorsichtig auf, als suche sie nach Halt und Schutz. Das war ohnehin ihre instinktiv und richtig gewählte Attitüde, sie war zerbrechlich und stellte das aus.

Als sie Anfang Zwanzig war, habe ich ihr geschrieben, weil ich in Verkennung meiner damaligen Fertigkeiten aus ihrer »Frau am Pranger« ein Fernsehspiel machen wollte. Ich war sentimental angerührt vom Thema und vor allem von der Liebesproblematik, die mich schon damals und sehr lange fast ausschließlich beschäftigte. Sie schrieb mir zurück, dem »Ehrgeiz einer aufstrebenden jungen Schriftstellerin ist jeder Weg in die Öffentlichkeit recht ...«

Das störte mich. Sowas sagt man nicht. Damals war ich selber eine verklemmte, unehrliche Person und hätte meine Motive niemals so peinlich benannt.

Es wurde nichts draus, ohnehin nicht, und sie wollten es auch nicht und zum Glück! Denn ich hätts ja auch nicht gekonnt.

Dann trafen wir uns am Schwielowsee. Brigitte und David, Kahlau und ich. B. war gerade in etwa vier verschiedene, unterschiedlich ausgetragene Flirts verstrickt, und Kahlau kam hinzu. Wir waren damals alle noch so jung, und mir ging es schlecht, denn Brigitte hatte eine Art, andere Frauen deren Unzulänglichkeiten spüren zu lassen, wissen zu lassen, anders kann man es nicht nennen. Ich kam mir plump und unschön vor neben ihr, und wenngleich sich dort ein schöner, sehr junger, gescheiter und hinreißender Jude in mich verliebte, aber sowas von jiddisch und brennend und leidend und liebend, drehte sich doch alles um die flirrende, ständig bewegte, zart pampige, ironische, zynische Brigitte, die wie ein Vogel aus- und einflog, denn Ion strich ums Haus und sie ließ ihn entweder einfach warten und spielte weiter mit David und Kahlau Billard, oder sie verließ das Haus und kehrte mit unruhigen Augen und zerzaustem Haar zurück. Einmal, an einem Nachmittag, standen wir auf dem Rasen, und sie mußte die abschüssige Toreinfahrt zu uns hinunterlaufen. Da sah ich sie leiden, da gelang ihr die Ästhetik nicht, und ich wendete mich ab und ihr erst wieder zu, als sie bei uns anlangte. David strich ihr übers Haar und sagte in seiner verdammten leisen Art, sie müsse sich noch das Haar richten, gleich käme der Gong zum Essen. Ja, sagte sie ungewohnt folgsam, bescheiden, fast unterwürfig und nahm die Strafe eines vieldeutig schlichten Satzes entgegen.

Ich kenne niemanden sonst, der sein Leben mit so großem Löffel fraß. Vielleicht ist es so, daß wir alle um das Zeitmaß wissen, das uns zugeteilt ist, und wir leben danach und manche unter uns haben nach gewaltigem Schreck nie mehr die Unbefangenheit, den Tod zu verdrängen und das Leben zu genießen.

Barbara, viele Stellen in Deinem Buch haben mir wehgetan. Du sagst die Wahrheit über die kulturpolitische Praxis und das Elend, daß verdienstvolle Leute nach so viel erduldetem Leiden nicht mehr bildsam waren, nichts mehr dazulernen wollten und festhielten an dem bürgerlichen Bildungsideal, das ihnen in eigener Jugend nicht zustand. Nun hatten sie die Macht, dem ganzen Volk die ganze Kunst zu verabfolgen. Soweit die abgesichert war und kein Risiko enthielt.

Solche Kunst gibt es nicht, die haben sich durch Shakespeare und Schiller strafen lassen müssen und durch das Publikum, das seine Worte fand und Sonderapplaus bei der »Gedankenfreiheit« und an vielen anderen Stellen erteilte.

Nur was als klassisch galt, haben sie akzeptiert. Beethoven, jeden Tag möglichst, und Mozart, Lessing, aber schon der Nathan war gefährlich.

Ich Idiotin habe einmal in der AG Junge Autoren ein Filmszenarium vorgelesen.

Wie konnte ich? Es wurde ein Erfolgsfilm, die erste Hauptrolle für Krug, die erste gelungene Komödie der DEFA, und ob mir der Film heute gefällt oder nicht, wie konnte ich Regieanweisungen und Dialoge und Kameraeinstellungen vorlesen?

Es war so. Und sie hat zusätzlich Pech gehabt, denn in ihrer Arbeitsgemeinschaft ging es halt anders zu als bei uns, bei dem ruhigen und gelassenen Eduard Klein.

Neben wem hat sie gesessen? Das weiß ich nicht. Bei mir war es der gleichzeitige Aufbruch von Mickel, Irmtraud Morgner, Tragelehn, Jakobs, de Bruyn, und die anderen, die es dann nicht gepackt haben, die habe ich vergessen. Bei uns ging es nicht gar so kultisch zu.

Schlimmer, daß wir die Maßstäbe verinnerlicht haben.

Das hast Du wunderbar herausgearbeitet, auch verständlich für Leute, die nicht hier gelebt haben, dieser wahre und nagende Konflikt, alles einsehen zu wollen und unentwegt an Gegenbeweisen zu kranken. Auch ich war lange wirklich überzeugt, daß wir von der Sache her recht haben und einfach eine Etappe oder Epoche weiter sind. Es hat lange gedauert, bis ich das glaubte, aber dann habe auch ich es verinnerlicht und eine Zeitlang am Grundsätzlichen wenig Zweifel gehabt. Oder doch? Unentwegt? Daran, daß die Erscheinungsweise des Idealen genügte?

Mir fällt ein, ich habe Brigitte das erste Mal gesehen, als wir für unseren (vorgelesenen) Film »Auf der Sonnenseite« und die beiden für ihre Hörspiele den Literaturpreis des FDGB bekamen. Sie machte mich schnell befangen. Lachte mit Kahlau und blickte durch mich hindurch. Aber ich wollte damals und von allen Menschen geliebt werden. Ich hatte gehört, wie sie zu David sagte, ihr Herz klopfe wie wahnsinnig. Dann saßen wir in der ersten Reihe nebeneinander und schwiegen. Obwohl das nicht stimmte, sagte ich opportunistisch, ich sei so aufgeregt. Ich nicht, sagte sie, und ich kam mir blamiert vor, und alle Freude war weg.

Ich weiß von Annemarie Auer, wie tapfer sie den Kampf gegen die Krankheit aufgenommen hat. Und da, in ihrem Leid, hat sie doch auch den Trost von anderen Frauen genommen, von Christa Wolf und von Annemarie, die ihr wichtig war, weil Annemarie selber den Krebs besiegt hatte.

Auch ich habe solche fiebrigen Jahre gehabt, ich kann

in vielem sehr genau nachfühlen, warum aus den Ausbrüchen immer wieder nur neue Enge wurde. Es waren zu einem guten Teil die Verhältnisse. Die Unredlichkeit der verlorenen öffentlichen Moral, die beengten Wohnverhältnisse, der Mangel an Freiräumen, der auch Mangel an Räumen war. Ihr Leben wäre vielleicht schon dadurch leichter zu leben gewesen, wenn sie unbedrängt von sozialen Nöten gewesen wäre. Gerade sie hätte vitaminreiche Kost gebraucht, statt der Margarinestullen, niemals hätte sie in der Schwarzen Pumpe rackern dürfen, sie hätte helle und dunkle Räume haben müssen und Hilfe immer. Obwohl sie bei uns allen als äußerst egoistisch galt, als rücksichtslos im Nehmen, auch im Wegnehmen, wahr ist doch auch, daß sie von allem in ihrem zu kurzen Leben immer zu wenig gehabt hat. Es ist ihr nicht beschieden gewesen, was ich nun als Trost zunehmenden Alters erlebe: die eigene Erkenntnis statt der Doktrin. Ich weiß heute, es gibt keine Verabredung auf hohe Ziele über das eigene Gewissen hinaus. Es gibt keinen Zweck, der die Mittel heiligt. Niemand ist nur böse oder nur gut, aber seltsam ist doch, viele Dinge heute in einem anderen Licht zu sehen und sich selber belämmerter, naiver, reingefallener. Ja, ich war auch auf »dem« Schriftstellerkongreß, ich glaube, noch als Kandidatin, ohne Rede- und Wahlrecht. Die führende Rolle der Partei wurde schon im Präsidium sichtbar. Und zweitens die führende Rolle der Männer. Die noch prägnanter wurde, als es die Ausnahme Anna nicht mehr gab. Von der ich auch andere Eindrücke habe. Sie hat privat wohl spätestens seit dem Harich-Prozeß großen Abstand gewollt, aber sie hat uns Jüngeren wenig gegeben. Auch sie war eingebettet und hat sich nicht angelegt. Und wenn, dann nur so weit, daß es ihr nicht unbequem wurde. Zu werten haben wir das nicht.

Im Mai werde ich mit ihrer einzigen Tochter in der Brecht-Bibliothek ein »Gespräch« führen. Ich kenne sie aus Harrachov, aus dem Urlaub. Anna hat nur wenige Auserwählte noch an sich herangelassen. Aber mir widerstrebt, ihr etwas nachzutragen. Ihre Novelle »Der Ausflug der toten Mädchen« ist für mich makellos. Und wenn ich nur an jenen von ihr durchlittenen Tag denke, als sie und ihre Kinder einzeln über die französische Grenze gingen, jedes in Lebensgefahr, dann verschlägt es mir jeden Einwand über späteren Mangel an Mut.

Sicher war es Dir bewußt, wie unecht und übertrieben bei Brigitte die Anbetung des »Hocheinzigen« und seiner Begabung wirkt.

Als ich ihn vor etwa einem Jahr beim Medienspektakel in Suhl wiedersah, war ihm dies Zögerliche, Langsame zu eigen geblieben, das sie nie so nennt. Ein wenig von ihrem späteren Zorn auf ihn ist berechtigt, und sie wird sich selber ungerecht, wenn sie sich kleinmacht, um ihm eine Größe zu lassen, die sie ihm in anderen Momenten der Ehrlichkeit wiederum abspricht.

Dein Buch hat mich sehr angeregt und ich danke Dir für die fesselnde Lektüre, die mir in die Hände kam, als ich eine nötige Pause machen mußte und endlich wieder einmal ein Buch fast ohne Unterbrechung lesen konnte.

Barbara, ich grüße Dich herzlich und mit Respekt und würde gern mit Dir über unsere Bilder von anderen Frauen sprechen.

Berlin, am 7. Juli 1995

An den Parteivorsitzenden der PDS,
Prof. Dr. Lothar, Bisky

Lieber Professor Dr. Lothar Bisky,
ich übermittle Dir diesen Brief im Auftrag und mit inhaltlicher Kenntnis der Teilnehmer am 1. Gespräch der sogenannten Aufrufer, nach der Veranstaltung in

Hohenschönhausen. In Deinem Brief an alle Mitglieder hast Du Grabenkämpfe abgelehnt, zugleich aber das Gespenst einer Diktatur der Minderheit, die den »Erneuerungsprozeß« in Frage stellen könnte, an die Wand gemalt.

Wir haben ein Arbeitsangebot gemacht und unsere Sorgen ausgesprochen. Über die Heftigkeit der Reaktion waren wir entsetzt. Daß wir auf die vom ND geforderte Personalisierung verzichtet haben, hat die meisten von uns vor persönlichen Angriffen nicht bewahrt, uns alle nicht vor herabwürdigenden Vokabeln und solchen Unterstellungen, deren Schaden noch nicht abzusehen ist. Weit unter zu wünschendem Niveau in einem Streitgespräch die »Schweinslügen«, die euer Pressesprecher neu in die Debatte einführte, ein Wort, das bis heute nicht zurückgenommen wurde. Wahnhaft scheint uns die Auslegung, wir hätten bei unserer Überschrift an die Formulierung zur Rechtfertigung des Einmarsches in Prag angeknüpft. Wir sehen uns da mit Rufmord und politischer Denunziation konfrontiert, die Du von uns zu Unrecht befürchtet hast und niemals befürchten mußt.

Wir verzichten auf eine Auflistung unwürdiger Vorschläge für unser weiteres politisches Tätigsein. Ihr kennt jedes Wort, und keiner von euch hat sich distanziert davon, daß wir »im eigenen Saft diskutieren sollen«, was wahrlich auch schlechtes Deutsch ist.

Die Mehrheit der Mitglieder der Bundestagsgruppe sieht sich außerstande, einen produktiven Ansatz in unserem Aufruf zu erkennen, und beschuldigt uns, zur SED zurück zu wollen. Wir weisen das als absurd zurück.

Du hast, auch am Tage der Veranstaltung in Hohenschönhausen noch, gegenüber »Focus«, eine drohende Spaltung beschworen und im Deutschlandradio von einem »stalinistischen Flügel« gesprochen. Der die Partei verlassen müsse. Mit solchem Stil und solcher

Reaktion hast Du unsere Befürchtungen keineswegs beschwichtigt, sondern verstärkt. Unsere Biografien, der Text der Erklärung und die zusätzlichen öffentlichen Meinungsäußerungen einzelner von uns gelten als Beweis dafür, daß es sich bei euren Antworten um Unterstellungen handelt.

Auch der Verlauf der Veranstaltung am 29. Mai hat gezeigt: Von denen unter uns, die Mitglieder eurer Partei sind, will niemand sie freiwillig verlassen – oder sie gar spalten. Die PDS ist eine wichtige linke Kraft in Deutschland. Sie zu verteidigen, ist unsere Pflicht als Linke, ob in einer Partei organisiert oder nicht. Das Recht, mitzudenken, gibt es auch außerhalb eurer Partei. Mitdenkende zu Andersdenkenden zu ernennen, das habt ihr euch im Parteivorstand angemaßt, und ihr habt einen Ruf zum Rufmord erklärt.

Ungeachtet solcher beschämender Mißdeutungen wollen wir auch weiterhin den Dialog, die Diskussion über uns drängende Sorgen, die auch einen Teil eurer Mitglieder bewegen. Ja, es geht um die Strategie der Partei und deren theoretische Fundierung. Eure Mitglieder unseres »Forums« nehmen damit ihr Recht wahr, zu Parteiangelegenheiten ungehindert Stellung und auf sie eigenständig Einfluß zu nehmen. Euer Statut ermächtigt sie dazu.

11. Juli 1995

Lieber A.,

ich nehme Deinen Brief an. Auch bei Dir sind nicht alle Narben vom Gegner ...

Ob die PDS »in den entscheidenden Fragen ihren Grundkonsens nicht verlassen hat«, das wäre doch streitbar und sogar leidenschaftlich zu diskutieren gewesen. Aber nicht nur der Vergleich mit Cäsar und Brutus, nur wegen Widerspruch und andrer Meinung, deutet darauf, daß auch die PDS der Krankheit aller

Parteien ausgesetzt ist: Weltanschauung gerät in den Besitz.

Du bist viel zu klug, um nicht zu wissen, daß hier ein Nerv getroffen wurde, offenbar in einer Dimension, die ich, seit langem zunehmend »In großer Sorge«, nicht absehen konnte. Ohne von der PDS zu sprechen, ohne sie nachdrücklich zu meinen, halte ich es für möglich, daß Parteien über das Erträgliche hinaus bewiesen haben, wie ihnen der Status, das Einkommen, der Kitzel der Macht das Ideal abjagt.

Aber so wichtig ist das auch nicht. Die Politikverdrossenheit der Wähler ist ja kein Geheimnis. Für mich bleibt wichtig, daß linke Politik in Deutschland nicht gepachtet ist, schon gar nicht von einer Partei, in der sich schon im jugendlichen Alter Unarten der alten, großen Parteien breitmachen.

Ich bin für mich allein und in kleinem Kreis von Partnern gescheiter, korrektiver, mutiger. Es hat Situationen gegeben, für die kann ich mich heute noch gut leiden. Und mich plagt nicht schlechtes Gewissen, sondern Verachtung, wenn Stefan H. dem kritischen Leserbriefschreiber Fred B. antwortet, er habe in »Vorschlag zur Güte« der Öffentlichkeit nur mitteilen wollen, welchen Charakter manche Unterzeichner des Appells »In großer Sorge« haben. Das hat auch die SED schon gekonnt, aus unterschiedlicher Meinung eine Charakterfrage zu machen.

André, wem zuliebe ist das Wort Antikommunismus aus der Liste der Betreibungen, die mit der PDS nicht zu machen sind, gestrichen worden? Nach Mehrheitsbeschluß!

Deutschland driftet nach rechts, und wer eine bunte Truppe will, der muß sich nicht wundern, wenn er sie kunterbunt kriegt. Der Vorstand der PDS schuldet der Basis den Beweis dafür, daß die eigene Arbeit als verbesserungswürdig angesehen wird. Oder das Geständnis, daß sie schlecht ist. Schlecht worin? Im krampfhaften Bemühen, eine neue Theorie zu formulieren und nicht zu bemerken, daß die Basis längst zur notwendigen sozialen Grundarbeit für die bedrängten Menschen übergegangen ist. Abgehoben nennt man das. Oder wie sonst soll ich verstehen, wenn Gysi sagt: »Ein paar von den Unterzeichnern sind anständige Leute.« Steht ihm das Urteil über das Leben von achtunddreißig Menschen zu? Und schrecklich, wenn Bisky im ND formuliert, die Kommunistische Plattform habe ein Diskussionspapier beim Vorstand eingereicht, das sei der richtige Weg. Er weiß schon wieder den richtigen Weg? Du weißt doch genau, daß ich den Appell nicht formuliert habe. Aber ich werd im ganzen Leben meinen Namen nicht zurücknehmen.

Juli 1995

Liebe Käthi, guter Rudi,

euer Brief hat mir viel bedeutet, auch wenn ihr das in eurer ständigen Bescheidenheit nicht vorausgesetzt habt. Gerade von Mitgliedern der PDS habe ich solchen Zuspruch gebraucht. Der Schreck sitzt neben der Verachtung und beides reicht ziemlich tief. Ich höre, Jens-Uwe Heuer kriegt Briefe, in denen steht, seine Mutter hätte ihn im Bauch umbringen sollen, nun soll er es selber tun. Es ist auch nicht schön, zu erleben, wie sich, neben der Empörung über die Äußerung »In großer Sorge« der Vorstand der PDS auf einen einseitigen Blick zu den Zwistigkeiten unter DDR-Künstlern geeinigt hat. Als wäre es damals um Privatfehden oder um Literatenneid gegangen und nicht um ein Stück vom Kalten Krieg. Der mit Hilfe der Westmedien ausgetragen wurde.

Rolf Schneider hat im Fernsehen gesagt, es sei schade um die Nähe, die es in der DDR unter den Menschen gegeben hat. Aber die sei aus der Not gekommen und ohne Not nicht zu haben. Damit sagt er mehrere Dinge auf einmal: Wir haben in Not gelebt, deswegen waren wir gute Menschen. Und nun gibt es keine Not mehr, da auch keinen Anstand.

Wir haben uns oft nach unseren eigenen Fehlern gefragt, auch gequält mit Fragen, die wir uns früher nicht gestellt haben. Aber die, die am Untergang der DDR stark beteiligt waren und von ihm profitierten, die sagen nur, was sie schon immer gesagt haben. Sieger der Geschichte.

22. Juli 1995

Lieber Ekkehard Sauermann,

für Deinen Brief und die Zusendung so wichtiger Gedanken bin ich Dir sehr verbunden. Ich denke wie Du. Deine kurze Analyse der Motive, besonders aber Dein Appell an uns, nicht den Stil zum Gegenstand zu machen und uns selber treu zu bleiben, indem wir auf Anlaß und Thema beharren, ist mir sehr wichtig. Wir sollen ja auf Nebengleise geschoben werden, damit es zu der – vielleicht historischen – Auseinandersetzung nicht kommt. Könnte sein, wir haben die PDS im empfindlichsten Moment beim Mausen erwischt. Sicher ist aber, daß sie sich in den eigenen Netzen gefangen haben. Der Preis dafür, daß sie eine bunte Truppe gekriegt haben, ist sehr hoch. Sie müssen es jetzt einigen recht machen, und das ist schwer. Hast Du je geglaubt, daß Heym ein Linker ist? Nein, er hat sich früher für seine DDR-Leiden zumindest von den West-Medien und den Verlagen (anderes spreche ich nicht aus, weil es heutzutage doch in falsche Augen kann), entschädigen lassen. Der Teufel muß die PDS gepudert haben, daß sie sich ausgerechnet an einen so unzuverlässigen Mann hängen, aus purer Eitelkeit, damit er als Alterspräsident die Eröffnungsrede halten darf. Die ja dann auch von wahrhaft kämpferischem Elan nur so sprühte. Ich hätts nicht machen wollen, ich hätte es weder gemacht noch ihm überlassen. Aber es liegt nicht nur an anderen. Sie, als Vorstand, der sich als geistige Vorhut versteht, haben eine andere Konzeption als die, auf die sich heute Linke verständigen dürfen. Sollten!

Und um die geht es. Nur um die. Wir werden die Reife unseres Alters benutzen und den tiefen Riß, der wieder einmal die deutsche Linke trennt, zwar wahrnehmen, aber wir werden es nicht um ihn gehen lassen. Leider hatten wir nicht die Zeit und keine Absprache, sonst hätten wir sorgfältiger darauf achten können, daß sich nicht wieder Leute übernehmen, die dann beim ersten Windhauch um die nächste Ecke verschwunden sind. Angst hab ich nicht, wirklich nicht. Aber wir sind sehr wach, sehr aufmerksam und sehr ernüchtert. Es gäbe viel Einzelnes zu erzählen. Sonderbare Dinge, eine eindeutige Lage ergibt sich nicht. Auch Anekdoten stellen sich ein, wie immer, wenn alles durcheinander geht. Ruft mich eine Genossin einer Basis-Gruppe an, sauer, herb, liebevoll: Es gibt einen Beschluß, daß die Basis kein Geld mehr haben darf. Sie müssen es abführen an den Kreis und es dann dort beantragen. »Dabei haben wir Blumen aus dem eigenen Garten mitgenommen, um Geld zu sparen. Jeden Kaffee haben wir selber bezahlt. Und jetzt werden wir kein Geld abliefern. Wir laden Dich zu einer Lesung ein, Du kriegst von uns Fahrtkosten und das gleiche Honorar, das die Bibliothek bezahlt, wenn einer über die Vergangenheit jammert. Wir freuen uns auf Dich. Komm bald, das Geld muß weg.« Ich hab sehr gelacht, Freund.

Und schicke Dir jetzt mal dies und jenes, guck es Dir an. Heute gehts mal, jetzt leg ich mich ins Bette und lese Deine Broschüre. Von Stolper hörten wir heute, er war in Marzahn, auch an der Basis, und dort wurde er u.a. von Dieter Klein hart angegriffen. Wieder wegen des Aufrufs. Aber die Basis hat dagegen argumentiert. Die wollten das nicht so. Und da fällt mir ein, wie

Dieter Klein im Schriftstellerverband dereinst versuchte, uns die neuen 10 Gebote schmackhaft zu machen. Ich war damals sehr jung, sehr frech, auch unüberlegt, und er war ein attraktiver Mann, aber alle schwiegen entnervt, und ich sagte: »Und nun mußt du mir bloß noch erklären, wo der Unterschied zwischen den Katholen und den Kommunisten ist. Die Sprache ist nicht so schön, aber sonst ist es derselbe Quatsch wie bei den zehn christlichen Geboten.« Ich war mir doch keiner Gefährdung bewußt, die anderen hatten mehr Angst um mich. Aber er ist rot geworden und hat was gemurmelt, das ging nicht gegen mich.

Wir sehen uns ja am 3. Juli. Ich will jetzt ein ruhiges Herz und einen tapferen Sinn haben. Wir werden auch das überleben.

Dezember 1995

Lieber Yaacov Ben Chanan,

Deine Schrift hat sich verändert. Du hast eine schwere Zeit. Denn Du kämpfst gegen etwas, das dieser Gesellschaft immanent ist. Das weißt Du doch, Du als Psychiater. Niemand von uns will ganz auf sich gestellt sein und jenes System verlieren, in dem wir alle voneinander abhängig sind und Beruhigung finden. Ich sehne mich auch nach Segen und bin ungeübt, ihn mir zu erbitten. Entsetzt empfange ich Nachrichten und kann mich nicht des Gedankens erwehren, daß diese politischen Machtkämpfe keiner Ordnung mehr folgen.

Ich möchte Weihnachten Zeit für mich haben, aber ich kann nicht einmal schlafen. Wenn es dunkel ist, weicht die Müdigkeit den Denkvorgängen. Diese Tage gehören der Familie. Laß uns dann einander suchen. Ich bin nicht weit weg, Yaacov. Aber ein Raum kann sehr groß sein.

Dezember 1995

Lieber H.,

ich verstehe Deinen Wunsch, aber ich habe ihn auch als Anmaßung empfunden. Das ist nicht so gemeint von Dir, ich weiß. Aber ich habe mich zu der Trauerrede für Eike St. sehr überwinden müssen und sie nur gehalten, weil dieser so widerspruchsvolle Mensch in meinem Leben auf besondere Art wichtig war. Auch, weil ich wußte, wie zwielichtig ihn nun viele sehen, die ihn früher benutzt haben. Nur weil Du ihn geliebt hast. Nur weil Du wußtest, wie erpreßbar er wirklich war. Nein! Nur, weil Du ihn geliebt hast.

Es war unser zweiter Abschied, der sollte würdevoller sein als der erste, als wir neunzig alle aus unserer Arbeit rausflogen oder von ihr wegrannten. Geschichte, bombastisches Wort, und wahr ist ja auch, daß sie uns in alle Windrichtungen stieß. Aber niemand kann für unseren Mangel an Niveau verantwortlich gemacht werden. Wir haben keinen Abschied genommen, weil wir uns ja jederzeit begegnen konnten. Aber haben wir die Chance genutzt? Eike hat mir am Telefon lakonisch gesagt, er sei auf mich angesetzt gewesen. Ich sagte: »Mir hat niemand etwas getan. Du scheinst nur Gutes gesagt zu haben.« NATÜRLICH!!! »Dann bedank ich mich schön dafür.« Das wars. Er sagte, er habe dreimal unterschrieben. Als Student aus politischen Gründen erpreßt, dann als Homosexueller, dann als einer, der unterschrieben hatte.

Du hast ihn geliebt und fragst mich, wer er war? Weil Du Deine Urteile über ihn radikal gewechselt hast. Du bist selber ein schwieriger Kerl. Dich hat er bezaubert, und dann hast Du ihn abgetan. Wenn man ihm aber nicht zu nahe kam, konnte eine Stunde Denkvergnügen mit ihm mehr geben als wochenlange Mühsal mit anderen.

Er war der Sohn einer klugen Frau, wahrscheinlich aber konnte er sie sich schon in die Windeltaschen stecken. Er war ihr »Ein und alles«, natürlich hat sie ihn als Homosexuellen akzeptiert, aber das bedeutet ja nicht, daß sie sich nicht nach Enkeln gesehnt hätte. Er hat sie durch seine ganz ungewöhnliche Fürsorge entschädigt, bis zuletzt. Sie haben ihr schwieriges Leben miteinander geteilt, und da wir nicht auf ihrem Schiff gefahren sind, versagen wir uns ein Urteil und kommen trotzdem nicht daran vorbei, uns vorzustellen, wie bitter der Lebensabend für die unbedankte Sanitätsrätin gewesen sein muß. Weil er so schlampig war und der Alkohol seine Zuverlässigkeit wohl als erstes weggeputzt hatte, blieb es ihm versagt, seine erhebliche kreative Kraft in gebührender Weise einbringen zu können. Der Witz war ihm gegeben, auch der scharfzüngige pointierte, und er versuchte ihn schon als Leipziger Student im berühmten Kabarett unters Volk zu bringen. Es war – wie fast immer – eine Zeit geschärfter Wachsamkeit, und auch ich, Jurorin, gehörte einmal zu den Kritikastern, die ihm eine Unternehmung sezierten. Er erzählte mir später, er habe meinen Eifer rührend gefunden, es sei ihm sowieso schon egal gewesen, denn die Sache hatte einmal stattgefunden und interessierte ihn nicht mehr.

Wir wissen nicht, welche Leidenschaften er ungelebt lassen mußte, vermutlich selbst Du nicht und nicht einmal, wenn Du eine von ihm gewesen sein solltest. Begütert hätte er sein müssen, in Ruhe sich allmählich um sein Leben trinken dürfen, von keiner Alltagspflicht geplagt, in Bücher versunken und ohne Not, irgendeinen Druck auszuhalten, denn dann war er sofort erschrocken und opportunistisch. Gerade er hätte die Welt gebraucht, um in ihr auch unterzutauchen zu weniger vordergründiger Kenntlichkeit. Statt dessen mußte er »ins Büro«, sollte das jeden Tag pünktlich tun und schaffte es nie. Er wollte auch nie über andere siegen, das gehörte zu seinen Tugenden. Es war ihm egal, wer ihm welche Idee klaute. Mir sind nur wenige Menschen begegnet, die so wenig nach Genugtuung für erlittene Hintansetzung lechzten. Manchmal konnte ich im Gespräch mit ihm bis an die Grenze seiner versiegelten Fläche vorstoßen. Dahinter lag verschlossenes Gehöft, und ich ahnte Boden voll Gestrüpp und Bitterwurz. Mir hat er in jedwedem Sinn immer eine Rose gewußt.

Wer er war? Man mußte nur einmal mit ihm Karten spielen. Es war ihm völlig wurscht, wer da gewann, und ob er die richtige Karte zog. Das war er, das war er ganz, leider ein Deutscher; in Frankreich hätte er es leichter gehabt.

Er wollte nie nach oben, nie etwas in Ordnung bringen. In den Unordnungen fand er, ich denke so, sein geistiges Vergnügen, sich an ihnen zu weiden und sie zu benennen.

Aber ich konnte ihm jederzeit den Rücken zudrehen, mir hat seine scharfe Zunge nie gedroht, es sei denn, er machte eine mokante Bemerkung, so daß es niemand hörte. Dann zog ich das Kleid nicht mehr an oder kämmte mir das Haar anders. Er war ein feiger Mann mit einer manchmal tapferen Seele, konnte für Sekunden ein Musketier sein.

»Das Leben«, wie wir den Ablauf unserer Zeit nennen, ist ihm viel schuldig geblieben, lange Zeit sogar eine bewohnbare Wohnung, jedenfalls Toleranz oder gar Akzeptanz. Ich hab eine Art Liebe zu ihm gehabt, und die hat er gewußt. Wenn Du von mir wissen willst, ob er es wert war, geduldiger geliebt zu werden, dann habe ich darauf keine Antwort. Er war es wert, geliebt zu werden. Ob geduldiger, das wage ich nicht zu entscheiden. Man schmeißt ja jemanden nicht wegen der Religion raus, eher weil er immer zu spät kommt. Nimm Abschied von ihm und vergiß ihn nicht.

Januar 1996

Liebe D.,

Sie kommen mir vor, als ob Sie in einer Felsspalte stecken. Die Vernunft schleppt alles ran, um Felsspalte ganz prima zu finden. Aber sie ist nicht prima. Ohne Erotik, ohne Verlustangst lebt der eigene Geist und Körper nicht. Da stirbt das Beste.

Jetzt haben Sie wahrscheinlich keine Arbeitsstelle und sind noch abhängiger. Fangen Sie trotzdem an, sich zu riskieren. Sie verlieren sonst alles, und das ist zu viel. Ihr habt etwas falsch gemacht, oder ihr habt von Anfang an nicht zusammen gepaßt. Vermutlich steckt in Ihrem Mann für irgendeine Frau ein doller Kerl, in Ihnen eine verrückte Person. Aber ihr seid es nicht füreinander. So richtet ihr eure Liebe auf die Kinder, für die scheint es schön, aber glauben Sie bloß nicht, daß diese Geschöpfe nicht bemerken, was bei Mama und Papa eben nicht ist. Sollen die von euch beiden den Maßstab für Liebe nehmen?

Das Zusammenleben ist ja schon schwierig genug, auch wenn es Liebe ist und bleibt. Auch dann, aber dann ist es etwas ganz anderes.

Wenn ich mich frage, warum uns die Liebe und der Mut zu ihr erhalten geblieben sind, dann fallen mir immer die schwierigen Situationen ein. Wir hatten es nicht leichter als andere. Nur unsere Neubauwohnung hier oben in der Leipziger, keine Datsche, jahrelang keinen Urlaub, eine einzige Kur, ausgerechnet 1989. Immer zuviel Arbeit, zuviel Streß. Zickig werden wir aber nur, wenn in all dem zu wenig Zeit für uns beide bleibt. Silvester saßen wir allein bei einem schönen Essen und Kerzenlicht zu Hause, und als ringsum Krieg gespielt wurde, lagen wir in seinem breiten Bett.

Und sind dreiundzwanzig Jahre verheiratet, kennen uns seit über dreißig Jahren. Er tut mir manchmal weh, mit einer blöden, flapsigen Bemerkung, und macht mir immer noch Herzklopfen. Manchmal bin ich ein Wehrturm, und er ist schwach, manchmal wird mir das Leben zu schwer, und ich buddle mich in ihn ein. Wegen einer Kleinigkeit kann er aus der Haut fahren, aber wenn etwas wirklich Schlimmes passiert, dann ist seine Sorge um mich größer als sein Interesse am Schaden. In unserer Ehe spielt die Zuvorkommenheit die wesentlichste Rolle. Dem andern zuvorkommen, das Schwere an sich reißen und den besten Happen liegenlassen. Ob Mülleimer oder unangenehmer Rückruf, ob Verzicht oder Ärger, beim Regeln kommen wir uns allenfalls zuvor. Keiner schiebt dem andern etwas Lästiges für immer zu, nicht mal das Frühstück zu bereiten oder die Wäsche.

Das alles wäre Freundschaft, und als das auch in Ordnung, wenn da nicht jenes andere wäre, das man nicht bis zu Ende erklären kann. Es kommt aus der Erfahrung und aus der Neuigkeit. Aus Zutrauen in den anderen, und aus der Verlierbarkeit. Könnte ich ihn nicht riechen, könnte ich ihn nicht lieben. Es ist nie nur der Teil, es ist immer diese überirdische Mischung aus allem, was sein muß, wenn es über die Jahreszeiten hinaus halten soll. Und bei euch fehlt es davon an allen Ecken und Enden.

Wenn ihr so vernünftig seid, dann trennt euch doch vernünftig. Ihr gebt die Pflicht als Kür aus.

Jetzt, Dagmar, jetzt muß es sein. Sonst ist Dein Schneid weg.

Januar 1996

Meine liebe Inge,

ich danke Dir von Herzen für Deinen lieben Gruß zum Jahreswechsel, der für Dich bedeutsam wird.

Dieses Jahr war schwer, so will es mir scheinen. Alles, was ich liebe und gern tue, ist in Eile passiert oder zu kurz gekommen. Ich fand in mir keine Ruhe mehr, und von außen war sie ohnehin nicht zu erwarten.

Abertausende von Kilometern zu den Veranstaltungen unterwegs, darunter schlecht organisierte ebenso wie unvergeßliche. Manches hätte ich nicht machen sollen, aber das weiß man bei der Verabredung nicht.

Du hast Dein Buch geschafft!!! Das ist der Sinn, der in all dem lebt. Bücher sind außer Menschen das Lebendigste. Wir werden uns sehen, ich kann Dich umarmen. Leicht wird es für Dich nicht, aber das weißt Du.

Und daß Du nicht allein bist, das weißt Du auch. Ich denke viel an Dich, auch wenn es mir gerade nicht gut geht, oder gerade dann. Aber nicht wegen des Vergleichs, der hebt sich ja in absehbarer Zeit auf. Ich möchte mit Dir reden. Ich fahr zu oft raus, um zu antworten. Die Fragen bleiben in meinem Kopf liegen.

Wo werden Deine Prioritäten sein? Vielleicht beim Schreiben, aber obwohl das gut wäre, können wir das erst wissen, wenn Du Dein Primärthema abgearbeitet hast.

Ich habe mein Buch auch geschafft, trotz aller Aufhaltungen. »Die blödesten Augenblicke meines Lebens« erscheinen Ende Februar.

Ich habe mir die Zeit dafür erzwingen müssen. Hoffentlich wirkt es nicht so.

Da ich zu den 38ern gehöre, die sich »In großer Sorge« an die PDS gewandt haben, kam auch von dorther viel Aufregung. Heym hat mich ein weiteres Mal öffentlich beschimpft, aber der kann mich nicht mehr kränken, den achte ich nicht. Es kamen aber auch Absagen von Veranstaltern, das war schon schmerzhafter. Es hat sich wieder beruhigt, die Leute hier haben andere Sorgen und wollen schon lieber selber mal sehen, ob die Vorwürfe stimmen. Obwohl unsolidarisches Verhalten wächst, und der Egoismus und die Anpassung blühen.

Ich freue mich auf Dich.

14. Mai 1996

Liebe Barbara,

»kostbare Zeit mit unwichtigen Dingen vertun.« Was ist denn wirklich wichtig?

Ich grüße Sie vom Herzen, nach anstrengender Thüringen-Tournee über die nassen Berge, durch Nebel und nach manchmal wunderbaren und manchmal ganz falsch organisierten Veranstaltungen.

Alles ist wichtig! Das Leben ist jetzt Alles! Zu wenig Lachen, zu viel Tränen, die nicht rausgerückt werden von der Seele, die sich zur Disziplin entschlossen hat. Ein auseinandergebrochenes Zuhause mit ständigem Baulärm und Dreck.

Der runde Geburtstag gestern hat mich nur belästigt. Trotz so vieler lieber Anrufe, einem freundlichen Artikel im ND, einem gehässigen in der Märkischen. Nun stehen zwischen all dem Dreck, der abgeratschten Reko-Hauswand und den zusammengestellten Möbeln halt herrliche Blumen.

Bißchen fad ist mir. Nicht bei der Arbeit. Aber beim Zuhören. Zu viel Unglück, zu oft das Gleiche.

Urlaubsreif? Diese Sehnsucht treibt mich weiter, das ist schon wahr.

Mein Verleger sagte gestern: »Neues Buch von dir im Frühjahr?« Natürlich, sagte ich und könnte mich als Häuflein Unglück im Korridor in den Bauschutt hocken.

März 1996

Liebe Rose-Marie,

ich schrieb über Sehnsucht nach großen Gefühlen, nach Befreiung von Erdenschwere, und sei es nur für eine Weile. Etwa: Wenn ich tanze, dann empfinde ich, als ob ich fliegen könnte.

Tanz ist aber auch ein Hinweg zu jemandem, und so gesehen ist auch dies ein Liebeslied. Mehr kann ich nicht sagen. Es war eins von den Liedern, die einem geschenkt werden. Eine Empfindung stellt sich ein und die Wörter kommen wie von selber. So war es auch bei »Als ich fortging« – ganz anders und sehr schwer habe ich mich mit dem »Einfachen Frieden« getan.

Vielleicht sehnte ich mich nach Übereinstimmung? Nach Leichtigkeit, Übermut, nach Frieden in diese ewig beunruhigte Seele? Mag sein.

Es war schön, als sie es sangen, in Berlin zu den Weltfestspielen. Ich weiß nicht einmal mehr, wer die Melodie dazu komponiert hat. Es ist noch mehrmals vertont worden. Und wurde doch nie ein Lied. Seltsam. Hat die Liedform, will auf den ersten Blick ein Lied sein und bleibt Gedicht, das der Musik nicht bedarf. Ihnen und Ihrer Enkelin Dank, daß Sie mich erinnert haben.

Mai 1996

Liebe Barbara,

den Artikel aus der Märkischen Zeitung habe ich nicht gelesen, und ich habe auch nicht die Absicht, das nachzuholen. Nicht nur Du hast Dich deswegen gemeldet. Auch andere Menschen haben mich traurig, wütend und wohl auch selber verletzt angerufen.

Worunter hat der Anonymus Verfasser in der DDR gelitten, vor allem: Worunter durch mich? War er arbeitslos? Möglich, dann sieht er sich ja jetzt millionenfach gerächt.

Das Tief, von dem Du sprichst, ist nur die eine Seite. Andererseits bin ich voller Pläne, habe meine Wichtigkeiten nicht verloren und erlebe schöne Momente, vielleicht tiefer als früher. Mir macht nur zu schaffen, daß ich manchmal ein Nachlassen der Kraft spüre. Nicht altersbedingt, oder weil ich halt dazu neige, sondern weil sich die kreative Arbeit nur schlecht mit täglich etwa 18 Stunden Techno-Party, sprich Baulärm

Mitte und im Haus und in der Wohnung verträgt. Ich bin schon mal erschöpft.

Aber ich komme noch immer erstaunlich schnell wieder hoch und fange wieder an, mich zu freuen und zu hoffen. Der Schmerz über meine Tochter ist unablässig. Wir haben alle letzten Dinge geklärt, aber das ist nur die sachliche Seite.

Offizielle Blumen hat es nicht gegeben. In unserer derzeitigen Baustelle nehmen sich die Rose, Moosröschen und die fremdartigen Blumen eigenartig aus.

Von meinem Mann habe ich wunderschöne Ohrringe, zuckerfreie Pralinen und drei Gutscheine für je ein großes, ein mittleres überflüssiges und ein kleines überflüssiges Geschenk bekommen. Mehrmalige Benutzung wird strafrechtlich verfolgt. Laura brachte geklauten Flieder, der Jürgen Walter einen ganzen Arm voll. Es gibt ja keinen zu kaufen. Am 25. sollte ich mit Dalk, dem Zwillingsbruder dessen, der sich mit einem Brief an Kohl aus dem Leben verabschiedete, Talk in M. im Kabarett machen. Dalk liegt auf der Intensivstation.

21. 5. 1996

Lieber Wolfgang Dalk,

obwohl ich oft denke, daß ich nur noch stumpf kopfnickend Unglücksnachrichten aufnehme, hockt doch immer die Angst vor dem nächsten Ungemach in mir.

Ich wollte die Veranstaltung in der »Zwickmühle« verschieben, nicht ohne Sie machen. Aber als mir Ihr Wunsch übermittelt wurde, rannte ich nach vorn. Dr. Preuß war der ehemalige Literaturchef bei Radio DDR, er kennt meine Arbeit und hat schon meine »Weibergedichte« gefördert. Ihre Vorarbeit aber geht ihn nichts an, die bleibt für unser nächstes Mal.

Lieber Wolfgang Dalk, ich schätze und respektiere Sie sehr und kann Sie gut leiden. Tun Sie bitte alles für sich, was jetzt nötig ist. Lassen Sie jedes schlechte Gewissen. Sie müssen niemandem den Mordskerl beweisen.

Ich war froh, gestern mit Ihrer Frau sprechen zu können. Sie klang so ruhig und besonnen. Wir werden uns später in Rostock oder Berlin sehen.

Wir leben hier unter nervtötenden Umständen von Hammerschlag und Riesenbohrern. Die Wohnung ist verkrempelt und die Aggressionen wachsen. Dazwischen ein Blumenmeer wegen meines halbrunden Geburtstages, den meine Mutter vergessen hat, meine Tochter gedankenlos versah, mein Mann mit wunderschönen Einfällen und Ohrringen schmückte. Ich habe kein Verhältnis zu diesem Tag, weil ich ihn als Kind immer herbeisehnte und dann war nichts.

Wenn Sie können, lesen Sie die Tagebücher von Klemperer. Für uns ist die Lektüre ein Einschnitt ins eigene Leben. Mein Mann hat mir die Bände zu Weihnachten geschenkt. Um jeden Tag darüber reden zu können, lesen wir jeder einen Band.

Wenn Sie die Bücher nicht in der Bibliothek bekommen, Ihnen würde ich sie leihen, dann könnte ich wenigstens etwas tun.

Mai 1996

Liebe D.,

eine Jugendliebe, gut. Aber was ist seither geschehen? Etwas ist nicht vorbei, weil etwas anderes nicht so lebt, wie es sollte. Was da »heraussprudelt«, ist weniger spontan, als Sie sich glauben machen wollen. Sie schieben die Arbeit an der jetzigen Beziehung beiseite und konzentrieren sich auf die damalige. Aber die Erinnerung an die erste Liebe könnte auch aufleuchten, wenn sie nur als Vergleich benutzt wird.

Es geht Ihnen im Moment nicht gut. Nicht gut genug. Sie möchten etwas Neues anfangen, aber Sie sehen keinen Anfang. So flüchten Sie zurück ins Gewesene, das es aber nicht mehr gibt. Es gibt Sie so nicht mehr, die damals ein Mädchen war, das nicht zurechtkam. Aber Trost brauchen Sie eigentlich nicht. Weil Sie nicht so alt sind, daß nichts mehr geht und weil Sie intelligent sind. Ohne eigenen Zweifel an Ihrem »Ausweg« hätten Sie mir nicht geschrieben. Sie sind schon schöpferisch, da ist eine Quelle, die vorsichtig freigelegt werden könnte. Aber im Moment schmeißen Sie die Steine beiseite und saufen das Wasser einfach. Auch schön, aber Sie bleiben durstig.

Was ist los? Normalerweise schreibe ich nicht in fremde Gedichte hinein. Verzeihung, aber es ist was dran, darum habe ich das getan.

Ihr Mann müßte merken – oder erfahren, daß Sie nicht glücklich sind. Sonst geht diese Beziehung kaputt. Sie bleiben stecken. Was Sie denken oder fühlen, dem soll er nicht nachspionieren, das soll er »erfahren«, erlangen, erfühlen.

Juni 1996

Lieber Herr Dietz, lieber Thomas,

Danke für Ihre schöne Rezension in der »Welt«. Sie haben bei mir mehr als einen nützlichen Schirm gut. Denn Sie sind gekommen und haben ohne die Last des Vorurteils mit mir geredet. Das macht es leicht, zugänglich zu sein auch für sehr kritische Gedanken. Aber unser Gespräch geht mir nach, es enthielt mehr Schichten, als wir jetzt nutzen können.

Da unsere Wohnung langsam aus den Trümmern wieder auftaucht, überkommt mich die Lust zum Wegwerfen, was ja auch immer ein bißchen Resignation ist, wenn die Reihung bißchen und Resignation ausnahmsweise erlaubt sei. Ich habe mich Ihnen gegenüber zur Feigheit in manchen Situationen bekannt. Genauer wäre gewesen, ich habe in Situationen, in denen man sich zu Worte hätte melden können, zu oft den Mund gehalten. Auch ich, und das ist selbst bei Kalkül immer auch feige.

Aber ich habe auch dies gefunden, aus einem Interview am 20. 7. 84: »... es gibt nichts auf der Welt, was rechtfertigen könnte, daß im Sozialismus der Verlust der Würde eines Einzelnen ein Gewinn sein könnte. Wir brauchen keinen Menschen unterzubuttern. Wir brauchen niemandem die Haut vom Herzen zu ziehen. Wir haben das gar nicht nötig. Aber natürlich geschieht das. Es geschieht nicht, weil der Sozialismus so ist, weil unsere Gesetze das erlauben, nicht einmal, weil wir es schwer haben, arm an Bodenschätzen und reich an Erfahrung sind. Das geschieht, weil ein Einzelner sich anmaßt, mit einem Einzelnen so umzugehen. Und ich fühle mich insoweit als ein Teil von allen, als es mich äußerst unzufrieden läßt, wenn man sich das bei mir vielleicht seltener traut, aber einem Kind gegenüber, oder einem jungen Arbeiter. Wahr ist auch, daß es relativ leicht möglich ist, die bestehende Ordnung zu mißbrauchen. Welche Gesellschaftsordnung könnten wir uns denn ausdenken, die den Schneid des Einzelnen überflüssig macht?«

Schreiben Sie Ihre Geschichten, welche, wieviele, wie sind die? Die angedeutete geht mir auch nicht aus dem Gedächtnis. Wenn Sie mit mir reden wollen, rufen Sie mich an. Ich hatte vergessen, Ihnen Kaffee nachzugießen. Ihnen Kekse, Obst, Likör anzubieten. Nach langer Zeit war ich wieder einmal mit dem befaßt, was mich eigentlich interessiert. Danke, Grüße, leider kaum sommerliche, macht nichts, ich übe, mich auf die Algarve zu freuen. Dort geht's mir gut.

Juni 1996

Lieber Hartmut,

ich hoffe, mein Brief erreicht Sie in einigermaßen guter Verfassung. Nachdem ich mit Ihrer Mutter gesprochen habe, gehen Sie mir nicht aus dem Kopf. Mutproben haben ihre Grenzen immer bei unserer Kraft, und es gibt solche, die sind sinnlos und zerstörerisch. Sie haben sich eine gewählt, um sich Ihre Ideale zu erhalten. Dafür meinen Respekt. Meine Generation mußte erst mit der Nase auf die Folgen jeglicher Gewalt gewiesen werden, ehe wir begriffen haben, daß Gewalt, einmal ausgelöst, immer Gewalt nach sich zieht, und daß unter dem Zeichen der Gewalt niemand der Schuld entgehen kann. Aber Sie sind jung, und Sie müssen nicht in jedem Moment gleich stark sein. Niemand darf von Ihnen verlangen, daß Sie der Beharrung die Erstarrung folgen lassen. Die Kraft muß weiter langen, für den Beruf, die Liebe, die Familie und neue Mutproben, hoffentlich zivile, für Wortgewalt.

Wenn Sie jetzt Ihr Ziel nur stolpernd und mit Zweifeln erreichen, dann hat das seine menschliche Ordnung. Manchmal braucht es auch einen zweiten Anlauf. Sie müssen niemandem etwas beweisen, was der vielleicht gar nicht erst versuchen würde. Ich hoffe sehr, daß Sie am 2. Juli aus dem Militärgefängnis entlassen werden und es dann überstanden haben.

Soviel ich weiß, ist vor Ihnen kein Totalverweigerer so konsequent bestraft worden. Ich wollte Ihnen die Hand geben und Sie grüßen. Sie haben es mit einem Riesen aufgenommen und dabei Charakter gezeigt. Das wollen wir uns merken, auch wenn Sie sich jetzt erschöpft fühlen und vielleicht ziemlich die Nase voll haben. Es wird später Situationen geben, wo Sie nicht hinter das zurückwollen, was Sie jetzt als richtig ansehen. Das ist doch schon was.

Ihre Mutter sagt, Sie sind ein langer Kerl. Lassen Sie sich trotzdem von mir umarmen.

27. Juli 1996

Meine liebe Alice,

es zog mich zu Dir, aber ich kam Dir nicht unter die Augen, weil es Deine Arbeit war, die geht immer vor. Ich hab Dich auch deswegen nicht gesucht, weil es mich zur Zeit nicht gibt. Dagegen muß ich etwas tun. Wenn wir gewußt hätten, was wir uns mit dem Wohnen bei Totalrekonstruktion eines 25stöckigen Miethauses antun, wären wir vorher zu den Dschudschuken geflohen. Aber wir blieben bei Telefon, Fax, Schreibmaschine, bei Erreichbarkeit und unserem jeweiligen lieben Bette. Lärmschäden sind nicht heilbar, die Nerven verweigern Schlaf, der Traum die schönen Bilder, die Arme wolln sich nicht öffnen und das Herz verkriecht sich.

Was ficht mich an? Lebe, liebe, arbeite doch, habe teil, nehme teil und mache dem Alter kein Zugeständnis? Daß es hier so ist. Ganz Deutschland ist an einem Endpunkt seines Soseins angelangt. Nur hat sich bei den einen im Leben fast nichts geändert, bei den anderen fast alles.

Meine Tochter lebt, schlechte Tage, gute Wochen, nun hat sie durch die lebensverlängernden Medikamente eine Schrumpfniere, aber noch lebt sie, und also ist Hoffnung.

Leider bin ich nicht mehr jung genug, mich in all dieses Geschehen so aktiv einzumischen, wie dies wohl meine Art war. Aber so darf sie nicht mehr sein. Manchmal leuchtet für Augenblicke ein Bild wie aus tiefem Frieden in mir auf. Wir gingen nach der Juryarbeit in Köln zum Restaurant, ich war ziemlich versunken, so kam es mir vor wie ein langer Weg. Die spätabendliche Straße war belebt, Leute unterhielten sich angeregt, strebten aufgekratzt einer Annehmlichkeit oder etwas Leckerem zu, oder kamen von dort. Die Luft war satt von Licht und guter Laune. Ich stand draußen, hatte damals noch nicht das Selbstbewußtsein, das als nun mal gegeben einfach anzunehmen, denn ihr kanntet euch alle lange und ich mit meiner blutenden Ossiwunde konnte nicht so laut sein wie ihr. Nicht so zu laut sein. Ich war ziemlich einsam und traurig. Auch, weil Biolek mich sozusagen vorturnen lassen wollte, was ich ja einfach hätte ablehnen können. Neinnein, das war es nicht. Ich wußte, dies würde bei mir zu Hause in den nächsten Jahren auch nicht so sein. So offen sind die Mäntel bei uns zu Hause nicht, so wehen die Schals nicht, so gut drauf treff ich sie nicht an.

Das Wunder hier bei uns sind die Frauen. Sie reißen die Familie hoch, wenn sie im Dreck sitzt. Mutter macht etwas, woran die ganze Familie teilhaben kann, Mutter hat wieder eine unsichtbare Schürze um, wischt mit der über den Tisch und stellt die große Schüssel drauf, wie abgeseilt die anderen auch vorher schon waren. Sie halten den Jungen die Rücken frei zu langer Anfahrt bis zum Arbeitsplatz, sie versorgen die Alten und die Kinder. Ohne daß solche Fürsorge ganz natürlich gewachsen wäre, denn sie waren ja berufstätig, und in vielem Alltäglichen lief das Leben anders. Da müßtest Du mal jemanden auf die Spur setzen, um die Frau am Ende dieses Jahrhunderts zu beobachten, blitzgescheit, im Rennen lernend, abguckend, sich erinnernd. Regina, die ein Frauenhaus leitet und um jede Mark und jede geprügelte Seele kämpft, zu der fahre ich im September, und unser Sozialwerk eröffnet im Herbst die »Undine«, ein Haus für noch wohnfähige Frauen, abgefangen kurz vor der Brücke.

Mit den Jungen ist es schwierig. Sie lehnen jedes Establishment ab, haben aber nicht einmal die Illusion, sie könnten zu einer anderen Welt beitragen. Nicht alle, Katrin geht nach Frankreich, um dort mit schwerstbehinderten Kindern zu arbeiten, Förderer unterstützen sie mit geringen monatlichen Summen. Sie macht das für »Aktion Sühnezeichen« und sie wird es gut machen.

Du hast über die Dönhoff geschrieben, und das Buch kam sehr schnell in die Liste der Bestseller. Schön, aber ich finde Dich in anderen Büchern deutlicher, und vor Neidattacken wird es Dich ohnehin nicht bewahren. Auch solchen von Frauen nicht. Sie haben Dich zwar nie gesehen, auch kein Buch von Dir gelesen, wissen aber genau, wie Du bist.

Ich schicke Dir Flaschenpost, weil ich nicht weiß, wo Du gerade bist. In der Eifel, im »viel zu großen Haus für die kleine Alice«, im Kölle oder in Frankreich. Mein Brief findet Dich.

Tamara Danz ist gestorben, mit 43, an Krebs. Eine sonderbar widersprüchliche Person. Ich kannte sie, seit sie 16 war. Eine Redakteurin der Super-Illu rief mich an, »sie waren doch so eine Art Übermutter«. Ja, war ich, eine Zeitlang, aber nach der Wende stand sie zunächst Frau Bohley näher, bis die neue Zeit auch Tamara erreichte. Bei uns kannte sie jedes Kind. Ich glaube aber nicht, daß Du weißt, von wem ich rede.

23. September 1996

Liebe Barbara,

Danke! Ein lieber Gruß und: Haut aus dem Haus ab. Die Schmerzen werden nur größer. Die wollen euch weghaben aus Kleinmachnow, und die leidigen Probleme, die nach Geld riechen, sind eben nicht nur das. Das Haus gehört euch. Aber sie werden verlangen, daß es so schnieke aussehen soll, wie der neue Standard es verlangt. Wie wollt ihr das aufbringen?

Wir waren am Ende unserer Kraft, aber dann drei Wochen mit Laura Marie an der Algarve. Halber Koffer voller Bücher, seit Weihnachten sorgfältig gekutet. Einmalig, schön. Fisch, Salat, langes Frühstück. Eigner Pool ohne Einblick von außen, im katholischen Portugal sehr wichtig. Skat, Sterne, Meer, Spaß, Liebe. Zurück in die Kälte, nach 2 Tagen auf Tour, in Wolgast zur Ärztin, Virus, Antibiotika, durchgehalten. Morgen nach Sachsen und Thüringen.

Wenn es sein muß, dann macht ein Ende und begnügt euch mit den drei Zimmern.

Bei uns: Grünes Netz vor den Fenstern, Dreck, Lärm, Rüstung, im 25. Stock draußen ein ständiges Kommen und Gehen von Bauleuten.

29. September 1996

Meine liebe Christine Fraas,

ich habe darauf gebrannt, mich bei Ihnen zu melden, bin aber erst vorgestern von der Tournee gekommen. Ich hatte in Ilmenau Ihre Tochter Hermine den ganzen Abend über im Blick, war erst unsicher, ob wir sie mit unserer Veranstaltung nicht überfordern würden. Ihre Behinderung ist ja sichtbar. Aber da war Ihre liebevolle Zugeneigtheit, Ihr Arm um die Schulter der Tochter und der Kontakt zwischen Ihnen, der nicht aufdringlich, aber spürbar war.

Sie haben mir Ihr Buch gegeben, und ich wollte schnell ins Hotel, um zu lesen. Leider hatte man uns auf dem Hof eingesperrt, so daß es 90 Minuten dauerte, bis uns jemand nach mehreren Telefonaten – und das Telefon war schon schwer zu finden – ungnädig mit den Autos vom Hof ließ. Die Unfreundlichkeit hatte wohl zu tun mit einer Parallelveranstaltung, zu der nur wenige Leute gegangen waren, obwohl sie im Gegensatz zu unserer »breit beworben« worden war. Aber endlich lag ich im Bett und begann zu lesen, konnte bis weit nach Mitternacht nicht aufhören, und als ich um 5 Uhr früh einmal wach wurde, griff ich sofort wieder nach Ihren Aufzeichnungen über das Leben mit Ihrer mongoloiden Tochter. Natürlich ist das Thema dazu angetan, über sie und über Sie zu reden. Sie berichten ja über Ihr ganzes auf einmal so verändertes Leben und wie es kam, daß Sie eher sich aufgegeben hätten, als die Entwicklung dieses Kindes, die wirklich erstaunlich ist. Sie kann einen Computer bedienen. Und hat andererseits enge Grenzen. Nicht so eng, wie die ärztlichen Prognosen für ihr ganzes Leben. Aber es gab sie, und dagegen ist bis heute nichts zu machen.

Auf Seite 69 haben Sie mich gezwungen, noch einmal über mein Verhältnis zur DDR nachzudenken. Auch darüber, ob ich sie jetzt nicht oft zu sehr in Schutz nehme. Die Kenntnisnahme solcher Verbote aus nichts als Kleinlichkeit und Unterstellung und vielleicht nicht zu Ende überblickbarer Gemeinschaftlichkeit in einer Selbsthilfegruppe von betroffenen Eltern, das ist schon hart.

Sie sind sehr gerecht, Christine. Sie sagen »In Gestalt von ...« und lassen sogar den Namen des Verbieters weg. Aber der Staat, den Sie hier auf eine Person reduzieren, hat diese Inhumanität ermöglicht und abgedeckt.

Ihr Büchlein atmet den Geist einer Lehrerin, wie ich sie gern gehabt hätte, wie ich sie auch kenne, aber Tochter und Enkelin hatten auch nur eine solche begnadete.

Ich rede in diesen Tagen viel mit Ihnen, spüre nicht ohne Schmerz meine eigenen Grenzen und denke immer wieder darüber nach, ob ich zu einem solchen Ausmaß an schöner Phantasie, bewundernswerter Beharrung und instinktivem Können gelangt wäre. Das hätte für mich wie für Sie viel Verzicht bedeutet. Dafür bin ich auch Mutter und Großmutter, daß ich, bei allem Bekenntnis von Ihnen zu diesem auf andere Weise so erfüllten Leben, manchmal den dunklen Ton unerfüllt gebliebener Sehnsüchte spüre, und ich weiß wohl, es geht nicht um Reichtum, nicht um Sensationen. Es ging manchmal nur um eine Stunde mehr Zeit für Sie, um eine Sorge weniger, um Schlaf ohne Aufhorchen, um mehr Ausleben der Liebe zum Partner.

Hermine hat die ersten sechs Jahre entgegen den

»wissenschaftlichen« Urteilen überlebt, und Sie haben einen Teil Ihrer Gesundheit drangegeben, um Hermine besser leben zu lassen, als ihr in die Wiege gelegt war. Heute kann bereits während der Schwangerschaft festgestellt werden, ob genetische Schädigungen zu befürchten sind. Damit stoßen wir aber die Tür zu einem Raum auf, in dem wir uns auch nicht auskennen. Wie werden wir dadurch? Nein, ich werde Sie nie fragen, wie Ihre Entscheidung gelautet hätte. Sie sind eine so starke Frau, Sie haben das zweite, gesunde Kind geboren, das haben Sie gewagt, um dem scheinbaren Schicksal zu trotzen.

Warum Hermine? Und ihre Schwester ist gesund. Es gibt keine Antwort.

Worüber ich nachdenke, das sind die moralischen Konsequenzen, die sich aus Ihrem Beispiel, bei welcher Sichtweise auch immer, ergeben. Für ein Kind, für Hermine, haben Sie sich allen anderen Kindern als Lehrerin entziehen müssen. Sie haben auf ihren Beruf verzichtet, obwohl Ihnen das sehr schwergefallen ist. Sie haben einen wesentlichen Teil von sich selber drangegeben. Davon manchmal auch zuviel. Wenn eine Mutter scheinbar alles schafft, bemerkt ihre Familie, selbst die liebevollste, oft nicht mehr, wo es zur ungerechten Zumutung gedeiht. Eine Ihrer Narben gilt dem eigenen häuslichen Arbeitsplatz, dem ungestörten mit Zeit zum Arbeiten. Hermine kann nicht begreifen, was Sie geleistet haben. Fast übermenschlich, wie Sie ihr kleine Selbständigkeiten durch unermüdliches Üben möglich machten. Hermine kann nur entgegennehmen. Hätte sie den Überblick, wäre die Last der Dankbarkeit wohl kaum zu tragen.

Ich dachte, Hermine sei vielleicht zwanzig. Auch Angelika wollte nicht glauben, daß sie inzwischen 38 Jahre alt ist. Das sind nicht einfach 38 Jahre, das sind Ihre Tage und Nächte, in denen Sie Hermine gehört haben, weil die Sie am meisten brauchte. Es ging nicht anders. Besonders bei uns hier nicht. Das muß ich begreifen und akzeptieren. Ich dachte wirklich, bei uns sei die Hilfe für Behinderte mindestens so gut wie in anderen europäischen Ländern. Mit Schaudern begreife ich, daß auch bei uns »die Gesunden« eher gefördert wurden. Daß die Leibesertüchtigungen eine große Rolle in der Förderung spielten und wie das in Spartakiaden seinen Ausdruck fand. »Sparta« war ein Begriff, der von den Roten wieder aufgenommen wurde. Aber in Sparta wurde nicht nur um die Befreiung von der Sklaverei gekämpft. Dort wurden schwache und kranke Kinder auch ausgesetzt. Ich will das alles in seiner schrecklichen Folgerichtigkeit nicht denken, weil ich da auf schlimme Gleise gerate, aber das liegt an Ihren Ehrlichkeiten.

Ihr Buch ist sehr wichtig. Es sollte nicht auf Ihren dortigen regionalen Kreis beschränkt bleiben. »Ihr Leben mit Hermine« wäre wichtig für Psychologen, Ärzte, Eltern, wichtig in Gesprächskreisen und Selbsthilfegruppen, es ist wichtig für mich und jeden anderen Menschen. Nicht für Talkshows, um Gottes willen soll nicht auch das noch oberflächlich zerquatscht werden. Hätte ich gekonnt, was Sie gelebt haben? Das werde ich nie wissen. Danke, daß Sie mich einbeziehen. Wolln wir sehen, was sich für uns daraus ergibt.

Dezember 1996

Lieber Erwin Geschonneck,

ein Mensch wird neunzig Jahre alt, da zweifeln wir einen Moment an der Endlichkeit.

Er wird fast so alt wie dieses Jahrhundert, das uns an Grenzen geführt hat, die niemand mehr leugnen kann. Die Erde läßt sich immer raffiniertere Kriege und den Wohlstand für wenige nicht mehr gefallen, sie schlägt zurück.

Also geht es so nicht weiter, sonst wird keiner unserer Nachgeborenen mehr alt und weise, selbstverliebt und genügsam, zufrieden mit getaner Arbeit und sich den Rausch neuer vergnüglicher Tätigkeiten schaffend.

Da liegen die Klassiker, ihre Werke wollen gespielt werden – vielleicht wieder mal beim Wort genommen?

Wir haben schöne Lieder für Sie gemacht, aber es gibt viele, die sind noch nicht geschrieben, geschweige von Ihnen gesungen. Das braucht es aber, anderen zum Trost, und damit Erfahrung des Lebens weitergereicht werden kann. Nicht, daß einer draus lernt, aber doch, daß er Reichtum erfährt, wo er sich vielleicht grad zu klein einrichtet. –

Die Weisheit sagt, es geht nicht ohne Leisheit, Güte ist nicht möglich ohne Demut. Lieber Erwin, Sie haben Ihre Arbeit gut gemacht, da werden wir maßlos und wünschen uns, Sie sollen sie weitermachen. Mit Blumen sollen Sie bedacht sein, mit Worten bedankt, gegrüßt mit Blicken und Umarmungen. Die Nachdenklichkeit möge Ihnen erhalten bleiben, die Neugier und der Sinn für Spaß. Sie werden noch gebraucht – und geliebt sowieso.

November 1996

Sehr geehrte Damen und Herren,

ich gehörte zu den »Gewinnern« Ihres Werbespieles.

Allerdings werde ich von Ihrer Zuwendung einer Reise nach Malta oder in die Türkei keinen Gebrauch machen. Diese Reisen stehen in denkbar schlechtem Ruf, was Ihnen sicher nicht unbekannt ist.

Sollte es Ihnen bis jetzt entgangen sein, daß Ihre Reisen als Leimrute für spätere Ausgaben gelten, die avisierten Hotels dann vor Ort nicht zur Verfügung stehen und bessere Quartiere als die ersatzweisen nur gegen eigene Kosten zu haben, während die angepriesenen Serviceleistungen unauffindbar sind, wenn Sie das alles nicht wissen, aber gern Näheres darüber hören würden, dann schicken Sie doch einen Mitarbeiter in ein x-beliebiges Reisebüro. »Bunter Hund« als Ihr Bekanntheitsgrad ist nicht übertrieben.

In der Hoffnung, daß auch andere Menschen Ihrem Angebot widerstehen können, grüße ich Sie relativ freundlich.

April 1997

Lieber Arndt,

ehe Du loskomponierst: Die Mundo ist eine Dunkle aus dem lichten Norden. Stille und Verschlossenheit sind das Ihre nicht. Sie würde nicht ins große Tuch gehüllt am Kai Kehrwieder stehn und duldsam warten. Wahrscheinlich würde sie IHM immer schon ein Stück übers Wasser entgegengehn und vermutlich nicht oder erst durch Zuruf bemerken, daß Wasser keine Balken hat. Für sie hat es und es fragt sich, ob sie damit nicht für Augenblicke recht hat. Eine unbedingte Person, die ein Ausdrucksmittel brauchte, um ihre Menge an Eindrücken über die Welt, das Meer, die Lust und das Leiden daran aus sich herauszuholen.

Wenn sie singt, versteh ich sie am besten. Da weiten sich die Grenzen, die das Leben setzt. Mit ihrer Stimme kann sie locken, lachen, klagen – und fragen. Obwohl vom Leben gestreift und manches ist ihr auch in die Haut gedrückt, hat sie etwas, das wird immer jung und erwartungsvoll bleiben. Eine Abgeklärte, die anderen ruhig das Wesen der Dinge auseinandersetzt, wird sie nie sein. Sondern immer eine Suchende, leicht zu ermutigende Person, die selbst Niederlagen durch Kochen einer Gemüsesuppe oder Gerenne mit dem Hund wegarbeitet, bis sich die neue Möglichkeit abzeichnet.

Sie gefällt mir, und ich mag sie, weil wir in unseren kalten Jahreszeiten, die meist durchs ganze Jahr gehen, solche wärmende Person brauchen, die selbstbewußter wirkt, als ihre Schüchternheit abdeckt. Auf diese Art Schüchternheit setze ich. Sie besteht aus Zweifeln an der eigenen Fähigkeit und Vollkommenheit, das sind Zweifel, die jeder Idiot im Vorbeigehn bestärken kann. Ich denke, ihre Zeit ist jetzt. Solche Weibspersonen brauchen eine gewisse Reife für eine schöne Arbeit: Dem Publikum das Gefühl zu geben, daß Leben eigentlich eine ganz wunderbare Sache ist, abgesehen von ... und das kann sie auch ausdrücken, gestalten, singen. Sie wirkt unglaublich sinnlich und unzickig. In diesen schwierigen Zeiten freuen sich die Leute immer, wenn eine Kraft anbietet, statt Schwäche und Überforderung. Sie hat das in der Stimme, ohne Übertreibung und Beschönigung das Leben zu wollen, und weiterzugeben, was sie davon hält.

Eine Dunkle aus dem Norden, die man darauf nicht festlegen darf. Dazu ist sie zu intelligent, nur das Meer und seine Gezeiten besingen zu sollen. Das Meer als Symbol schon, aber nicht sie als Deern. Das ist sie nicht. Sie hat und ist Persönlichkeit. Daß sie vom Landstrich ein bißchen das Spökenkiekrige mitgekriegt hat, ist Mittel, das benutzt werden kann.

Sie ist im guten Sinne von eigener Art und hoher Musikalität, ohne die alles andere auch schön wäre, aber nicht gerade zum Singen tauglich.

Eine Frau mit allem, was eine für die Bühne braucht. So sehe ich sie.

April 1997

Liebe T.,

wann war das, als wir uns vorgenommen haben, endlich mehr an uns selber zu denken, an alles, was gut tut, gut schmeckt, sich gut anfühlt? Als wir jung waren und unseren ersten Irrtümern aufsaßen, als wir endlich erwachsen wurden, oder neulich erst, als wir merken mußten, daß wir so jung nicht mehr sind? Dein Infarkt hat mich sehr erschreckt, obwohl ich ähnliches kommen sah. Aber man glaubt es ja nicht, man will es nicht glauben. So lange wir leben, immer hat man uns gesagt, daß wir gerade jetzt mehr als das Nötige tun müssen und auf mehr als das Nötigste verzichten. Weil gerade so eine große Zeit war. Weil es besonders schwierig zu werden drohte, oder schon war, oder für die gemeinen Leute sein würde.

Aber es war nie für alle schwierig. Nie haben die meisten verzichtet, nie alle eingesehen, daß es jetzt Wichtigeres gibt als das eigene Wohlgefühl.

Ich bin es so leid, so leid, daß wir uns strecken, uns krummachen, alles einsehen, mitziehen, und dann kommt auch nur blamables Stückwerk heraus. Was nützt es schon, daß wir das Salz der Erde sind, die Suppe ohne uns nicht auf den Tisch käme? Wir haben auch immer gedacht, es wird ein Alter kommen, da sind wir endlich bei uns selber. Aber wie sollen wir denn das noch erleben inmitten von soviel Ungemach, das sich keinen Augenblick vergessen läßt? Ich weiß es nicht, ich arbeite, gucke kaum hoch, kann nachts nicht schlafen und mir pocht der Schädel von all dem, was ich weiß, mittrage und nicht abstellen kann. Nun erst bin ich wirklich ohnmächtig, weil ohne Einfluß.

Ich möchte Dir gern von all den Beschwernissen erzählen, als handle es sich um eine dunkle Sage. Oder einen Gruselfilm. Aber das geht nicht. Ich weiß, daß Du Dich in Deiner verantwortungsvollen Aufgabe gefährdest. Lanzelot müßte Dich mit dem Schwert raushauen. Aber Du bist nicht zu ersetzen. Oder nur für eine Zeit. Der Brecht war im Irrtum, als er sagte, wer nicht ersetzbar sei, der habe einen Fehler gemacht. Ich habe das geglaubt, ich fand es tugendhaft, rechtzeitig beiseite zu gehen. Es hatte Folgen, immer.

Aber wenn ich an all die Menschen denke, die Dir ihr Überleben verdanken, auch das Überleben ihrer

Würde, die das wohl wissen und sich um Dich ängstigen, dann kann ich doch einen Fehler finden. Du hast zu wenig wegdelegiert. Es nützt uns nichts, ständig Deine Unabkömmlichkeit zu betonen.

Du sollst leben, wirklich leben, und so nimm doch den Infarkt als Warnung und als Anlaß, etwas besser mit Dir umzugehen.

Als mich heute die Nachricht erreichte, war es mir ziemlich unwichtig, wie wichtig Du bist. Nun rapple Dich langsam langsam auf, und Du mußt es schaffen. Für die Leute, die Dich brauchen, für IHN und auch für mich. Wir werden Dir helfen, wenn Du uns läßt.

Wie viele Jahre warst Du nicht in Urlaub? Warum noch nie zur Kur? Wie viele Stunden arbeitest Du täglich ohne Pause? Warum legst Du nicht einmal am Tag wenigstens für eine halbe Stunde die Beine hoch? Kein Sonntag, kein Feierabend, und der liebt Dich immer noch. Wenn das kein Signal ist. Ich schimpfe, aber vor Schreck.

13. April 1997

An die Musiker des Sinfonieorchesters Suhl

Wenn der Künstler nicht mehr die Mittel hat, von der Kunst zu leben, hört er auf, Lebensmittler zu sein für Menschen, die Kunst in ihrem Leben brauchen, um sich selber besser zu verstehen. Hungerstreik ist ein sehr ernstes und bitteres Mittel dagegen, in der Existenz bedroht zu werden. Aber der Kampf ist so ernst gemeint, wie Sie ihn nehmen.

Der Fachidiot braucht kein höheres Streben und keine edleren Gefühle, wie Musik sie wecken kann.

Die Auswechslung der künstlerischen Intelligenz, auch dieses Potentials hier im Osten, ist nicht als vollzogen zu betrachten, solange Sie sich nicht vereinzeln.

Ein Bruchteil jenes Geldes, das durch Gauner »nach drüben« abgewandert wurde, könnte Ihnen helfen.

An den solidarischen Landolf Scherzer und jeden von Ihnen Respekt. Wir verfolgen die Nachrichten über Sie und denken mit Ihnen.

30. April 1997

G. an J.

Jeder von uns ist eine multiple Persönlichkeit. Wir haben helle und dunkle, starke und schwache Seiten, dämonische und banale. Manchmal tut einer dieser Teile, als könne er allein die Macht übernehmen und alles wäre gut – oder schlecht. Es passiert, dann ist es Tragik, es unterläuft, dann ist es eine Niederlage. Meist bleiben wir nicht dabei. Ich selber habe die Erfahrung gemacht, daß ich nicht sechs Jahre lang in gleichem Entsetzen verharren kann. Niemand kann über Jahre hinweg mit aufgerissenen Augen auf der Stelle stehen bleiben und sein Herz zu schnell schlagen lassen. Dann ist die Uhr auf einmal abgelaufen, dann bleibt das Herz stehen. Wenn es nur irgend geht, müssen wir aus Situationen am Rande wieder zurückfinden zu unserer eigenen Mitte, zur Normalität unseres Lebens, wie ausgefallen die auch sein mag. Natürlich war für Picasso Normalität etwas anderes als für Herrn Kasparek. Aber für beide gilt auch der Anspruch, daß sie sich nicht allzuweit aus dem riesigen oder kleinen Kreis entfernen dürfen, den sie uns in ihren guten Augenblicken angeboten haben.

Das gilt für unser Wesen ebenso wie für unser Aussehen. Für das wir wie für unseren Orgasmus allein verantwortlich sind. Wir neigen alle dazu, dem Partner ein paar Kilo von unserem Speck aufzuhucken. Weil er zum Zulangen ermuntert hat. Weil er gekocht hat. Weil er gesagt hat, daß er Knochige nicht mag.

Ich, sonst niemand.

Laura hat gesagt: »Bestimmt denkt ihr jetzt, daß Marcel mir das Rauchen angewöhnt hat. Dabei war es

Jacqueline.« Ich habe gesagt, nicht der Weihnachtsmann und nicht Humphrey Bogart. Du hast angefangen zu rauchen. Trotz allem, was du weißt. Du, wer immer dabei war.

Wir können lüstern aussehen, flirtig, neugierig, romantisch oder ein bißchen neben uns selber, als ob wir grade den zweiten Schuh suchen. Wir müssen erotisch aussehen. Aber wir dürfen nicht zulassen, daß unsere Art von Sexualität sich auf unserem Gesicht ausdrückt. Das ist zu intim für den Betrachter. Liebesfähig, ja, sehnsüchtig, sowieso. Aber nicht fixiert auf eine Art von Bumsen. Das gesteht der nämlich einen zu großen Anteil am gesamten Leben zu. Und es weckt den Verdacht, daß derjenige, der es im Gesicht trägt, vielleicht auch im Hirn einen zu großen Platz dafür parat hält, um Konflikte und Komplexe zu züchten oder zu bewahren, zuzulassen oder zu konservieren. Es ist degoutant und fordert mir als Zuschauer das Falsche ab, auch wenn ein Künstler mich damit privat belästigt.

Das alles hat nichts mit dem Alter zu tun. Es gibt Leute, die werden immer schöner, je älter sie werden. Eine glatte Fläche verspricht alles und nichts. Wir sehen hin und wenn es uns gefällt, träumen wir: So war ich damals auch. (Bin ich aber nicht mehr. Also sollte ich nicht dauernd so tun, als wäre ich noch ein bißchen so.)

Die Jahre kerben die glatte Fläche. Was ist das? Verlust? Ja, sicher, aber die leere Konservendose ist auch einer. Man kann Blumen reinstellen. Das wirkt im Gefechtsunterstand überwältigend trotzig, in der Veranda eines Hauses albern. Die Kerbe erzählt. Das ist Gewinn. Albernheit ist unsere Möglichkeit, uns zu drücken vor dem stinknormalen Mut, den jeder Alltag braucht. Wenn jemand von hoher Intelligenz bei unabweisbarem Erwachsensein ständig in den Babytalk flüchtet, dann hat er ein Problem. Macht nichts, wir haben alle ständig Probleme. Babytalk ist Rollenspiel.

Wem gegenüber spielt dieser Mensch ein zu geringes Zuständigsein aus? Wer nötigt ihn, seinen Witz zu vergröbern oder in Zynismus zu lenken? Babytalk ist eine Art von zynischem Umgang mit sich selber, weil aus der kostbaren Prise, die das haben kann, die Manier wird.

Niemand hat das Recht, seine Schönheit abzulegen oder sie in ein Haus oder in Gegenstände zu verwandeln. Wenn jemand sagt, er müsse seinen Status halten, dann aber auch den, den er uns einmal als Bild von sich selber gegeben hat.

Es steckt ja keine Tragik dahinter. Sondern Bequemlichkeit, Faulheit, Inkonsequenz, ein Mangel an sozialer Verantwortung. Zwei Fotos von mir haben meine Einstellung zu mir selber verändert. Sie haben mich denunziert und aufgeklärt. Eh ich zur Schokolade greife, guck ich auf eins der Fotos. Dann vergeht mir der Appetit. Solange ich auf die Bühne gehe, muß ich die mir mögliche Schönheit errackern, weil sie bei mir kein Gottesgeschenk ist.

9. Juni 1997

Liebe Eva,

wenn ich Dir nicht gleich schreibe, es nicht heute tue, werde ich nicht schreiben, es wird wieder weggefressen von all den Nötigkeiten, Du kennst sie. Nie in meinem Leben hatte ich so wenig Zeit für mich. Es ist auch jetzt nicht günstig. Der Stuhl steht am falschen Platz, weil das Zimmer mit abgerissenen Tapeten glotzt, nach anderthalb Jahren Totalreko sind auch die Fußböden und die Wände hin. Ich will DIR schreiben, Deinetwegen.

Wir haben uns selten gesehen, manchmal unvermittelt warmen Kontakt gefunden, manchmal sind wir aneinander vorbeigegangen. Alle Deine Gedichte stehen in meinem besonderen Regal, aus dem niemand etwas ausleihen darf, jedenfalls nicht ohne meine Kenntnis. Ich hab viel gehabt von Deinen Gedichten, und je näher Du Dir darin kamst, so näher warst Du mir.

Ich habe mir immer fälschlich eingebildet, ich hätte zwei Bände Briefe aus Schulzenhof und auch beide gelesen. Nun, zu meinem 65. Geburtstag, erhoffte ich mir Deine »Obsession«, das hatte Vorgeschichte. Wir hören im Auto niemals Musik, nur Verkehrsfunk. Die Zeit ist uns so kostbar, weil wir auf diesen langen Autofahrten auf andere Weise miteinander reden, uns anders in einen Gedanken vertiefen können. Nun, einmal fuhr er auf der Autobahn ab, zu einer Tankstelle, ich nutzte die Gelegenheit, einen anderen Sender zu suchen, weil wir gerade den Sendebereich wechselten. Ehe er das Auto abschaltete, hörte ich Deine Stimme und sagte: »Laß mal! Eva!« Er sagte: »Und Olaf.« Ich sagte: »Die passen aber nicht zusammen.« Mein Mann bemerkte, wie ich zuhörte, kramte aus seiner Reisetasche den Ersatzschlüssel für den Tankverschluß und ich hörte doofe Fragen, seine Unsensibilität, sein Ungeschick und Deine gelassenen klugen Antworten. Ich liebte Dich, Eva. Ich liebte Deine Würde, Deine Reife, über Möglichkeiten des Lebens zu sprechen. So, wie Du gesprochen hast, kann man über alles aus seinem Leben sprechen und andere in ihrem Mut bestärken. Vielleicht finden zwei, drei von ihnen die Kraft, die Knoten ihrer falschen Scham zu lösen und Heilung im Aussprechen zu suchen. Du vielleicht selber nicht, obwohl Dir Bewältigung näher ist, seit Du auch aus dieser großartigen Niederlage Gewinn gezogen hast. Gesegnet sei, was nicht gelebt werden konnte, denn die Kruste ist aufgebrochen und wer einmal wieder des Lebens ganze Erschütterung gespürt hat, dem wird das auch wieder begegnen. Nicht ER ist das Einzigartige, sondern Du bist es. Die Demütigung durch allzu viele Schläge – von denen einige ja auch den bitteren Toden vorangingen, ist in ihre Schranken gewiesen.

Ich hatte gehofft, daß meine zarten Andeutungen reichen würden. Weiß auch nicht, warum, aber ich wollte mir die Obsessionen nicht selber kaufen, es schien mir nicht gemäß. Gefährlich, die eigene Rolle so auf die Probe zu stellen, ich weiß, aber ich brauchte das. Wirklich kam unsere gemeinsame Angelika, und als ich das Eingewickelte in der Hand hielt, wußte ich, es sind Deine Gedichte. Zum Geburtstag schenkte mir mein Mann Taschenbücher von Diogenes, die ich mir gewünscht hatte, obwohl ich Geburtstagen nicht den geringsten Wert beimesse und zusehe, daß ich dann unterwegs beim Arbeiten bin. Aber mir war so sehr nach Streicheln und Guttun, ich rauche nicht mehr und das Essen mußte ich mir auch stark reduzieren. Ich bekam von meiner Laura, die mich über den Briefen von Rosa gesehen hatte, die neue Biografie Luxemburg.

Unter den Büchern war ein teures gebundenes, das ich sehr gern gelesen hätte, aber da kann ich die Taschenbuchausgabe abwarten. Früher nicht denkbar, ich ging in meine Buchhandlung, bei der ich Bücher kaufe, wieder, ohne daß die deswegen auch eins von mir im Laden hätten. Und tauschte das Buch gegen Deinen Schuber mit den Briefen. Trug ihn glückselig nach Hause und lud mir lauter unangenehme Arbeiten auf. Balkon säubern, den ganzen ständig wiederkehrenden Baudreck sinnlos und nötig wegwischen, ach all Krempel, Du kennst es. Und dann die Belohnung: Ins Bett wie als Kind, in meine Ecke rollen und nun Welt ade. Erst durch Dein Nachwort habe ich erfahren, daß mir ja nun noch der Genuß des zweiten Bandes bevorsteht, den ich nicht kennen kann, wenn er erst 1990 erschienen ist.

An mancher Stelle hast Du bestimmte Einsamkeiten gelindert. Auch ich habe Schmerzen über Dinge, die man sich fast nicht zu sagen traut, weil sie entweder banalerweise alle so sehen und empfinden, oder, ebenso wenig aufregend, niemand, den ich kenne. Auch ich war 43, als mein erster Gedichtband erschien. Den Mut dazu habe ich durch meinen Mann gefunden. Das ist auch jetzt noch wahr, wo ich weiß, das Gegengewicht der Entmutigung durch Männer ist schwerer, als daß dieser den Weibern gerechte Mann es je ganz ausgleichen könnte. Er versucht es, das ist viel.

Niemand ist mir je so nahe gekommen wie er. Und durch ihn ich mir selber. Aber die Frida Duckmaus in mir konnte er nicht umbringen. Mein Selbstbewußtsein ist nicht viel stabiler geworden. Ich habe Dir zu danken, daß ich Gefühle als berechtigt erkannte, weil Du sie auch hast. Ich will da jetzt nicht zuviel aufdecken, über mancher Wunde ist die Haut noch zu dünn. Aber was die Frieselschen Anmaßungen anlangt: Haben die wirklich geglaubt, ich lasse mir für den Eintritt in die Gewerkschaft der Autoren eine dreijährige Schamfrist verpassen, von Joachim Walther? Der mir beim gemeinsamen Verfassen des Buches über die Weltfestspiele alles andere als verfolgt schien?

Seit 1993 habe ich nicht mehr geweint, obwohl ich mir das manchmal sehr wünschte, als Lösung, als erlösend. Aber ich hatte alle Tränen geweint. Um meine Tochter, um all die Kränkungen. Um die auch, ja. Sie waren geringer als das Leid, an dem gemessen alles andere nur Vorgänge sind. Aber es hat doch gebrannt und geschmerzt. Wem ich früher am meisten zu helfen versuchte, der kann es mir heute am wenigsten verzeihen. Als hätte ich ihnen ihre einträgliche Opferrolle dadurch unmöglich gemacht. Ach wo! Sie müssen es doch nur aussprechen, man läßt sie doch rein, wenn sie das Losungswort kennen.

Ich hab gern hier gelebt. Es war meine Chance. Ich habe dieses Zuhause geliebt, was ja nicht heißen muß, daß man alles hinnimmt oder gut findet. Die Kriegsgewinnler in diesem Prozeß der feindlichen Übernahme der DDR durch die Bundesrepublik sind nicht wert, gehaßt zu werden, aber die Ohnmacht führt auch zu solchen Gefühlen. Die mir vorher fremd waren. Ich hab niemanden gehaßt. Nun sind Schicksale gemacht worden und ich möchte Gegenschläge austeilen und habe sie nicht.

Dich und mich hat Leid getroffen, das zu den wirklich Gefürchteten gehört. Wie damit leben? Ich ertappe mich, daß ich mit meiner Tochter lache. Sie sorgt dafür, daß sie immer verliebt ist und ich frage sie nicht, ob das gegen die Ängste wirklich hilft. Sie hat bis hierher überlebt und es hat seinen Preis. Über den reden die Ärzte vorher nicht. Aber sie würde es, sagt sie und dann mit weitaus weniger Angst, sofort wieder auf sich nehmen. Sie sagt, ein hoher Anteil der Leiden daran spielt sich im Kopf ab. Nun schaltet ihr Überlebenswille jeden unbequemen Gedanken aus. Auch das trainiert sie. Die Verdrängungen funktionieren, sie sucht sich Spaß. Und meine Furcht vor Reue läßt mich zurückschrecken vor jedem kritischen Wort. So bleibt viel Verantwortung bei mir, auch sehr nüchterne und manchmal zuviel. Aber nicht deswegen schreibe ich Dir, liebe Dichterin. Sondern weil ich Dir einmal sagen wollte, daß Deine Gedichte mich nun schon so lange begleiten und manchmal ist es eben ein Gedicht von Dir, das besser paßt als eins von mir. Dazu gehören die bilanzierenden, unbeschönigenden. Es gibt Lieder von Dir, die ich mir still für mich immer wieder anhöre. Eine Welt für sich, Eva. Ich weiß, was Du getragen hast und wünsche Dir Genüsse. In mir hast Du eine ferne Musketierin, aber das klingt schon zu tapfer. Es ist lange her, daß jemand eine dumme Bemerkung über Dich gemacht hat. Ich mußte Dich nicht verteidigen. Man darf auch den jetzigen Verhältnissen keine Langlebigkeit der Neuigkeiten glauben. Für Dich ist Verehrung gewachsen, eher Kenntnis einer Kostbarkeit, die auf jeglichem Boden rar gedeiht.

Was Dich am meisten umgetrieben haben mag bis hierher, war wohl die Frage, ob Du zu Dir selber gekommen bist. Ob nicht all die Ablenkungen zu wenig von Dir übriggelassen haben. Darauf weiß auch ich keine Antwort. Aber könnte es nicht sein – vorsichtige Frage! –, daß eben daher die Verdichtungen Deiner Dichtung kommen? So wenig, was man weglassen könnte, so viel, was noch niemand so gesagt hat. So viel, was gesehen wurde und nicht gleich geschrieben werden konnte, sondern erinnert werden mußte, gedacht und umgedacht bis zur gereiften Form. Das soll kein Trost sein, Eva. Aber auch Du kennst das. In den vielen Kuverts so selten ein Beweis von Talent. Und in dem, was gedruckt wird, auch. Soviel ausgedachter Quatsch, Bildungstümelei, grübelnde Scheintiefe. Etwas ist für Dich doch richtig gelaufen und es ist ein Werk geworden. Die Leute brauchen Dich, zunehmend, allerdings eher im Osten, hier.

Viele Menschen kommen wieder zu sich und suchen nach ihren Lieblingsdichtern. Zu denen gehörst Du. Lebe so gut wie möglich und fang doch wieder an, Briefe zu schreiben. Nicht an mich, ich habe Deine Bücher und Deine Grüße, und ich will gar nichts von Dir. Dich nur in Ruhe lassen und Dir sagen, daß auf vielerlei Weise Kraft von der einen zur andern gehn kann. Es gibt Menschen, Eva, die ein Gedicht oder einen Brief von Dir rahmen und in ihre Stube hängen.

Ich wollte Dir meine Zuneigung und meinen Respekt sagen, auch für Deine Rigorosität angesichts des neuen deutschen Elends, und bitte, hab Verständnis für die Ungeordnetheit meiner Gedanken.

Frühling 1997

Liebe Heide Mundo,

niemand kann Ihnen die Entscheidung abnehmen, ob Sie jetzt fürs Fernsehen einen Kompromiß machen, oder stolz die Treppe runterfallen. Sie sind eine schöne Frau mit Lebensansprüchen, mit Werten, Gefühlen und Bedenken. Die wollen Sie für drei Minuten als Deern.

Ich wünsche Ihnen einen Koffer voller Lieder, wo Ihnen vor der Veranstaltung die Hufe glühen, weil sie Ihren Auftritt kaum abwarten können. Alles weniger ist Null. Man geht nicht dreimal mit dem falschen Mann ins Bett, man singt nicht ein Lied, das man eigentlich nicht mag.

Bei Kompromissen müßte es einen Rückweg geben, und es gibt ihn oft nicht. Vielleicht hat der Produzent diese Zumutung von einem Lied von drei anderen Interpreten schon mit spitzen Fingern zurückgekriegt? Entscheiden müssen Sie, Heide. Und Sie müssen auch für möglich halten, daß Sie mit diesem Quatsch ins Fernsehen kommen und mit »Ihren« Liedern nicht. Dann ist eine Chance weg, falls es eine war. Wer hat das Recht, Ihnen die zu nehmen? Ich schreib Ihnen ein paar Texte und versuche, Arndt Bause zum Komponieren zu bewegen. Obwohl, aber das ist schon gesagt.

Juni 1997

Meine liebe Irmtraud,

wie immer bin ich in Deiner Schuld, und wie immer entläßt Du mich nicht in Ungnade, sondern wartest auf meine Erklärung. Ich hoffe, noch immer geduldig.

Von all dem Baulärm und Baudreck liegen die Nerven der Mieter in diesem Haus seit anderthalb Jahren bloß. Ebenso lange schwanken die Ergebnisse der Augenoperation meines Mannes. Wie prophezeit, kriegt das Gehirn durch den starken Dioptrin-Unterschied die Bilder schwer übereinander. Damit ist er noch nicht am Ende, wir haben immer noch Zuversicht. Niemand kann ihm aber die Frage beantworten, ob er sich unter diesen schwierigen Umständen auch das zweite Auge operieren lassen soll. Da hat er ein knurriges Herz und ich traue mich nicht, zu raten.

Das Zusammenleben mit Laura, ihrem Freund und ihrem Hund, selbständig, durch acht Stockwerke getrennt, aber mit Fahrstuhl jederzeit erreichbar, das ist schön, bleibt leicht, liebevoll, wichtig und beiden Seiten hilfreich.

Meine Sternstunden sind die vielen Begegnungen mit Menschen, wo jeder gibt und jeder nimmt. Die alte Vertrautheit hat sich wieder hergestellt, die Wärme, und so gut kann ich nicht sein, daß ich mich nicht viel reicher beschenkt fühle, als ich selber geben kann.

Solange Arbeit ist, möglichst zuviel, solange geht es mir gut. Angesichts der politischen Situation möchte ich schon manchmal die Schultern hängenlassen oder aufbrausen, oder die Bemühungen aufgeben. Hast Du mich neulich »leidlastig« genannt? Das klingt nach einem Etikett und benennt es wohl doch nicht. Wir leben inzwischen in seltsam unterschiedlichen Welten. Ich in mehreren, denn als Vertreterin frauenpolitischer und sozialpolitischer Interessen komme ich in andere Kreise, denn als Schriftstellerin zu Lesungen in neu gebildeten Literaturvereinen, Bibliotheken, Turmstübchen, Klubs etc. Da sind nicht nur die Probleme anders, da ist auch die Stimmung und die Suche eine andere. Eine zweite Aufklärung ist zugange, und ich beteilige mich daran. Schöne Arbeit, in Frage stellen, Nachdenken, wie sie aussehen müßte, keine Illusion, von ihr kämen Lösungen.

Ganz anders, wenn ich mich über die wiedergekehrten Mehlschwalben auf unserem Balkon freue, nun endlich wieder an meiner Maschine sitzen kann, während an der Wand hinter mir noch die Tapeten fehlen – oder wenn ich im Auto sitze und glücklich bin, daß wir nur fahren, anhalten und Kaffee trinken können, vor allem, zusammensein und reden. Wir haben nach wie vor überall Einzelzimmer, und die wählen wir bescheiden genug, aber es ist so wunderbar, sich dann noch mal zu besuchen, Eindrücke auszutauschen, er über den Ort, ich über die Veranstaltung, dann endlich ganz allein!!! der müdegequasselte Mund wird geschlossen, runter mit den Klamotten, ein bißchen Dusche, noch einen heißen Tee und die Vorfreude des Tages geht in Erfüllung: wo auch immer, wie auch immer, ich lese noch ein paar Seiten, mich manchmal fest, pfeife auf den nächsten Tag, der mir als Portion wieder zur Aufgabe wird, die ich löse. Heißt gut, nicht immer gut, manchmal ist die Chance zu klein, manchmal meine Fähigkeit.

Das wär wunderbar, wenn es alles wäre. Aber es ist nur ein kleiner Teil. Und dieser andere, aus Alltag, Bürokratie, Ärgernissen, Sorgen und »Angelegenheiten«, der ist groß, zu groß. Und muß abgearbeitet werden, ehe ich endlich darf. Zum Beispiel, Dir endlich schreiben. In Deinem Leben ist vieles anders. Ich unterschätze keineswegs die Beunruhigung durch den Gesundheitszustand von Horst und vor allem nicht, wie beunruhigt er selber dadurch ist. Aber eure Pfähle sind sozusagen eingeschlagen. Was ihr jetzt habt, das kann euch niemand mehr wegnehmen, darauf könnt ihr euch einrichten. Wir haben immer noch nur eine Rente, meine. Jetzt ist Juni, mein Mann ist 65 geworden, hat mit seiner Altersrente gerechnet, auch schon so eine Art Überleitungsbenachrichtigungsschreiben bekommen, mit dem kein Laie etwas anzufangen weiß, aber nix Rente. Nachfrage, die Antwort: »Sie haben ja keinen Antrag auf Altersrente gestellt. Ja gut, wir haben alles von Ihnen im Computer, aber Sie haben den besagten Antrag – ich nehme den also jetzt telefonisch zur Kenntnis. Sie sind der Dumme, Sie haben den Schaden, Sie hätten das wissen müssen.«

Kannst Du Dir das vorstellen? Keine Ahnung, wie lange es jetzt noch dauert, aber die Mieterhöhungen für beide Wohnungen gelten ab 1. Juli.

Ich hab 27 Pfund abgenommen – was sagst Du? Zwei Jahre hat das gedauert, aber ich bin glücklich darüber, es ohne Wundermittel und Gewaltkuren geschafft zu haben. War eigentlich nicht schwer, und ich werde das halten. Der Dank dafür ist, ich bin ungleich mobiler, meine Füße schmerzen nicht mehr. Der Rücken wohl, aber das sind die Schädigungen, die nicht mehr zu beheben sind. Die haben wir ja alle.

Meine Liebe, ich danke Dir für alle geschriebenen, geschickten und gedachten Grüße, die mich erreichen. Vielleicht kommen wir ja doch endlich mal zu unserem ausgedehnten Kaffee. Grüß mir Deinen Horst, ich schreibe noch Gedichte und Lieder, ich arbeite am nächsten Buch und der nächsten Idee, bin wie immer angeschlagen und angebrochen, aber noch nicht kaputt. Darüber könnte ich Dir jeden Tag was anderes sagen. »Leidlastig« bin ich auch, ja. Aber aus Gründen, nicht aus Sentimentalität.

Juni 1997

Liebe Kerstin, lieber Ole,

als ihr beide gekommen seid, verlor der Raum sein zugleich schäbiges, seltsam unwichtig gewordenes und eigentlich überflüssiges »Getragensein«, das einem als Autor nicht mehr hilft, es bildet keine Wand, an die man sich anlehnen kann. Eine Gedenkstätte, ja, aber die »Heiden von Kummerow« werden für unsere Nachgeborenen weniger überleben als die Lausbuben von Thoma.

Wenn die Liebe hereinkommt, duftet und knistert es, sie ist unübersehbar, sie hat eigentlich ganz mit sich zu tun und ist zugleich offen für das Universum.

Ich danke euch beiden für das Vertrauen und die dargebrachte Katzentür eures langen Briefes. Ich schlüpfe durch und sehe mich um, lange genug, um meinen Eindruck zu festigen oder zu widerlegen, nicht einen Augenblick zu lange in einer Phase, in der zwei zugleich sich selber genug sind und doch das Publikum aus alten und neuen Freunden brauchen. Ole, ich kann Kerry nur raten, nicht helfen. Raten auch nur, daß sie ihr natürliches Gefühl für Poesie, vielleicht durch die Gefühle geweckt und entdeckt, strömen lassen soll. Schön, »der Seidenmantel«. Aber das verträgt keine Wertungen, keine Unterschriften, Herr Lehrer. Geschenke, als Einfall und Überreichung. Reichtum in einer Lebensphase, in der einem die Geschenke leicht fallen.

Eine wunderbare Zeit. Bei den meisten Menschen kommt danach allmählich Ernüchterung auf, sie schämen sich des Überschwanges und sehen den anderen mit mehr Dioptrien.

Das muß nicht so sein. Es kommt darauf an, wieviel Eigenleben ein jedes von sich verwirklichen kann, auf die Gefahr hin, daß sich der Partner manchmal zu kurz gehalten sieht. Alles geben, aber auch für sich selber. Nicht klemmen, nicht klammern, nicht argwöhnen, und immer wissen, daß wir sterblich sind, und die Liebe ist es oft vor uns. Eine Liebe ist ein Superlativ. Wenn wir uns am meisten bloßlegen, legen wir zugleich auf Vorrat. Gedanken, Erfahrung, auch neue.

Ich habe Hemmungen, euch in dieser wunderbaren Zeit trotzdem auf ein paar Signale aufmerksam zu machen. Laßt es mich tun, vergeßt es gleich wieder, oder laßt es euch einfallen, wenn es mal gebraucht wird. Ich war ja nur einer von vielen Anlässen für euch, nur ein Grund, zu berühren und über die Gleichgestimmtheit zu staunen. Ole ist sehr selbstbewußt. Ich mag das, unsichere Männer sind grausame und unzuverlässige Männer, weil sie meist den gefürchteten Schlägen zuvorkommen wollen.

Kerstin kann im Moment gar nicht glauben, daß sie es sein soll. Sie wird nur manchmal und nur schwer fertig mit dem Gefühl, eine geküßte Fröschin zu sein, und sie traut dem Spiegel nicht und kann sich nicht entscheiden, ob sie aus lauter Liebe Butter treten soll oder sich als Prinzessin schmücken. Seidenmantel oder »sie in ihrer bescheidenen und natürlichen Art«. Kerstin ist eine richtige Frau, sie hat alles, was eine braucht. Sie hat ihre Herzlichkeit, ihre Einfühlung, ihre Intelligenz, und ihre Fähigkeit, real zu denken und zu handeln. Andere sind auf andere Art schön, sie ist es in der ihren. Ole darf ihr keine zu hohe Meßlatte legen. Vorsicht vor Herablassung und Dienstverpflichtung zur Herrlichkeit. »Andere haben mich gelehrt«, das klingt verheißungsvoll, wenn es endet »du aber lehrst mich, dich zu lieben«. Ob ihr es jetzt glaubt oder nicht, das macht befangen. »Du lehrst mich« heißt auch, du hast mich zu lehren, ich erwarte das von dir und bin froh, daß du das jetzt tust. Wann ist die Lehre beendet? Wann wird sie da einen Fehler machen? Ein kluger Amerikaner hat gesagt: »Jeder Mensch ist für seinen Orgasmus selber verantwortlich.« Das meint nicht Einsamkeit, das meint Gemeinsamkeit, übereinstimmendes Bemühen. In der Liebe braucht jeder von beiden eine Chance, für die ein Minimum an Kenntnis nötig ist.

1. Juli 1997

Liebe Helga,

beim Ostermarsch, auf der Rednertribüne, habe ich gedacht, das wär eigentlich die Gelegenheit, mich abzuknallen und damit die Morddrohungen wahrzumachen. Am wenigsten verzeihen mir heute die, denen ich helfen wollte und konnte. Das scheint deren Opferrolle zu stören. Jürgen Walter hat mich heute am Telefon wieder beschworen, ich solle doch einfach nicht mehr hinhören, es ginge mich nichts an, was die an Lügen verbreiten. Aber da hatte ich gerade die Wiederholung eines Films im MDR gesehen, über den Oktoberklub. Lauter bußfertige ältere bärtige Herren bekannten sich zu ihrer damaligen Beschränktheit. Wer das nicht so sieht, kam im Film nicht vor. Das muß wohl jetzt sein, mitten in einem sozialen Desaster, in dem doch wahrlich über Neues Elend gesprochen werden sollte, statt über unsere damalige Naivität. Sabine Fehse gestand ein weiteres Mal, sie sei nur abgehauen, weil ihr die Gagen in »Jahrgang 49«, einer Tochtergesellschaft des Oktoberklubs, zu niedrig gewesen seien und andere hätten mehr bekommen. Dazu kann ich nichts sagen, das war lange nach mir. Aber Bettina Wegener, die mit ihrem Icke dette kiekemal nun schon bescheuert wirkt, hat gesagt, die Partei habe Frau Steineckert geschickt, ich hätte mich dort reingeschlichen, hatte die Macht und das Sagen, und »die war die Zensur«.

Ich war nicht in der Partei, längst noch nicht. Mich hatte niemand geschickt, die jungen Mitglieder haben mich geholt, weil ihnen ein paar Liebestexte von mir gefallen haben. Die FDJ war so lange mißtrauisch meinetwegen, bis ich ihr einen harmlosen Grund dafür lieferte, der mich damals beinahe den Beruf gekostet hätte. Eine Parodie, und welche Auswirkung.

Bettina Wegener war nicht mehr da, als ich kam, und als sie später mit jiddischen Liedern auftauchte, ging ich gerade weg. Die Zeit reichte gerade noch, sich mir wie eine Hosenklammer anzuheften, aber meine Zeit dort war um. Damals war noch kein Buch von mir erschienen, niemand hätte mich um Macht irgendwohin schicken können, und ich verliebte mich am ersten Abend in das Fluidum im Klub, in die jungen Leute und insbesondere in Jürgen Walter, was ja auch sehr begründet und sehr gegenseitig war. Alles andere ist Spinne. Die hätten sich von mir weder ein Lied einreden noch eins verbieten lassen. Wenn denen nach Kitsch war, haben sie Kitsch aufgeführt. Das waren schon damals sehr eigenständige Leute, mitten in Ausbildung und Weltverbesserung. Erst vor zwei Jahren habe ich erfahren, wer von denen damals IM war, aber ich kann mir nicht denken, was der groß gemeldet haben soll, es spielte einfach keine Rolle, und wo es klemmte, hat derjenige auch nichts bewirken können. Wichtigste Leute mußten trotzdem zur Armee, eine Wohnung war trotzdem nicht zu kriegen – falls derjenige sich darum bemüht haben sollte. Und abgebürstet wurden wir entweder von Naumann oder von der FDJ. Aber wir waren schlau genug, oft den einen gegen den anderen zu benutzen.

Wenngleich ich nicht behaupten will, wir hätten damals vor Durchblick nur so gestrotzt. Vietnam, Griechenland, da waren die Fronten klar. Aber als es um die CSSR ging, waren wir sehr froh und glaubenssüchtig, als uns jemand schwor, kein deutscher Soldat habe tschechischen Boden betreten, alle hätten nur so getan, wegen des Warschauer Paktes.

Dann gab es noch die schwierige Frage nach Jan Pallach, der sich auf dem Marktplatz in Prag aus Protest verbrannt hatte. Da sagte man uns, er sei reingelegt worden. Er glaubte, mit einer nicht brennbaren, oder nur scheinbar brennenden Flüssigkeit übergossen worden zu sein und daß man ihn dann scheinbar brennend wegtragen würde. Effekt, aber keine Gefahr, wie im Film. Ich hab's geglaubt, weil ich es glauben wollte.

Komisch ist, daß Bettinas heutige Worte denen gleichen, die damals der FDJ-Boß gesagt hat. Schleicht sich rein, kommt vom Gegner.

Ich hoffe, Du hast Arbeit, nicht nur zu tun, ich hoffe, daß es Dir gut geht und der im Telefon ausgewiesene Dipl. Ing. Dir in angenehmer Weise nahesteht. Sei bedankt, Du, und nächstes Mal kommst Du auf mich zu und sagst, ich bin die Helga aus der Neuen Blumenstraße. Und schreib Deinen Absender deutlicher.

Machs gut, ich geh auf Tour, wieder, vor dem Urlaub, ein langes Jahr ohne macht sich bemerkbar, es geht mir nicht so gut, kann nicht schlafen, finde keine Ruhe. Wie denn auch.

8. Juli 1997

Lieber Georg Preusse, LIEBE MARY,

ich konnte nicht wissen, daß Sie mich in DDR-Zeiten gesucht haben. Meine Nummer stand nicht im Telefonbuch, das ist wahr, allerdings hätten die sie Ihnen doch im Metropol-Theater geben können. Dort habe ich Sie einmal auf der Bühne erlebt. Es war schwierig, Karten zu bekommen. Aber ich war dort, habe sehr gelacht und Ihre Professionalität bewundert.

Neben mir saß der damalige Chefredakteur von »Amiga«, unserer einzigen Plattenfirma. Als Sie die Perücke abnahmen, sagte er: »Jetzt bin ich sauer, daß er mir die schöne Frau weggenommen hat.« Ich empfand auch so, ich gebs zu.

Nun haben Sie das Lied »Clown sein« auf Ihrer neuen CD. Eins meiner Lieder für Jürgen Walter, den Sie schätzen.

Ich schreibe Ihnen, weil mich ein Freund aus Saarbrücken angerufen hat, der zwischen uns den Faden knüpfen wollte. Von mir aus gehe ich auf niemanden zu, aber Hasso Müller-Kittnau hat mir Ihren Wunsch übermittelt.

Es freut mich, daß Sie ein Lied von mir singen. Mehr als getane interessiert mich aber immer neue Arbeit. Vorerst einmal schöne Grüße am Rande des Sommerlochs, ich komme selber von langer Lesereise und weiß, daß Sie in München den Käfig voller Narren gerade verlassen. Grüße und im Hinterkopf ein paar Gedanken an Sie.

Juli 1997

Antwort an Anna

Wie willst Du mich erfreuen, wenn Du mit schmerzenden Händen Pakete packst? Gehörst Du zu den Weibern, die nicht annehmen können, ohne doppelt zu geben? Zu teuer, sage ich Dir, wenn Du die Ruhe neben dem Löwenzahn gegen Unruhe beim Packen schmälerst.

Ich will, daß es Dir gut geht. Wenn ich Dich brauche, dann Deinen Rat, Dein Weiterleben, Nichtleiden, Deine Hoffnung. Mach ein paar Dummheiten, Anna. Wenn es Dir hilft, hör auf, zu rauchen, trink weniger und träume, soviel Du willst. Von Berlin nicht, das lohnt nicht. Von Deinen Jahreszeiten, von dem, was kommt, gut tut, sein möchte.

Ich grüße und umarme Dich mit Kerbelsamen, einem kleinen Porträt von Dir und höchst unzufrieden damit, daß Du mir ein schlechtes Gewissen machst.

Juli 1997

Freund Erwin,

es ist gesagt, aber es soll wiederholt werden: Es hat mich berührt und geehrt, daß Du mir erlaubt hast, Deine Gedichte zu lesen. Diese Sammlung enthält ihre eigene innere Moral, eine, die nicht angeboren war, bei keinem Menschen ist, die hergelebt und nun auch hergelitten wurde, was einen wesentlichen Teil ihrer Qualität ausmacht. Der Dichter weiß, wovon er zu berichten und zu dichten sucht und macht nicht Poesie aus Bildung, die freilich den Gedichten immanent ist. Der Kulturkreis, der da anklingt und den Kunstanspruch herausfordert, ist erkennbar. Muß er auch. Das nimmt der Eigenart nichts und wo es um den Liebesanspruch geht, paart sich für mich seltsam harmonisch das Ewige des ganzen Schmerzes mit der Neuigkeit jeglicher Unverschontheit etwa durch das Anderssein. Am anderen Ufer wird gesehnt, gesehnt und gesucht. Gefunden, verlorn ... Die Erfahrung meines Lebens bestätigt Dir, daß solche Verluste in der Liebe unheilbar sind. Unsere Qual besteht zu einem Teil daraus, daß wir dennoch versuchen zu verwinden, und sei es um den Preis der Herabwürdigung – des Ich und des Anderen. Wenn ich erst denke, daß Du auch nur ein Mensch bist, dann kann ich überleben. Es wäre weise, zu erkennen, daß wir alle mit ständig dünnerer Haut leben müssen und nichts ist abgegolten, was je das Ganze war und uns wie ein Nichts hinterließ.

Indem Du Dich zur Tiefe Deiner Verletztheit und Deiner Einsamkeit beim Kampf gegen das Schwachwerden bekennst, kannst Du das alles sagen, auch da, wo Du es noch nicht sagen, weil noch nicht ertragen kannst. Obwohl das sicher kein Gedanke von Dir war, leisten Deine Gedichte auch einen moralischen Beitrag. Es wird oft gesagt, und ich habe es häufig so beobachtet, es mangele der gleichgeschlechtlichen Beziehung an der Nötigkeit von gemeinsamer sozialer Verantwortung, und dies sei ihren Lebensformen anzumerken. Es gibt keine gemeinsame Verantwortung, um derentwillen Kompromisse gemacht werden müssen. Kein Schwächeres, das wichtiger ist als das Ich. Es haftet den Beziehungen mehr Egoismus an.

Dies weiß ich – wenn auch erst durch wenige Beispiele – anders. Wenn es wirklich Liebe ist, dann ist sie ein Superlativ und ruft alle unsere Tugenden auf den Plan. Und die ganz einfachen ewigen Wünsche, die nach Unendlichkeit, nach Verlaß, nach Auslieferung, Hingabe und jenem Schubs über die Schwelle zu eng gewordener Räume, den Liebe geben kann.

Du kannst lieben und wirst wieder lieben. Das klingt wie billiger Trost, ist aber keiner. Denn nichts wird lindern, wie Du geliebt hast und was es Dich kostete, den Widerspruch eurer Lebensansprüche zu erkennen und zum Entweder-Oder geraten zu lassen. Über das, was mir Deine Gedichte gegeben haben, werde ich noch lange denken. Auf weiter Autofahrt habe ich meinem Mann davon erzählt, habe ihm zitiert und es wurde ihm eng in der Kehle, ich sah feuchte Augen und jene Demut, die ich bei ihm immer finde, wenn es nichts dawider zu sagen gibt.

Ich mache Dir keine Vorschläge für Änderungen. Das steht mir nicht zu, da sind meine Hemmungen viel zu groß und wie kann ich subjektiven Eindruck gegen subjektiv Geformtes stellen.

Laß mich sagen, was mir aufgefallen ist. Die von Dir angestrebte und erreichte Lakonie macht mich als Leserin den starken Gefühlen gegenüber sogar freier, ich habe keine Angst vor Maßlosigkeit, ich muß Dir mit meiner Erinnerung sogar manchmal nachsetzen, wo Du mir Raum läßt für meine schmerzliche Erfahrung. Manchmal aber gerät es Dir auch nicht zu stoßweisem Atmen, sondern zur Verkürzung, da wird es statt goetheschem Strömen zum künstlichen Verknappen. Nein! Der versuchte Einwand hält nicht stand. Eben habe ich für ein Beispiel noch einmal alle Gedichte gelesen und vergaß sofort ob der Kraft und Sinnlichkeit, noch im tiefsten Elend, die eigene Absicht. Laß! Es zählt nicht. Ich finde die zwei Stellen gar nicht wieder, also lese ich es schon wieder anders.

Du scheust vor dem Wort ICH, oft, mir schien, ein paarmal zu oft. Manchmal müßte es hin, es würde sich dann anders schreien. Auch das muß nicht stimmen. »Der Liebe Licht«, da heißt es bei Dir: Verdientet meiner nicht. So oft ich es lese, will ich es immer ändern in luthersche Wucht: Ihr habt mich nicht verdient.

Aber lassen wir es, Erwin. Tun wir uns nicht zu schwer, zu einem gelungenen Werk zu sagen: Du hast es gemacht, Du hast es geschafft, sei es aus Tränen und aus Wut, aus Enttäuschung, es ist doch auch Freibrennen für Dich – und für andere, die ihre eignen Gefühle daran messen mögen, und wenn sie das nicht können, auch gut.

Es wird Dein Weg sein, Erwin, es ist Dir gegeben oder auferlegt, und wie sagt Eva? »Gedichte schreiben ist keine schwere Arbeit, aber ein schweres Leben.«

So ist es. Gesegnet sei es. Der Weg zum Wahnsinn ist Dir verstellt, denn davor hat Dir ein Gott gegeben, zu sagen, wie Du leidest. Und alles andere auch. Ich grüße Dich mit Respekt und Zuneigung, bin ganz auf Deiner Seite und eigentlich, Erwin, gibt es für die Liebenden kein anderes Ufer. Hurerei soll sich nicht einmischen, die gibt's ja bei allem, was sich den Namen Liebe anmaßt.

August 1997

M. M.,

ich gebe Dir die Tagebücher von Klemperer.

gut, ich gebe sie Dir. Aber nur zwei Bände. Geizig und mißtrauisch. Weil ich will, daß die Bücher gelesen werden, aber auch in Angst, daß Du mir was wegliest.

Was uns die Tagebücher von Victor Klemperer gegeben haben, ist nicht erschöpfend zu sagen. Sie haben uns ein Jahr lang in bester Weise beschäftigt, aufgestört, umgetrieben und belebt. Jeder las einen Band der zuerst erschienenen späteren, dann der zeitlich vorgelagerten, ohne die ein Teil der Haltungen zu Menschen, nur als Beispiel, gar nicht zu verstehen ist. Ich kann Treue von »Atchen«, oder die Taten von Annemarie Köhler gar nicht werten, wenn ich nicht weiß, was dem an Gemeinsamkeiten vorangegangen ist. Aber das alles, was dem Juden und seiner arischen Eva auferlegt wurde, einmaliges Zeitzeugnis, ist ja wiederum nur ein Teil. Wir haben eigene Verhaltensweisen gefunden und ganz andere, über die wir lachen mußten, oder wütend waren. Mal konnten wir Eva nicht leiden, mal haben wir ihn schlicht ausgelacht, mal sie oder ihn für die Geduld mit dem anderen bewundert. Aus all dem ehrlich Mitgeteilten, wie sie hinter ihm »vierpfotig« das Klavier beharken, aus seiner Langeweile und seinem Gefesseltsein, auch seiner Angst und den Grenzen seiner Fähigkeit, einen anderen Menschen so wichtig zu nehmen, wie sich selbst, hat sich uns ein Panorama ergeben und ein Erlebnis, allenfalls den Bertinis von Giordano vergleichbar, aber es ist eben hier das Einmalige, das vom Kuchenquantum bis zum ständigen Zweifel an der eigenen geistigen Daseinsberechtigung sich Arbeit, Liebe, Mensch erschließen und auch und sogar die Verletzung der Würde nicht zur Würdelosigkeit führt.

Vielleicht stirbt ja mit unserer Generation die absolute Hingabe an das Buch aus, nachdem wir vom Fremdgehen mit dem Fernseher zurückgekehrt sind in die Heimat der eigenen Bilder, die sich eben nur beim Lesen entfalten können. Aber wir können das noch. Und als meine Tochter dem Tod am nächsten war, war es die Sehnsucht nach der Sprache, hat sie Halt in den frühen Erlebnissen mit dem Buch gefunden.

Zu unseren ruhmreichen Taten gehört, daß wir Laura zum Lesen gebracht haben, ohne ihr das je aufzuerlegen.

Zum Lesen gehört auch, daß man über das Gelesene spricht, länger und anders als über Gesehenes, das nur nach Vergleich von Ratlosigkeit und Eindruck verlangt. Aber über die »Hundert Jahre Einsamkeit« läßt sich ein Jahr lang reden. Und über Klemperer.

Nun paß mir gut auf, Krimis krieg ich von Dir sowieso nicht zurück, da wanderst Du immer am Rand des Abbruchs unserer Beziehungen oder meines Ausleihwillens.

Aber da Du sonst ein so liebenswürdiger Mensch bist, der nur unterläßt, was er nicht wichtig findet, will ich eben auch weiterhin mit Deinen dunklen Seiten zurechtkommen, zumal die mich zu erheblichem Teil nichts mehr angehen. Wäre es anders, würde ich Dich wieder mal zum Arzt scheuchen. Dir sagen, daß Du das Gewicht Deiner bisher gerauchten Zigaretten nach dem Absetzen der unartigen Sucht aber nun nicht als Kilos draufpacken darfst und was Du Dir eigentlich denkst, trotz der Preise in der Neuzeit dermaßen lange zu telefonieren. Wozu bist Du dann in die einsamen

Flure gezogen, wenn Du von dort dauernd in die Welt hineinschnatterst. Was Deinen Zorn darüber angeht, daß ich die angebotene Mittelmeerschiffsreise schnöde ablehne, da kommen wir nie zusammen. Du denkst, es sei eine wunderbare Gelegenheit, mit meinem Mann zusammen 14 Tage zu schippern und nur zweimal fremden Leuten was vorzulesen. Ich soll mich ausruhen, Sauerstoff atmen, und die Ober rennen einem dauernd mit Häppchen hinterher, die an Köstlichkeit kaum zu überbieten sind? Ich verstehe Dich ja. Aber ich verstehe auch mich.

Unser Gespräch mit Mary, alias Georg Preusse war eine Köstlichkeit. Gesund war's auch, weil die Männer 5 Treppen hoch wohnen, ohne Lift. Noch eindrucksvoller, was meine lieben Frauen für die Oderregion getan haben. Es bedurfte meines Aufrufes nicht, aber es war trotzdem ein guter Tip, ihnen vorzuschlagen, sie sollen nehmen, was sie selber in den Beratungsstellen herstellen und das anreichern. Nicht entrümpeln, sondern helfen. Die Frauen haben sich zu helfen gewußt. Ihre Adresse war das Rote Kreuz und die Wege dadurch gesichert.

Das sind mir Köstlichkeiten. Ich will nicht aufs Mittelmeer, sondern nach Ziltendorf zu Mechthild und den anderen Frauen, nach Wiesenau und Finkenheerd. Und ich will Leuten, die viel Geld für eine Kreuzfahrt bezahlen, keinen sorgfältig gefilterten Hochlandkaffee darbringen.

Ich habe keine Lust. Und das habe ich mir in den letzten Jahren zum Gesetz erhoben. Ich habe keine Lust. Das reicht als Begründung aus. Nach unserem Gespräch am Telefon habe ich laut gelacht, wie wütend Du werden kannst, wenn ich mal die Ohren verschließe. Das machst Du sonst immer, ich sonst nie. Punktum.

Nächstes Jahr haben wir Silberhochzeit. Wir haben in all den Jahren unser Leben als reich empfunden. Obwohl wir nie reich waren. Wir hatten erst mit Mitte 40 eine Neubauwohnung, nie eine Datsche, keinen Baum und Strauch. Da waren immer Menschen, für die zu sorgen war. Seine Mutter, meine Tochter, die Enkelin. Wir haben uns aber nie allein gefühlt, nie. Nur wenn wir zu wenig Zeit füreinander hatten, wurden wir nervös. Die langen Gespräche, die Lektüre derselben Bücher, der ständige Austausch über das ganze Leben, wie es halt so ist, das gehörte immer in unsere Ehe. Wie die Zärtlichkeit, ohne die auch keins von uns hätte leben wollen. Und nun verlangt unsere Laura dies als Anspruch an eine Beziehung. Miteinander reden, denken, arbeiten, richtig leben. Das macht uns nicht weniger Sorgen, so ist das nicht. Außerdem ist bei gleichem Sachverhalt einer vielleicht besorgter als der andere, meist derjenige, der weniger ändern kann. Aber das ist alles nicht so schlimm wie eine sprachlose Beziehung, in der beide ihre Enttäuschung verbergen und verdrängen, weil sie nicht genau wüßten, was sie dem anderen vorwerfen sollten. Solche Last geht gerade jetzt nicht auch noch zu tragen. Ohnehin ist es nicht leicht, von außen Kommenden zu erklären, warum uns, selbst bei begünstigter eigener Lage, die anderen und ihre Not so nahegehen. Sie können das, siehe Oderregion, nicht wirklich verstehen. Denn so, wie wir immer auf Solidarität angewiesen waren und sie immer »geübt« haben, so haben sie sich trainiert, den Kummer anderer außen vor zu lassen, das Fenster zu schließen und die Ohren auch.

Ich möchte die alten Verhältnisse und meine alte DDR nicht wiederhaben. Deswegen ist doch dieses große Deutschland nicht meine Heimat. Die andere Bürokratie, diese Erbarmungslosigkeit beim Oben und

Unten, das ist nicht meine Welt und sie wird es nie sein. Also Einspruch, schon, das ist links, sei es drum, auch wenn wir noch nicht genau wissen, was das künftig sein wird.

Inge Viett, wir haben uns seit Jahren geschrieben, ohne uns zu kennen, war neulich im Gespräch mit Gaus. Sie ist konsequenter, furchtloser? Nun ja, vielleicht erfahrener und ganz gewiß auch noch illusionsloser. Sie hat etwas gesagt, das mich seither beschäftigt, und ich weiß nicht, ob ich mich gegen diesen Satz auflehnen soll, oder ob er eine einfache Wahrheit enthält: »Zweimal in diesem Jahrhundert hat sich das Volk freiwillig für die Barbarei entschieden, 1933 und 1989.« Ich hab da einen Stein auf der Brust. Die meisten von uns haben freiwillig hinter der Mauer gelebt. Wir wußten zuviel, um wirklich ruhig zu sein. Aber ich habe sehr lange geglaubt, daß wir eine Alternative sind. Mit Macken, noch! Aber die auch nur aufgezwungenermaßen. Nicht bis zu Ende, aber zu lange habe ich das geglaubt. Und nun denke ich, daß ich einen wie auch immer gearteten Anfang von Auflehnung nicht mehr erleben werde. Und weil das so ist, müssen wir Frauen das Mögliche tun. Uns in unseren Angelegenheiten wehren, weil Daimler-Benz z. B. sich kaum um unsere Meinung kümmern wird.

Hast Du auch vor dem Bildschirm gestaunt? Die Politiker tun so, als ginge es nur darum, in der Oderregion die idealen Verhältnisse wiederherzustellen, die bis zum Einbruch durch das Wasser geherrscht haben.

Aber ich war oft dort. Stumph hatte recht, als er im Fernsehen sagte: Denen stand das Wasser bis zum Hals. Die hätten keine Flut mehr gebraucht.

Jetzt werde ich meinen Koffer abstauben und langsam schon immer die Bücher hineinlegen. Schreibst Du mir wieder? Umarme die Deinen von mir und sei selber mit Dank gegrüßt.

August 1997

Lieber Schütt,

ich schätze Dich. Keine Neuigkeit.

»Glück? Noch nicht drüber nachgedacht ...« – das ist ein Satz von Dir, der in Deiner sonst ausgewogenen und auch klug zurückhaltenden Betrachtung des Gespräches von Inge Viett mit G. nicht paßt. Mir nicht paßt. Und er paßt nicht zur Viett. Vielleicht ist dieses Gespräch Deine erste Begegnung mit ihr gewesen. Aber ich kenne sie eben ganz gut. Sie war hier bei mir, wir haben bis in die Nacht geredet, denn in den langen Jahren ihrer Haft haben wir uns geschrieben. Natürlich auch vorsichtig, jeden Satz überlegend. Aber mir sind wenige Menschen von solcher Bedachtsamkeit begegnet. Sie ist äußerst intelligent, und ich weiß bis heute nicht, wo auf dem überstürzten, tragischen und gefährlichen Weg sie sich soviel Bildung und Nachdenklichkeit erworben haben kann. Aber sie hat sie. Und ich habe gerade durch sie einmal mehr begriffen, wie wenig sich im Leben über einen Kamm scheren läßt.

So wie meine Tochter in der Krankheit Grenzen überschritten hat, an die wir noch nicht gestoßen sind, so ist es auch ihr möglich gewesen, der Viett, manches wie durch Glas zu sehen, was mir immer noch Wand ist. Macht ja nichts, ich bin ja nicht verpflichtet, vollkommen zu sein und zuständig für alles. Aber es mag wenig geben, worüber die Inge im Knast nicht lange und schmerzhaft nachgedacht hat. Wie kann sie so überlebt haben? Das frage ich mich immer wieder. Denn das hat sie, in der Seele und im Kopf. Ich kann nur versuchen, ihr beizustehen, daß sich nicht die falschen Leute ihrer bedienen.

Montag vor dem Urlaub, August 1997

Meine liebe Geli,
wir sehen uns nicht mehr, bevor wir drei abrauschen an die Algarve. Ich möchte Dir aber einen Gruß hinterlassen, aus besonderem Anlaß. Du weißt ja, daß ich ein schrulliger Mensch bin. Alles muß so sein wie immer, auch wenn das Defizite mit sich bringt. Meine Ecke zum Lesen, mein Platz beim Essen, und ich kann nicht genießen, wenn ich »die Art« nicht gewöhnt bin. Nun hatten sich bei mir CDs angesammelt, die ich durchaus wegen Arbeit hätte hören müssen. Aber doch nicht im Zimmer vorne, wo ich nur an der Maschine sitze, sonst nicht.

Obwohl ich nicht wußte, daß es dergleichen überhaupt gibt, versuchte ich vorsichtig zu beschreiben, was ich brauchen würde. Und hatte es zwei Stunden später, es heißt Disc-Man, auch ein sehr passender Name, zumal das hübsche Ding eher weiblich wirkt, eine Muschel eher als ein Mannessymbol. Also ein CD-Playerchen.

Am Abend rutschte ich in meine Bettecke und legte mir die »Vergeudeten Lüste« ein. Mit geschlossenen Augen habe ich mir die Lieder zweimal hintereinander angehört – und dann war ich so ruhig, so wunschlos zufrieden, daß ich wirklich endlich einmal von ganz allein eingeschlafen bin. Ich kann mir die Verse von Holde-Barbara Ulrich nicht merken. Nur das Fluidum der Poesie, und mancher Text ist auch nicht meine Denkweise. Aber es ist rund, stimmig, es ist so gefühlsstark, so intensiv, wie man eben in außergewöhnlichen Situationen auch empfinden kann. Du sei also noch einmal gelobt dafür, daß Du dieses Kleinod an poetischem Material entdeckt hast. Und die Musik! Ich habe das Klavierspiel von Manfred Schmitz und seine Kompositionen wie eine Wunderkur genossen. Es war mir so gut, so weh und so leicht, und nur diese Hingabe an das vorhandene geschaffene Lied erfüllte mich. Ich hab nicht hinterhergedichtet und nicht drin rumgedacht, sondern gewann endlich wieder einmal jene Leichtigkeit, die ich so schwer entbehrt habe. Was hat der Manfred für schöne Melodien gefunden. Es klingt so einfach und edel, wie die Instrumente sie spielen, eben Schmitz. Abgesehen von ein paar ungewohnten scheußlichen Schärfen in Uschi Brünings Stimme, Überanstrengung durch ihren ständigen Versuch, auf der Bühne eine Gießkanne zu übertönen und das Jazzimprovisationen zu nennen, abgesehen davon, wie wunderbar singt ihr beide, als Solo und im Duett das ganz Persönliche ins Reine der Wahrheit. Alle unglücklichen Frauen sollten sich ihre verpatzte Liebe bei diesen Liedern rausheulen können.

Und was geschieht? Aufwachen, Sie sind im Osten. Niemand außer ein paar Eingeweihten kennt die Lieder.

Wie es das Leben und die Wirren der Neuzeit so gefügt haben, geht ihr nun nicht mehr miteinander auf die Bühne. Ich rechte nicht, wenn es auch im vorliegenden Fall ziemlich klar ist, wer da wen ausnutzen wollte. Es gibt eben einen Unterschied zwischen künstlerischen und charakterlichen Qualitäten. Das wußte schon der olle Aristophanes, heißt es.

Aber dafür hätte sich die Ulrich die Seele aus dem Leib gedichtet? Dafür der gottgeküßte Schmitz seine Musiken geweckt?

Nimm doch wenigstens in unsere Programme etwas davon auf. Die »Vergeudeten Lüste« und »Ich möchte in den Räumen bleiben«. Von »Der späte Herbst« ganz zu schweigen. Das ist mein liebstes Lied derzeit.

Mir scheint, auch in den »Obsessionen« von Eva wäre Liedhaftes zu finden. Wenn wir das auch an die Leute bringen könnten. Die verarmen doch vor dem Fernseher in ihrer Seele.

Ich werde an diesen Abend denken. Wie ich endlich wieder einmal zu mir selber gefunden habe und spürte, daß mein Atem ruhiger wurde. Noch immer bin Ich es, die durch die Gegend saust, nie Zeit hat und noch so viele Sehnsüchte.

Danke! Und tu etwas für die Lieder.

8. Oktober 1997

Meine liebe Kathrin,

vom Herzen her hätte ich Ihren Brief sofort beantworten wollen. Aber ich konnte ihn mir nur in die Tasche stecken, ihn als Beifahrerin zum ersten Mal lesen und dann im stillen Pensionszimmer noch einmal.

Es ist ja nichts daran schwer zu verstehen. Sturm und Drang, die Fülle und der Überschwang gehören wie der ständige nagende Zweifel zu diesem Alter. Das Abitur ist eine große Leistung, in diesen Zeiten der Unruhe und übermäßigen Ablenkung, wo die Zeichen auf Vergeblichkeit deuten, auf Karriere, auf alle Chancen oder morgen schon keine.

In anderen, anders sorgenvollen Zeiten haben wir das auch erlebt, und dann teilten sich die Lebenswege. Die einen wandten ihr ganzes Gefühlsleben der Familie zu, stiegen aus dem Wunsch nach Eingriff ins Weltgeschehen aus, die anderen stiegen noch sieben Mal ein und aus, und letztlich habe ich die Erfahrung gewonnen, daß viele Menschen aus ihrem Leben genau das machen, was sie sich mit 19 Jahren vorgenommen haben, mit 17 oder 20. Auf Umwegen, nie gradlinig, selten ganz überzeugt, überhaupt in die richtige Richtung zu laufen, auch mit bedauerlichen, sogar tragischen Zeitverlusten durch lang gelebte Irrtümer. Tragisch deswegen, weil mit der abschließenden Erkenntnis nicht auch die Chance wiederkehrt, den Irrtum zwar auszuleben, aber nicht zu lange.

Gestern bekam ich von der Barbara Thalheim die Nachricht, daß eins der damals 16jährigen Mädchen aus dem Oktoberklub, eine der hübschesten, forderndsten, egoistischen, sich mit Mitte Vierzig nun umgebracht hat. Ohne Abschiedsbrief, in die Badewanne, Pulsadern geöffnet. Sie hat es geliebt, anderen den Mann wegzunehmen und sich als etwas ganz Besonderes zu sehen. Im »Brevier für Verliebte« habe ich über sie geschrieben. Sie hat ihre Jugend ausgespielt, in Bosheiten und spitzen Bemerkungen, und nie hat sie nach Besonderem gestrebt. Ihr Sohn hat an ihrem Grab gesprochen, eine bittere, offene Rede. »Ich war der Mann, mit dem meine Mutter es am längsten ausgehalten hat«, sagte er. Und »... sie wollte immer alles. Und sie hat es nicht ertragen, älter zu werden. Als sie nicht mehr alles haben konnte, ist sie lieber gegangen.«

Alles? Was ist »alles«? Ich denke, das Problem von Sabine war, ihr Leben lang dasselbe zu wollen und eben nicht »alles«. Sie wollte jung, schön, wohlhabend und begehrt sein. Die letzte Zeit ihres Lebens verbrachte sie mit einem Mann, der ihrem ersten zwillingsgleich ist. Aber eben auch ein hart ringender Ossi, der ihr keinen Luxus bieten konnte.

Zu Ihnen, Kathrin. Ich wollte mit dem Beispiel eben Sie erreichen. Ihre Zweifel und Konflikte sind mir vertraut. Es ist selten, daß jemand in der Gewißheit eines talentierten Strebens heranwächst, dafür schon in der frühen Kindheit deutliche Signale gibt und sich niemals beirren läßt. Uns alle, uns durchschnittliche Wesen, lenkt auch der Zufall, und nur wenn wir Glück haben, ermöglichen uns Umstände, Zeitpunkt und Neigung einen Weg, der sich noch viele Male zweigen oder mit anderen kreuzen kann. Das Schwerste ist der Anfang. Für den müssen Prioritäten gefunden werden. Und eben in einem so frühen Alter, da ist die Liebe zum Kuscheltier noch ein Teil der kindgemäßen Tierliebe, Kinder wolln ins Freie, in den Raum und endlich in die verschlossenen Räume, wer weiß schon, ob das noch Abnabeln oder schon Gestaltungswille ist.

Von so vielen Gefühlen gleichzeitig bedrängt und gerissen, ist jede Arbeit noch Ausprobieren, und die Grenzen der Fähigkeiten sind nicht bekannt. Bis auf die ganz wenigen Ausnahmen, wie gesagt.

Als ich so alt war, wie Sie es jetzt sind, hatte ich über mich selber noch keine Ahnung. Ich hielt mich als Testpilotin oder fieberverscheuchende Krankenschwester ebenso für möglich wie als Berühmte durch irgend etwas, das sich schon zu erkennen geben würde. Ich wollte nicht als namenlose Hausfrau unter der Fuchtel eines andersdenkenden Unterdrückers leben – aber eben dort landete ich zuerst. Und »andersdenkend«? Wie dachte ich denn? Von heute aus gesehen tat ich unentwegt wichtige Schritte in die richtige Richtung, aber erkannt habe ich das nicht. Da ich ständig vor mich hinkritzelte, aber damit keine Absicht verfolgte und auch weder Form noch Inhalt späterer Auslassungen erahnte, schrieb ich dicke Bücher mit Gedichten ab, die es nicht zu kaufen gab. Ich las, ich dachte beim Kochen, Waschen, Windeln, Warten und Heulen – aber das brachte kein Bild von meinen Möglichkeiten oder Absichten. Diesen ganzen Weg möchte ich nicht noch einmal gehen: Den Weg einer Autodidaktin heraus aus der Unbildung, Überhebung und in Teile von Wissen, ohne das nichts möglich ist. Es hat so viele Enttäuschungen gebraucht, bis ich aufhörte, mich zu täuschen. Wenn ich erwachsen geworden bin, dann durch die Arbeit. Die unablässige, die sich von der Qual der Ratlosigkeit allmählich zum Suchen in der richtigen Richtung ändert.

Aber auch das Finden, auch das Entdecken und Bestätigtwerden bringt keine Beruhigung. Die nächste Arbeit beginnt ja wieder bei Null.

Im Grunde weiß ein jeder von uns doch immerhin, was er gern möchte. Machen möchte. Man kann das heutzutage denken, zugeben und sogar aussprechen. Das war zu meiner Zeit Ihres Alters nicht möglich.

Wenn ich gesagt hätte, daß ich Schriftstellerin werden möchte, dann hätten die anderen in der Familie nicht gewußt, was das ist. Und ich selber hielt es sowohl für möglich als auch für gänzlich verrückt. Wenn ein Küken aus dem Ei kriecht, sieht man ihm seine Zerbrechlichkeit an. Ein Mensch hat in den verschiedenen Phasen seiner Entwicklung viele und manchmal keineswegs auf den ersten Blick erkennbare Zerbrechlichkeiten. Schon Entmutigung reicht aus, Mißbrauch des schönen Mutes, schon falsche Ermutigung, falsche Erwartung an Erfolge.

Kathrin, wenn Sie ihre Mama liebhaben, dann sagen Sie ihr das. Nehmen Sie sie in die Arme, halten Sie sie fest und sagen Sie ihr, daß Sie noch nicht so weit sind, weitgehend auf sie zu verzichten. Wissen Sie aber, daß Sie Ihre Mama Zeit und Kraft gekostet haben und daß sie, Ihnen ähnlich, auch darauf brennt, endlich etwas für ihr eigenes Leben tun zu können. Frauen werden sehr und vielfach aufgehalten, und die eigenen Töchter sollten am ehesten verstehen, daß fast zwanzig Jahre eine lange Zeit sind und daß auch erwachsene Mütter Anspruch auf Verständnis und Hilfe haben.

Sie können nicht wissen, ob und wann Ihre Mutter aus einer Beziehung ausbrechen wird. Und glauben Sie ja nicht, daß Frauen kaputt bleiben, wenn sie denn schon an einem Kerl kaputtgegangen sind. Mir ist das gewiß zehnmal passiert, aber wenn der Fußboden zu hart wird, steht man wieder auf, um eine Erfahrung reicher, die dann auch nicht bis zu Ende hilft.

Ich will Sie nicht überfordern, Kathrin. Aber ein Teil meiner Kraft zum Weitermachen kommt von meiner Enkelin, von Laura Marie, die jetzt 22 Jahre ist, studiert, im gleichen Haus wohnt (auch in der Platte), und wir beide, wir brauchen uns. Wir beichten uns auch Ungeheuerlichkeiten, aber nur, weil wir ein Motto haben: Irgendwas geht immer. Oder: Versuchs, vielleicht gehts.

Sie können noch nicht wissen, womit Sie glücklich werden. Es bleibt Ihnen zunächst, einen jeden Abschnitt als Chance zu sehen, die Augen weit aufzureißen und sich am jeweils Möglichen zu freuen bzw. sich über die jeweiligen Unzulänglichkeiten zu empören. Alle andern sind doof. Auch das ist ein gutes, wenngleich ungerechtes Gefühl. Niemand liebt mich so, wie ich wirklich bin. Stimmt! Hoffentlich fragt Sie niemand, wie Sie denn wirklich sind. Geduld können Sie noch nicht haben, aber ein bißchen üben wär schon ganz gut.

Ein Praktikum im Theater sieht ziemlich nach einem Wunschtraum vieler junger Leute aus. Naja, vielleicht empfindet man es nicht so, wenn man es hat. Die Frage, was für die Menschheit sinnvoller ist, Ihre Liebe zu Tieren oder zur Literatur, die muß Sie doch im Moment nicht bedrängen. Daß es Sie gibt, daß Sie sich wie weiland Schiller und Hänschenkiekemal mit Ihrem Jungsein herumschlagen und auf der Schwelle rumtrappeln, das ist wichtig. Für die Menschheit. Und für mich. Ich hab Ihren Brief bekommen und beantworte ihn an dem ersten Tag, der mich wieder an meine Maschine läßt.

Gedichte sollte man nicht zu früh herumzeigen. Wer keine Verantwortung damit übernimmt, wird sie leicht loben. Wenn Sie mir welche schicken wollen, dann werde ich vermutlich nichts oder wenig dazu sagen. Nur wenn sie sauschlecht sind, damit Sie Ihre Zeit nicht verplempern. Oder wenn sie sehr gut sind. Damit Sie nicht aufhören. Ich glaube, es geht Ihnen ganz gut, so schlecht es Ihnen manchmal mit der eigenen Unruhe und dem Unausgegorensein geht. Deshalb grüße ich Sie herzlich, und wenn wir uns sehen wollen, am 19.10., 19 Uhr mache ich in der Brecht-Bibliothek (Kino International, Seite) ein Gespräch mit einem eben beginnenden zweifelnden Dichter. Da können Sie ja hinkommen und sich einmischen.

... mit »t« am Ende meines Namens. Lieber Philip Cowell,

bitte nehmen Sie meine subjektive Äußerung zu denen anderer, die auch nur subjektiv sein können.

Zu Ihren Fragen: 1. Meiner Meinung nach gibt es keine wesentlichen Vorteile durch die Rechtschreibreform. Sie hätte auch ohne solchen aufgeblasenen Namen als durch die Vernunft gebotener Abbau von Unverständlichkeiten, bei der Trennung von Wörtern etwa, dem Wegfall des von mir schon immer verabscheuten sogenannten Huckepack-S in Gestalt von ß und vielleicht ein paar anderen die Flüssigkeit der Sprache behindernden weggelebten Pingeligkeiten, vollzogen werden können. Die Nachteile sind im Ersatz von Blödsinnigkeiten durch andere Blödsinnigkeiten zu sehen.

2. Was die Kosten anlangt, so habe ich keine Lust, mich dazu zu äußern. Wer Milliarden für einen ungebrauchten Euro-Fighter zum Fenster hinauswirft, kann auch Geld für einen Versuch hinterherschmeißen, sei es, daß der so nicht brauchbar ist.

3. Nein, ich glaube nicht, daß sich die Verständlichkeit verbessern wird, nur dadurch, daß wir, inkonsequent genug, nun auch so armselig schreiben sollen, wie unsere Fernseh-Generationen schon lange sprechen.

4. Natürlich stimme ich zu, daß auch die Rechtschreibung verändert werden darf. Wir hätten aber genügend damit zu tun, daß unsere Kinder die Schulen nicht zu einem erschreckend hohen Prozentsatz als Analphabeten neuer Art verlassen, statt den Ausweg in neuen Schreibweisen zu suchen, die wohl kaum besser vermittelt werden, als die bisherigen. Wenn ein Schüler Kenguru schreibt, wird das nicht dadurch besser, daß er nun Känguru schreiben darf. Mit der Lust am Schrei-

ben wird die Lust am Lesen gefördert, aber beides unterbleibt, wenn die Schüler Geschriebenes nur als todlangweilige Materie kennenlernen. Daß beim Lesen Welten vor dem geistigen Auge entstehen können, bleibt den Schülern weitgehend vorenthalten, wenn sie nicht das Glück haben, einen begnadeten Lehrer zu finden. Neben dieser moralischen und kulturellen Aufgabe ist doch die Rechtschreibreform ein klapperndes Skelett. Derzeit ist Deutsch für die Nachwachsenden eben keine lebendige Sprache, sondern eine Ansammlung von Kürzeln, mit denen nicht einmal die eigenen elementaren Gefühle ausgedrückt werden können, weil auch solch Vermögen erworben werden muß.

Zu 6: Sie meinen, weil Sie »Tatsache« schreiben, daß die Rechtschreibreform die Tradition der Sprache verändern wird? Das kann noch niemand einschätzen, aber aus dem Kaffeesatz würde ich lesen, daß die Sprache eher verarmt, weil bereits bestehende Traditionslinien gefährdet werden. Die Sprache verändert sich am stärksten durch die Arbeitswelt. Von dort her internationalisiert sie sich. Ich kann mich erinnern, wie frappiert ich war, als ich – vor 30 Jahren – eine »deutschsprachige« Zeitung las, die von Rumäniendeutschen geschrieben war. Die Sprache wirkte idyllisch, eingegrenzt, pathetisch, es war keine moderne deutsche Sprache. Eher hatte ich den Eindruck, ein nicht gerade begabter Romantiker schrieb da über die verheerende Flut (1963). Das lag am Fehlen jeglichen Bezuges zur Welt der Arbeit und auch am Abgeschnittensein von der modernen Kunst. Sprache ist ein Teil der Kultur, aber so wird sie derzeit von der Mehrzahl der Leute nicht gelebt. Sie hält her als ausreichend für den Austausch von Informationen. Die Erlebniswelt wird von den Medien bezogen, die sich wiederum auf die reduzierten Bedürfnisse der verschiedenen Generationen einstellen. Traditionen müssen begründet werden, sonst schleichen sie sich ein und bleiben unergründet.

Zu 7: Ich kann mir nicht vorstellen, daß eine Reform »die Sprache« logischer macht, wenn es doch um die Benutzung der Sprache geht. Nicht die Sprache soll ja verändert werden, sondern die Schreibe. Die Chancen, das weiterhin in Zusammenhängen unlogischen Denkens zu tun, bleibt unbenommen.

Ihre Frage 8 schreibe ich Ihnen erst einmal in korrektem Deutsch auf, hoffend, daß ich Sie richtig verstanden habe: Wenn die internationalen Unternehmen sich mit der Rechtschreibreform abfinden müssen, wie wird sich das auswirken? Antwort: Ich kann nur vermuten. Die internationalen Unternehmen verständigen sich mit Begriffen, die international verstanden werden, und wenn es nötig ist, werden sie sich Fachkräfte leisten, die sich damit zu befassen haben. Übermorgen, oder am Sankt Nimmerleinstag.

Sprache ist nicht nur Laut, sondern auch Bild. Es gibt Wörter, die ich im Gedicht nicht benutze, weil ich sie als Bild häßlich finde. Wenn ich alle Wörter, im Deutschen unüblich, klein schreibe, dann ist das ein Signal an den Leser: ich gebe nur eine Vermutung preis, ich will kein Wort über das andere stellen, es soll sich keins wichtig tun dürfen, das vielleicht nur ein Füllwort mit Bäuchen und langen Stangen ist. Wie wichtig ist doch das Wort »Leere« und wie unbedeutend sieht es im Bild neben »Stiefeln« aus. Bei Liebesgedichten erkläre ich alle meine Gefühle, und mein Unterbewußtsein malt trotzdem die Bilder. Das Wort »Gurke« wirkt auf mich wie ein zusammengeschobener Eisenbahnwaggon und ich habe es schon als 5jährige, damals konnte ich schon lesen, in der ersten Fibel abgelehnt. Nur ein Vokal in der Mitte, kein Ausschwingen, wie passend dagegen Schokolade als angemessenes Wort für die Köstlichkeit. In der ersten Klasse lernte ich die Sütterlin-Schrift, darüber bin ich froh, denn wenn ich auch in der zweiten Klasse umlernen mußte (die Sütterlin-Schrift wurde meines Wissens 1937 abgeschafft) blieb mir doch die

Fertigkeit, sie zu lesen, was schon meine Tochter nicht mehr kann. Ich werde meinen Verlag anweisen, daß meine Bücher nicht umgeschrieben werden dürfen. Und was wird uns denn noch einfallen, um unsere Kindeskinder von Fontane, Schiller und Goethe zu trennen? Über allen Gipfeln ist Ru? Ich will mein h für Känguruh haben, weil der Buchstabe eine Tür ist, die das Wort schließt. Was maßen wir uns gegenüber entstandener Tradition in der Sprache an, während wir die bedenklichsten Traditionen des Denkens und der Sitten feige unangetastet lassen? Lust wecken, die Geschichte der Menschen zu erfahren, das weitet Denken, das zieht vergrößerten Sprachschatz nach sich, und wie wünschte ich mir, daß die Nachwachsenden wenigstens ihre Bedürfnisse und ihre Bekenntnisse anders als im Rap-Slang äußern. Ich selber schreibe heute anders als vor zwanzig Jahren. Weil ich in andere Welten des sozialen Alltags vordringe, weil ich mehr über mich und andere Menschen weiß. Übrigens reicht ein Menschenleben nicht aus, unsere Zeichensetzung zu beherrschen. Dafür gibts auch kein Rezept.

Berlin, 12. Oktober 1997

Liebe Uta,

über die Frauenbewegung in der DDR kann ich nur Nach-Gedachtes sagen, und das wird an manchen Stellen eben wie nachgetragen wirken. Zur Geschichte des DFD gibt es eine Broschüre, ich werde darum bitten, daß sie Ihnen geschickt wird. Und gleichzeitig versuchen, meine Sicht hier kurz zu formulieren.

In der DDR wurde die Frau in der Arbeitswelt gebraucht. Ob das ein Mann wollte oder nicht, es setzt Bewegungen in Gang, die nicht aufzuhalten sind. Die Frau kam aus Küche, Kammer und Kirche heraus und begab sich ins Lernen, in Schichtarbeit, wofür es auch »Theorien« der Freisetzung und angeblichen Gleichberechtigung gab. Die Frau mußte lernen, also durfte sie lernen, sie durfte vom Privaten nicht zur Gänze untergebuttert werden, also stand ihr das Recht zu, unerträgliche Verhältnisse wenigstens zu Hause zu beenden. Wenn eine Frau arbeiten soll wie ein Mann, dann muß das möglich sein. Also »soziale Errungenschaften«, die vielleicht weder negativ gedacht waren noch sich so auswirken sollten, die aber dann eben doch als Errungenschaften gelebt werden, auch über das eigentlich gesetzte Ziel hinaus. Wer kann schon Erfahrungen verhindern? Wie »männlich« das gedacht war, auch wie unmenschlich, war für mich (eine meiner frühesten Auflehnungen gegen die totale Gleichsetzung der Frau ins männliche Leben) erkennbar durch die Propagierung der Wochenkrippe für Säuglinge. Ich war ad hoc dagegen. Niemand konnte mir das als positiv einreden, und ich hätte meine Tochter niemals in eine Wochenkrippe gegeben, auch vor dem dritten Lebensjahr nicht in eine Tageskrippe. Diese Fortsetzung des engsten Kontaktes zu einer Bezugsperson hätte ich mir damals nicht einmal vom Vater des Kindes nehmen lassen, woran der auch nicht im Traum dachte.

Der DFD kam nicht in Betrieben vor. Vom ihm gingen nur zum Teil idiotische Vorschläge an die Frauen aus, zum Selbernähen und kochen, einwecken etc. Aber da es diese Org. nur in den Wohngebieten gab, konnten die Frauen die Chancen des Zusammenkommens nach Belieben *nutzen,* und das haben sie getan. Sie haben ihre grundsätzliche Lage in der Gesellschaft nicht verändern können, und die blieb durch ausbleibende Hilfe im Alltag, durch ihre weiblichen Konfliktsituationen und die mehrfachen Anforderungen an den ganzen Menschen Frau beschissen genug. Auch hatte sich die Arbeitswelt der Männer kaum verändert, sie mußten sich also nicht selber verändern, oder nicht genug, nicht einmal über sich und ihre Rolle in der Partnerschaft tiefer nachdenken. Sie »halfen« den Frauen, und wir empfanden schon das als bedeutend. Sie schoben den Kinderwagen, ohne sich zu genieren, brachten aus der Betriebsverkaufsstelle was mit nach Hause, weil es gerade Obst gab oder besonderen Käse. Hilfe! Keine Teilhabe. Wir sahen neidisch, welche wunderbaren Alltagshilfen die Weiber im Kapitalismus hatten. Ich habe meine Jugend ohne Waschmaschine, Kühlschrank, Geschirrspüler verbracht, ohne Halbfertiggerichte, ohne die Möglichkeit, mal schnell was einzukaufen. In meiner ersten Ehe gab es nicht einmal einen Staubsauger, wieviel später erst die Pille, die Gesetze, die aufdämmernden Erkenntnisse, daß es nicht zum Besten steht, wenn die Frauen zwar alles packen, aber ab Mitte Dreißig sind sie für den Gynäkologen und den Fachmann für vegetative Dystonie ein Fall.

Der DFD hat gar nicht erst angefangen, eine Frauen*bewegung* zu sein, nachdem seine humanistischen Gründerinnen aus dem freien Zusammenschluß von Parteien unabhängiger, eigenständig und unterschiedlich denkender Frauen, in eine Ordnung gebracht wurden. Männer haben das Statut verabschiedet, der Organisation viele vom Staat bezahlte Hauptamtliche verpaßt und eine obrigkeitshörige, den Männern tief verbundene und von ihnen abhängige Vorsitzende dort hingesetzt, wo eine aufmüpfige Rebellin hingehört hätte.

Die Org. bekam einen »Haushalt«, der am Jahresende immer auf Null gestellt wurde, und sie bekam ihre Wirkungsfelder.

Es ging zu wie bei den Männern. Nur 1987, ein einziges Mal, habe ich an einem DFD-Kongreß teilgenommen und noch heute umarmen mich Frauen wegen meiner Rede damals, die sicher unbedeutend war, aber anders als die abgelesenen Zustimmungserklärungen. Dem war vorangegangen, daß ich um Teilnahme und Rede gebeten wurde, weil ich 1987 den Kunstpreis bekommen habe, nach großen inneren

Kämpfen im DFD. 2. Schritt, ich wurde gebeten, die Rede zu zeigen. Ungern und feige tat ich das. 3. Teil: Mir wurde durch eine nie wieder zum Gehen zu bewegende Sklavin vermittelt, daß die Rede überhaupt nicht ginge. Sie sagte mir, was ich sagen solle. Saustark schrieb ich aus Wut eine als Parodie gemeinte Rede, in der ich mich mit Klischees austobte, darum bemüht, daß ich ausgeladen werde. Mitnichten, die Begeisterung war groß. Orwell!!! Ich sagte gar nichts mehr, die glaubten sich mit mir einig, und ich ging ans Pult, im Palast der Republik, unter den Augen von Margot Honecker, die mich schon vorher gehaßt hat und das auch immer sagte, und ich redete frei über das, was an der Gleichstellung nach meiner Meinung so nicht funktionieren könne, über das Jugendweihegelöbnis, den schulfreien Samstag, der nicht gewährt wurde, den Unfug an den Schulen, etc. Das sind so Teile, die mir jetzt einfallen. Ich wurde mit Beifall gefeiert, ging am haßerfüllten Blick von Frau Honecker vorbei aus dem Palast nach Hause und ließ mich von meinem Mann trösten.

Wie denn Bewegung, wenn allgemeines Unbehagen nicht öffentlich ausgetauscht werden konnte! Alltägliche Solidarität konnten die Weiber auch so haben, und der DFD hat die Männer nicht tangiert und also auch nicht interessiert, Geld dafür kam aus dem großen Topf, und es gab eigentlich keine Organisation, die über diese einzige Organisation von und für Frauen nicht dumme Witze gerissen und gelächelt hätte. Millionen Mitglieder und viel Aktion, aber keine Bewegung.

Mit dem Jahr 1990 war alles anders. Der erste Impuls vieler Frauen war, nun aber nichts wie weg. Mir war klar, was passieren würde. Die unaufhaltsame Veränderung der Arbeitswelt würde einen naheliegenden Gedanken bestärken: Die Männer sollen ausreichend verdienen, um die Frauen mitzuversorgen, die Frauen zurück in die Familie, einige Ausnahmepersonen ausgenommen, Vorzeigedamen, unaufhaltsame Streberinnen, oder aus Berufen, in denen sie nun einmal nicht wieder wegzukriegen sind. Das würde dann jene Abhängigkeiten wieder bestärken, welche alte Tugenden auf den Plan rufen. Eine sozial Abhängige verhält sich anders als eine, die aus Neigung mit dem Mann lebt, aber an ihn Ansprüche wie an sich selber stellt. In der Praxis sah das auch in der DDR eben dadurch schon vielfach anders aus, als die Frauen Berufe lernten, Qualifikationen erwarben, und sich, DFD oder nicht, in anderen Organisationen austauschten, jedenfalls austauschen konnten. Es gibt kaum ein heute sensationell anmutendes fetziges Thema, über das wir nicht geredet haben. Oft, ohne Lösungen zu wissen, oft resignierend, oft wütend, aber in der DDR stand das Leben eben auch nicht auf der Stelle. Ich kann mich erinnern, daß mir niemand, kein Mann, widersprach, wenn ich im Schriftstellerverband oder in der Parteiversammlung, auf einem Kulturkongreß etc. über die Sicht der Männer in der Kunst sprach, über die Ungleichheiten in der verbrieften Gleichstellung. Die Männer haben das nicht so gesehen. Sie haben es nicht gesehen. Sie fanden, daß sie sich doch sehr verändert haben. Ihre Frauengestalten waren nicht nur attraktive Beigaben zum Mann, ja, sie standen als handelnde, auslösende Figuren sogar oft im Mittelpunkt. Ich will das von heute aus nicht gering achten. Es läßt sich nachweisen, daß Sakowski, Panitz und viele andere in der Kunst weiter waren. Dem Kant gelang keine Frau, de Bruyn kam dem Fontane näher, und wenn es auch oft nur verkleidete Männer waren, es gab aus der Kunst Anschübe zum Bedenken.

Aber dem Handeln in der Gesellschaft waren dicke Riegel vorgeschoben. Und wir haben damals nicht weit genug gedacht. Wir strebten danach, »gleich sein zu dürfen!«, auch, auch, das ganze Leben, aber das war nach männlichem Maß eingerichtet, und wir wollten damals daran noch nicht viel verändern. Wie denn auch?

Ich wollte nach '90 nicht, daß die Frauen eine Struktur aufgeben, ohne Ersatz. Ich hatte selber keine gesellschaftliche Zugehörigkeit zu irgendeiner Organisation mehr, und sie schienen mir auch im nachhinein verschlissen und machten mich nicht neugierig. Sie hatten ihre Chance gehabt, sollten sie strampeln. Aber die Frauen! Ich wurde 1990 im August Mitglied dieser früher doch auch von mir verachteten Frauenorganisation, im Oktober die erste Vorsitzende des dfb e. v. Wir hatten kein Geld, die Treuhand im Nacken und waren tiefer in den alten Gewohnheiten verhaftet, als wir zugegeben hätten. Das machte nötig, bei Null anzufangen. Ich war neu und neugierig, ich mag Frauen, ich arbeite gern mit ihnen und wollte, daß sie sich dieser neuen Welt nicht schutzlos, nicht allein überlassen. Die Dimensionen dieses Umbruchs ahnte ich; ich sah, daß die Frauen an so gewaltige Veränderungen nicht glaubten, die Zusammenhänge nicht sahen und viele von ihnen hatten durchaus angenehme Empfindungen bei der Vorstellung, mal zu Hause bleiben zu dürfen. Von etwa 100 Frauen ist eine im Verein geblieben. Ich fand das viel.

Von Vereinsarbeit verstand ich wenig, das konnte ich getrost anderen überlassen, die Prozesse um nicht vorhandenes Geld, die Ausarbeitung eines neuen Statutes, die Anerkennung als »gemeinnützig« etc. Meine Stärke war die Solidarisierung mit den Frauen vor Ort. Da mein Mann eher der entschiedenere Feminist ist und mich stützte, bestärkte, mir half, mich fuhr, mit den Frauen redete, sie aufputschte, seine Bildung zu ihrer Hilfe einsetzte, gelang es mir sowohl, Texte zu schreiben, die die Frauen zum Lachen und zum Heulen brachten und die Nachfrage nach mir vervielfachten, als auch, vor Ort über ihre regional völlig unterschiedlichen Bedingungen und Probleme Überblick zu bekommen, den ich als Vorsitzende wieder einbringen konnte. Es gelang mir, den Gedanken daran zu stoppen, daß anders organisierte Frauen unsere Konkurrentinnen oder Gegnerinnen sind. Das mußte ich bei unsern und bei denen bekämpfen. Wie? Indem ich auch woanders hinging. Mich über Mißtrauen und Ablehnung hinwegsetzte, und auch die zum Lachen und Heulen brachte, so daß es nach ein paar Jahren nicht mehr darauf ankam, daß ich Vors. d. dfb. e. v. war, sondern eine Person, alt genug, auch Risiken auf sich zu nehmen, die sich Jüngere beim besten Willen nicht leisten konnten, weil sie die Arbeitsstelle brauchten, oder die nächste Umschulung.

Jede tut, was sie kann und kommt sich deswegen nicht feige vor.

Obwohl es nicht die wichtigste Aufgabe war, tat sich eine Kommission von Wissenschaftlerinnen mit anderen Fakultäten zusammen und fing an, die Geschichte des DFD aufzuarbeiten. Ein Archiv dafür war vorhanden. Was nötig war, den Anfang vom Umdenken erträglich und hart genug zu machen, wurde gesagt, aufgeschrieben, dokumentiert. Außer von abgedrifteten Frauen gibt es da keine Vorbehalte gegenüber der Analyse.

Wandel? Ist es Wandel? Nicht Zugewinn, Bereicherung, Öffnung, Weiterarbeit? Zurückgreifen auf verschüttete Quellen, die neue »Wirklichkeit« einbauen, in die eigene Abstraktion wie in die alltägliche Arbeit, die sich vor Ort als soziale Hilfe für Frauen und Familien erwies, eine kostbare Arbeit, für die keine ideologische Gegengabe verlangt wird.

Natürlich wäre das alles nicht möglich gewesen ohne ein paar starke Zugstuten. Die Welt wird nie von vielen verändert, sondern von ein paar Leuten, die etwas sehen und durchhalten beim Machen. Die hatten wir, zum Beispiel Eva Rohmann, eine feine Kennerin der Akten, der Gesetze, eine beharrlich schuftende Person am

Überleben des Vereins, wir haben die Frauenforscherin Dr. Ursula Schröter, die Potsdamer Professorin Dr. Gisela Schaarschmidt ebenso wie unsere Hannelore in Schleiz, die bedürftige Frauen aufzufangen weiß.

Ich müßte vielleicht zwei Dutzend Frauen nennen. Jede hat ihr eigenes Verdienst, mehr sind es nicht gewesen und werden es nicht, jede ist unvergeßlich. Während sie sich vor meinen Augen selber verwandelte. Trotz aller Beschwernis wurden die Frauen schicker, selbstbewußter, trauriger und fröhlicher, verschlissener und stärker. Das paßt zusammen, auch wenn man es nicht glaubt. Ich liebe die, das gebe ich zu. Ich habe sie auch gebraucht, und meine Nützlichkeit war ein Teil meines eigenen Überlebens in Zeiten familiärer Tragik und sozialer Ungewißheiten.

Strukturelle Verbesserungen der Arbeit unter Frauen sehe ich derzeit keine. Sie hocken zu sehr im eigenen traditionellen Nest, besonders die westdeutschen Frauen verbinden die Arbeit weitaus stärker mit Ideologie (siehe Bayern und Kirche), als sie zugeben. Ideell? Wir denken nicht kühn genug. Frauen brauchen bei der Arbeit weniger Zeit, weil sie weniger Zeit haben. Wir kommen viel schneller auf den Punkt. Nötig wäre eine den Frauen gemäße Ausbildungs- und Arbeitswelt, die anders aussehen müßte als die des Mannes. Wir müßten ein Leben lang Weiterlernen und die einzelnen Phasen des Auslebens in Einklang bringen können. Nie ganz aus dem Beruf raus, und nach unserem Wunsch Kinder haben und Familie. Aber diese Gesellschaft denkt an den Lebensbaum und nicht an einzelne tobende Kinder, sie ist unfähig, für die Kinder andere als private Lösungen zu denken. Sie will es auch nicht. Lösungen für die Kinder sind Erleichterungen für den Aufmupf Frau, und den will der Mann derzeit nicht. Es ist ja kein Krieg, in dem die Frauen alles können dürfen.

Damit finde ich mich nicht ab. Wenn ich es nicht ändern kann, nicht einbringen, was mir klar vor Augen steht, dann will ich wenigstens den Stachel hinterlassen.

Dein Glück? Das bist erst einmal du dir selber. Wenn du mit dir nicht zufrieden bist, dann wird es niemand mit dir sein. Wenn du kein Kind willst, dann bist du darüber niemandem Rechenschaft schuldig. Wenn du ein Kind willst oder von einer kindlichen Fußballmannschaft schwärmst, dann soll die Gesellschaft, der doch danach der Zahn tropft, dir dabei helfen. Die Frontlinie verläuft zwischen Oben und Unten und immer noch zwischen der Mehrheit der Männer und den Frauen.

Die Rolle der Schriftstellerinnen läßt sich durch ihre Bücher erkennen. Morgner ist ein Stück weiter vorgedrungen als andere Frauen, belohnt worden ist sie dafür nicht, die Reimann hing zwischen ihren Gefühlen, lebte als Abhängige und wäre klug genug gewesen, das zu erkennen. Christa Wolf, die weiß alles, aber sie hat wenig Bodenhaftung, wird verehrt, aber sie moralisiert zu viel. Zeitzeuginnen wie Elfriede Brüning sind wichtig, Daniela Dahn ist es auch, und Eva Strittmatter weiß viel zu sagen darüber, wie das ist, wenn man dem Mann das Leben eines Freiherrn ermöglicht. Ihre »Obsessionen« sind ihr Freischwimmen.

November 1997

Liebe Margit,

also, Ihren Brief habe ich mehrmals gelesen, zum Teil absatzweise. Essenz. Essentials. Erster Haken: ich habe mich immer gefürchtet, Rat zu geben, nicht immer natürlich, erst, seit ich erwachsen bin. Rat drängt in eine Richtung. Inzwischen weiß ich aber, es ist völlig egal, was man sagt. Abredet oder zuredet, Rat als Ermutigung, Rat als Händeringen. Wenn jemand so weit ist, sich einem anderen Menschen brieflich zu öffnen, dann weiß er eigentlich schon, wie er sich entscheiden wird, und während des Schreibens festigt sich diese Richtung auch dann, wenn das Gegenteil behauptet wird. Es steigen der Schreibenden Bilder auf, die im Widerspruch zur eben geschilderten Empörung stehen, die andere Seite, aus Wut oder Enttäuschung eben noch nicht dran, drängelt sich vor. Ich würde nicht raten, »Rausschmeißen«, außer in wirklich nicht anders zu klärendem Fall, aber selbst wenn ich zu bedenken gebe, ob das als Glück bestehen bleibt, oder Glück bleiben kann: es richtet sich sowieso niemand nach mir. Sie hat ihren Kubaner doch geheiratet, nachdem ich ihr auf langen und schwierigen Wegen eine Reise zu ihm ermöglicht hatte, weil sie mir mit Selbstmord drohte. In Kuba war er ein anderer Mann. Er hat sie miserabel behandelt, sie verachtet, weil sie Durchfall kriegte, hat sich bei ihr nicht sehen lassen, eine andere Frau bekam gerade ein Kind von ihm, und sie latschte trotzdem mit ihm in die Botschaft zum Heiraten. Sie wußte alles selber, konnte es mir im Brief auch bedenklich nennen, aber sie wollte ihn. Und hat ihn gekriegt und herbringen können und dann war er glückselig hier und derselbe Kubaner wie zu Hause. Ein Macho.

Es ist wirklich so: In all den Jahren hat sich kein Aas auch nur nach der Tendenz gerichtet, die ich empfohlen habe. Ja, es wurde genauer hingeguckt, noch einmal alles bedacht, aber sie zogen zur Schwiegermutter und die Ehe ging daran zugrunde, obwohl ich eben davon abgeraten habe.

Darüber kann ich heute herzlich lachen. Das ist das Leben, das Leben ist stärker, und ich kann mir immer das Gegenteil herauslesen, aus einem Brief wie aus einem Gedicht. Ich lese, was ich brauche, um mich in dem zu ermutigen, was ich ohnehin tun wollte. Ausharren oder abhauen. Und doch tut es gut, sich auszutauschen, und doch war mancher Brief beim Schreiben und beim Lesen ein Klügerwerden und Klügermachen, bloß in anderer Richtung.

Die Antwort ist die Hilfe, das Ausbleiben die Beschämung. Manchmal verlier ich eine Adresse, das ist beklemmend, mehr als die Angst, nicht »nur Richtiges zu sagen«. Kann ich sowieso nicht. Und so viele Fragen wie Sie habe ich auch. Manchmal bin ich müde. Die Summe ist für ein einzelnes Leben zu hoch. Der Sorgen zu viele, die Menschen, die geliebt werden, sind erschreckend verlierbar, und kein Moment, wo das wenigstens einmal vergessen werden könnte.

Haben Sie nun einen Fernseher oder keinen? Wie sehen Sie »Marienhof« ohne einen, und wieso wissen andere Leute, was Sie sehen? Die Lust zu lesen hält stand, ist auf dem Umweg über den Fernseher wiedergekehrt wie in der Kindheit. Diese Leidenschaft hat sich wieder eingestellt, obwohl man sich nicht mehr jedes Buch kaufen kann. Wir leihen sie uns, das geht auch, da hängt dann immer noch das Gespräch dran.

Ich hab längst nicht alles »richtig« verstanden, was Sie mir da, nach Pizza und Rotwein, dichtest angeboten haben. Aber gelesen habe ich es. Und nicht rausgekriegt, was Sie mit der Psychiatrie zu tun haben. Vielleicht Patientin? Vielleicht Behandlerin? Im »Morgen wieder« kann ja alles liegen.

Wenn ich nochmal auf die Welt komme, möchte ich Freitag sein, Robinson. Darüber laß ich Sie jetzt nachdenken. Gruß, Tschüß.

20. November 1997

Meine liebe Martina,

das Leben steht kopf und die Informationen sind dramatisch genug. Da soll ich mich nun zu Gedichten äußern. Solchen, die nicht aus poetischem Empfinden und Drang nach lyrischer Aussage entstanden sind, sondern offenbar aus Überlebenswillen in Lebensbedrängnis. Nach welchem Maß soll ich die jetzt messen? Welcher Qual soll ich den Vorrang geben? Dem Unglück, das Langzeitarbeitslosigkeit dem Menschen bedeutet, der so nicht gelebt hat, daß ihm Arbeit entbehrlich scheint, wenn nur jemand aus dem großen Topf für die Begleichung der Fixkosten sorgt?

Das aus der früheren Bildung herzuleitende Wissen, daß die Gedichte dem nicht gerecht werden (können), was an Ungeklärtem und Gleichzeitigem auf die Seele einstürmt, zieht sich durch die Themen. Es ist ein Vortasten und Zurückweichen, ein Ausweichen auch. Alles ist durch anderes belastet: Dein Zorn, Deine Wut, Deine Kraft lassen sich so nicht entäußern.

Ich weigere mich, über Metapher und Versmaß zu reden, über Bilder und Verdichtungen, wenn Du so in der Klemme steckst.

Aber ich nehme Dich in den Arm und rede gleich zu gleich mit Dir: Du kannst nicht reflektieren ohne den geringsten Abstand zum Gegenstand. Nimm Deine Kraft zusammen und such zuerst für Bedrängnisse nach Auswegen, die Deine Lage mehr belasten als die Liebesseele. Wende Dich den Dingen zu, an denen Du krepieren könntest, wenn es keinen Silberschimmer am Horizont gibt. An einem Mann stirbt eine wie Du nicht, ob der kommt oder geht, und es muß nicht derselbe sein. Du brauchst Arbeit und eine Aufgabe, von dort her wird sich zeigen, ob Du das Bedürfnis zum Schreiben hast und behältst, oder ob die jetzige Ausdrucksform nur Dampf aus dem Kessel ist, gerade soviel, daß der nicht explodiert. In Deinem Brief steht soviel mehr als in den Gedichten. Da bist Du erkennbar, stark, beschissen, ehrlich, ganz an den Problemen dran.

Versteh mich, ich kann jetzt nicht mit Dir über Lyrik sprechen. Das kommt mir so unpassend vor, als ob wir ins Meer gefallen sind und richten über Zeilenlänge.

Schreib mir, wie Dir zumute ist. Schreib mir, wie es weitergehen könnte, durch wen, wodurch.

Und dann reden wir über Literatur. Ohnehin besser Auge in Auge. Wir beide sind nach Goethe die Größten. Vielleicht derzeit nicht in Gedichten. Es ist nicht die Zeit. Ich drücke mich zu Dreivierteln auch anders aus.

28. November 1997

Lieber Heinz Hoffmann,

obwohl ich keinen Trost habe, will ich gleich antworten. Sie erwarten von mir auch keinen Balsam, das weiß ich. Wir hatten im ND die Traueranzeige gelesen und mein Mann sagte zu der ungewöhnlichen Notiz: »Ob sie Lenin meinen? Daß die Köchin regieren kann?« Ich sagte, nein, sie meinen, daß sie Gesellschaftswissenschaftlerin war und nach dem Zusammenbruch als Köchin gearbeitet hat und daß sie sich zu beidem bekennt.

Da wir uns nicht kannten, konnte ich nicht wissen, daß Du in meiner Lesung warst. Ich hätte Dir so gern die Hand gedrückt. Seit Februar trauerst Du um Deine Angelika. Sie ist immer da, um Dich, die Erinnerungen tun weh, jede Begegnung mit gemeinsamen Bekannten, alles erinnert, alles schmerzt. Deine Gedichte für sie und daß Du sie mir geschickt hast, das sind aber Lebenszeichen. Du versuchst es, so gut es geht.

Die Gedichte sind aus der Mitte eures Erlebens wie von selber entstanden. Es sind Deine Entäußerungen, es ist Dein Versuch, »unsagbares« Leid doch zu sagen.

Stimmig in sich und den Empfindungen verlangen sie dennoch eine Korrespondenz. Versteh mich, etwas wie Aussagen über ein Stück Weg, noch immer zusammen, das Ende fürchtend. Ich entnehme den Gedichten, daß ihr die Hoffnung suchtet, nicht die gemeinsame ganze unerträgliche Wahrheit, wenngleich beide sie wohl wußten. Aber wie alles zunächst Unfaßbare wußte sie jeder für sich. Der Augenblick ihres Todes, Dein »Februar war, eine Mitternacht ...«

Du mußt diese Gedichte Angelika widmen. Aber es ist ein Teil dessen, was Du tun kannst. Erzähl, daß es tapfere Liebe gibt, erzähl von euch, von eurem »Leben und Sterben«. Da findest Du sie und da findest Du Dich. Dies weiß ich aus eigenen Ängsten, die manchmal nur allzu berechtigt schienen, ob bei ärztlicher Diagnose oder Autounfall: Wir wollten doch noch sagen und haben nicht gesagt. Vielleicht das Wichtigste nicht. Sag es ihr. Alles, was Du empfindest. Schreib es auf. Es ist eine Zeit, die scheint Lieb und Treu abzuschaffen, weil das ganze Leben nicht mehr stimmt. Du weißt es anders. Das ist ein kostbares Wissen. Nimm Dich eurer Sache an.

Du sagst es ja selbst: »Ist auch Dein Mund für immer stumm.« Nein, das ist er ja nicht. Alles Gesagte hat sie nun in Dein Herz und Deinen Mund gelegt. »Starr stehe ich und schaue/ auf den Flecken Erde/ ich sehe nur Stein/ hier bist Du nicht/ Es zieht mich fort/ nach Hause/ Du bist hier/ in meinem Kopf in meinem Herz/ als meine helle Freude und/ mein dunkler Schmerz.« Eine vorsichtige Änderung, nur ein Vorschlag.

Ich möchte Dir jetzt sagen: Wer liebt und geliebt hat, wird wieder lieben. Die Freude wird wieder sein und Angelika mit einschließen, nie sie ausklammern, so wie ihr gelebt habt. Aber auch für solche Worte ist es zu früh. Nur: Das Lebende holt uns fort von jener Trauer, die den andern nicht loslassen will.

Ich danke Dir für Dein Vertrauen. Wenn ich darf, behalte ich die Gedichte bei mir, wenn Du mich brauchst, sag es mir wieder. Und wenn ich wieder nach R. komme, wirst Du mit mir reden? Sei umarmt.

... ein bißchen siebter Himmel ...

und wir sind reineweg aus dem Häuschen, wieder auf der Spur, spüren das Herz wie neu, sehen aber auch schärfer hin, ob das schöne Gefühl Mut genug macht, ehrlicher auszusprechen, wieder ranzugehen, sich noch mehr zu riskieren.

Nach fünfjähriger Diskussion und von einem Moment auf den anderen haben wir gestern für mich ein Paar gefütterte Stiefel gekauft. Und auch nur, weil er vorher dort war, mit ausgereifter Angebotsliste zurückkam und bereit, den Läufer zu spielen. Das hat mich gerührt, da bin ich mitgetrabt und schon das erste Paar war es.

Das Kind hat heute beim Frühstück gesagt, daß sie uns liebt und die Gespräche mit uns braucht. Sie sagt, in manchen Familien ist eine Idylle eingekehrt, die kann nicht echt sein. Die reden nie über etwas anderes als über sich. Das war ein langes Gespräch mit vielen Beispielen. Nachher treffen wir uns zu Schweinsbraten mit Kraut und Knödeln. Keine Diät, »aussaweise«, wie Laura als Kleine gesagt hat.

Meine Mutter läßt sich diese Woche den Grauen Star operieren. Sie kann schlecht lesen, sagt sie, für 89 Jahre ganz schön entschlossen.

In diesem Jahr gibts Bücher und Musik und Kinkerlitz. Ich hab die Weihnachtsgeschenke fast zusammen. Bis auf eine Kleinigkeit für meinen Mann, die ist einfach nicht zu kriegen. Gabs aber früher.

Wenn ich eine Nacht lang ganz gut schlafe, dann bin ich wieder stark. Aber meine dünne Haut schmerzt und signalisiert Not. Wir werden ins Arzgebarg zur Kur fahren, dazu sind wir entschlossen, möglichst ab 2. Weihnachtsfeiertag kneippen.

Etwas wie Glück, daß ich ein paar wichtige Entscheidungen nach langem Zögern und vielen Skrupeln getroffen habe. Da fallen die Neuigkeiten nicht immer obendrauf.

Ein fremder Mann hat mir geschrieben, über Tod. Wie gut es uns doch geht.

Dezember 1997

Brigittchen.

Du hast völlig recht: Jetzt die Kamera in die Wiegen und in die Augen der weinenden Mütter. Wenn sie nun abgetrieben hätten … Das ist so unfair. Fliege klinkt sich da nur ein. Und Nolte muß es doch vorher gewußt haben. Die Gewissensnot der gläubigen Mütter wird ohne Ablaßschein der Kirche nur größer. Es gibt keine Verhütung, die nicht durch eine Grippetablette schon unwirksam gemacht werden kann. Die Gesellschaft ist kinderfeindlich, die Arbeitswelt ist der Gegenentwurf zur glücklichen Mama, sie tun nichts, um den Lebensbaum zu ermöglichen, das sollen die Mütter durch Gefühle ausgleichen? – Nie und nimmer. So werden schlimme Kindheiten gezeugt. Deswegen chaist der nach Kuba, hält sich halbtot stundenweise aufrecht, um Verdikte gegen die Lebenden zu verkünden? Das Schlimmste an den Katholiken ist ihre Ablehnung des Zweifels. Sie glauben, also müssen sie nicht wissen. »Woran er glaubt, die Hölle, ihm wär sie sicher ...« Dafür bin ich angegriffen worden.

Wann stehen die Frauen endlich auf? Wann beginnt der gutwillige Glaube zu wanken? Zur Zeit tut sich da kaum etwas. Ich grüße Dich.

Dezember 1997

Meine liebe Evelyn,

danke zu Dir nach Arnstadt. Es gibt schöne Fotos, und ich habe an meine neue Verlagsheimat unter anderen zwei davon weitergereicht. Dein Blick auf mich ist frauenfreundlich, liebevoll, und Du wartest immer den Augenblick ab, wo ich belebt und weniger müde aussehe. Aber die Journalisten. Wenn sie doch wegen der Zitate anrufen würden, oder am selben Abend vergleichen. In meinem Gedicht von der Rose heißt es am Schluß »aber die ganze Liebe und das ganze Leben ist es dann eben nicht« und das meint doch, deutlich genug im Zusammenhang mit dem Vorhergehenden, Geizigsein mit sich selber, sich verbergen, nichts gucken lassen, das ist weniger als »das ganze Leben«. Nun steht in der Zeitung als dicke Überschrift: »Aber die ganze Liebe ist er eben nicht.« Als Zitat! Er? Wieso denn ER? So aus dem Zusammenhang gerissen wirkt auch das Zitat aus »Traute Brautnacht«, warum ich die DDR nicht wiederhaben will, ein bißchen töricht. Und sechs Jahre Abstinenz von Thüringen? Ich war 6 Jahre nicht in Arnstadt, aber in Thüringen unentwegt, da müssen sich die in Suhl, Rudolstadt, Saalfeld, Römhild, Mühlhausen, Erfurt, Eisenach, Weimar etc. ja wundern. Erst mit 40 sei »man alt genug«, habe ich auch nicht gesagt. Ich, es war für mich richtig. Das mit der Waage stimmt so auch nicht. Und ich bin keine gebürtige Österreicherin. Am schönsten ist der Satz mit dem breiten Publikum: Arbeitslose, Gewerkschafter, Schüler, vielleicht kommt sie auch mal zu Ihnen? Sie Arbeitsloser?

Das ist immer so, Evelyn. Da niemand von ihnen noch stenografieren kann, versuchen sie mitzukritzeln, und dann stimmts nicht und muß auch gleich raus, also irgendwie müssen diese Künstler ja auch froh sein, daß »meine Zeitung« da überhaupt etwas bringt. Und nun will ich Dich nicht länger damit behelligen, weil es eh nur ein Beispiel für das Übliche ist.

Es war schön, euch wiederzusehen und so freundlich, wie ich euch kenne. Leider waren wir abgelaufen und mußten am nächsten Tag früh raus. So konnten wir uns nicht mehr zusammenhocken. Aber ihr mußtet ja auch raus zur Arbeit. Und nach den Veranstaltungen bin ich ungesammelt und kann mich schlecht gleich umstellen.

Es kommt wieder Unruhe auf, Evelyn. Manches erinnert mich fatal an das Jahr 1988. Nun werdet ihr nicht mehr durch den Stadtpark rennen und von Polizisten gejagt werden, aber geknüppelt wurde in Berlin gestern doch schon wieder. Nein, ich möchte die alten Verhältnisse nicht wiederhaben, aber es ist sehr schwer, all die Schicksale in den neuen zu ertragen.

Ich drücke Dir alle Daumen für Deine Arbeit, danke Dir für die Bemühung um mich, habe immer das Gefühl, wir haben uns erst eben gesehen und ich bin Dir getreu bis immer.

9. Dezember 1997

Meine lieben Weiberleut,

ich wollte so gern heute mit euch zusammensein, neunerlei Köstlichkeiten kochen und zehnerlei besprechen. Leider kann ich nicht, weil ich die tapfere Absage an andere zu einer Kettenreaktion gemacht habe und nun hat mich die Kälte in den Knochen, ich huste und niese.

Wir werden uns im neuen Jahr sehen, dann sind wir auch im Kopf schon wieder ein Stück weiter. Mir scheint alles schon Besprochene machbar, wenn auch mühsam und sicher nicht auf glatter Straße. Ich wünsche euch allen ein friedliches und auch schönes Weihnachten, einen vorausschauend zuversichtlichen Blick und Erfolg – dazu gehört die Kraft, solche Erfolge auch wahrzunehmen und nicht vor Erschöpfung nur noch die Nackenschläge zu empfinden.

Die Begegnung mit euch gehört zu den schönsten Augenblicken meines Lebens in diesem Jahr. Die hab ich gebraucht. Ich grüße euch mit Hexenwünschen und freue mich darauf, daß wir uns wiedersehen.

21. Dezember 1997

Liebe Ines,

sicher sehen die Weihnachtsvorbereitungen im Pfarrhaus anders aus als bei uns, aber sie finden wohl in beiden statt. Alles wird versteckt, gekutet, aufgehoben, sorgfältig verpackt. Für Laura habe ich zwei Fotoalben gemacht, eins aus ihrer frühen Kindheit bis zum erwachsenen Mädchen, eins, das ihre Ahnen darstellt, bis zur Ur-Urgroßmutter, von der es ja auch schon Fotos gibt. Wir müssen jene Maria nicht lieben, weil sie drei kleine Kinder allein in der Wohnung und verlassen zurückließ, aber kennen sollten wir sie schon.

Und Ihr Päckchen ist auch nur augespäht, nicht ausgepackt.

Ich kann verstehen, was Sie meinen. Damals in Hildburghausen, auf der großen Bühne, waren wir weit weg von Ihnen. Das war damals so. Heute Scheune, morgen Staatstheater und wir selber mittendrin im Denken und Ausprobieren. Das hat sich nicht gar so geändert, aber wenn es irgend möglich ist, meide ich die Bühne und schiebe meinen Tisch immer ein bißchen näher an die Menschen heran.

Wir sind müde vom Jahr. Während wir uns für die Kur in Berggießhübel richten, suchen wir nach einem Vogelfreund, der unsere vielen Finken auf dem langen Balkon betreuen würde. Obwohl es inzwischen zur Zumutung gerät, sich zwischen all dem Schmutz zu bewegen, den wir aber gelassen hinnehmen. Ratschen sie uns ringsum die Bäume ab und finden die Tiere kein Futter mehr, müssen wir eben für das Geschenk ihrer lebendigsten Hüpferei und all ihrer Vorführungen die Abfälle in Kauf nehmen. Ich kann doch meine Finken nicht verraten, sagt ER. Muß also eine Lösung her.

Ich freue mich auf ein bißchen Stille und wieder mal Zeit füreinander und die vielen Bücher. Und bedanke mich für den lieben Gruß, den ich herzlich erwidere. An Mann und Mädchen, den Ort, der sicher um Weihnachten schön aussieht, ob mit oder ohne Schnee. Schicksale finden natürlich unter solchen scheinbar friedlichen Dächern statt, auch in den Familien. Da kann ich lange mitdenken und doch nicht helfen, denn ein Rat wird gehört, aber er braucht eine Chance, und die ist oft nicht gegeben. Ein Baby ist eine starke Waffe gegen eine Familie, die Sehnsucht hat, berühren und begrüßen möchte und nicht darf. Klein, schäbig, aber dagegen ist wenig zu machen. Zurückziehen, das läßt die Waffe stumpf werden, aber das Leben ist eben kein Theaterstück, im Leben ist der Autor außen vor.

Ich muß los, zur Veranstaltung nach Königs Wusterhausen. Wie immer die spannende Frage, ob Menschen am Abend noch aus ihren Häusern gehn und dann auch noch meinetwegen.

25. Dezember 1997
erster freier Tag

Mein lieber Jürgen,

ich habe nach einer Weile aufgehört, mir Notizen zu machen, weil das ganze Interview mit Dir nicht geht, und hoffentlich schlägt es nicht zu Buche. Ich rede nicht von der Grammatik, daß die Sprache nicht fließt, wie geschwätzig es wirkt, ich rede von der Oberflächlichkeit. Von dem, was nicht drinsteht.

Dein Gesprächspartner hat Dich nicht erfaßt. Das kann an ihm liegen, aber ich kenne Dich, es liegt vermutlich an Dir. Du hast Dich gelangweilt und nur noch Spinne erzählt. Du warst nicht gefordert, und da hast Du Dich hängen lassen. Nicht henken, das wär Dir auch zu wünschen gewesen bei Deinem Gefasel.

Ich kenn Dich aus kristallenen Momenten. Du weißt mehr. Wenn man Dich zwingt, bist Du klug und sehr beredt.

Aber fast nichts von dem, was ich lese, ist so gewesen. Ihr redet am eigentlichen Kern der Anekdoten vorbei. Eine solche Arbeit ist nur dann für den Leser genußvoll, wenn sie eine Annäherung bietet. Sie kann fragend sein, vermutend, kann ein Geheimnis schaffen, während sie scheinbar eins entschlüsselt.

Du gehst über das Studio für Unterhaltungskunst fast hinweg und damit über einen der konfliktreichsten Abschnitte Deines Lebens, damals des unseren. Da solltest Du doch Lehrer in einem Dorf in Sachsen werden und konntest deswegen vor Angst nachts nicht schlafen. Da bist Du doch tags im Studio über die abverlangten Klischees für die Bühne ausgerastet. Das war doch der Anfang Deiner Suche nach dem eigenen Stil, der eigenen Ausdrucksform, für die Du noch kein eigenes, nur fremde Lieder hattest.

Kein Wort auch darüber, wie es zu Deinem Repertoire gekommen ist. Wie die Texte entstehen, die ausdrücken, was Du auch vor einem Tribunal sagen würdest. Du läßt die Chance aus, zu erklären, wie eine solche jahrzehntelange Liederarbeit funktionieren kann, wenn jeder der drei Beteiligten streng in seinem Bereich bleibt und sich darin nicht irremachen läßt. Jeder mußte lernen, niemals auf den anderen hereinzufallen, sonst wären wir kreativ schon Leichen. Manchmal hast Du beim Rausgehen ein nachklingendes Wort gesagt, manchmal hast Du das auch nur geglaubt, weil Dir mein Wort einleuchtete. Wir sind Deine Zuarbeiter, aber das können wir nur sein, weil wir uns nicht ständig mit Dir beschäftigen, sondern unsere eigene Lebensarbeit haben. Anders könntest Du uns auch nicht ertragen.

Wie näherst Du Dich der Besitznahme? Auch das Publikum liefert seinen geistigen Anteil. Wie nimmst Du den auf? Wer bist Du eigentlich? Die Aufzählung von mitlebenden Fischen und Papagei sagt mir gar nichts. Welch ein Verhältnis hast Du zu Bildung und Kultur, zu Politik im Dorf und in der Welt? Du hast jetzt die zehnte Version der Honecker-Geschichte erzählt. Die stimmt wieder nicht. Das Visum war schon gültig für den richtigen Tag, aber Du durftest den Paß nicht vor 15 Uhr in die Hand kriegen, und darum hast Du mit entsprechenden Worten abgelehnt, ihn überhaupt zu nehmen. Das war viel größer als Dein heutiges »habt ihr nicht, mach ich nicht«.

Ich kenne von Dir große Geschichten. Da Du Dich offenbar gelangweilt hast, erzählst Du nur solche, die Du noch nie erzählt hast, um nicht vor Gähnen vom Sofa zu rutschen. Du hast die aber noch nicht erzählt, weil sie nicht besonders wichtig sind. Wo bleibt die Geschichte vom 7. Oktober im Prenzlauer Berg, als Du nach der Polizei geschrien hast, weil dort vorn Menschen verprügelt wurden? Es war dann aber die Polizei, die geprügelt hat.

Wie armselig kommt jetzt Vietnam heraus. Da fehlt Dein Grunderlebnis Krieg, da fehlt die Begegnung mit den verstümmelten 17jährigen Mädchen, die freiwillig den Teich entmint hatten, damit das Dorf überleben konnte. Damals hast Du geweint, als Du es mir erzählt hast, aber ein Lied darüber haben wir nicht zustandegebracht. Und wie denkst Du heute über jene Freiwilligkeit, über das Opfer eines ganzen Lebens? Aber auch Deine weggeworfenen Latschen, die durch ganz Vietnam nachgeschickt wurden, die heroisch geteilte Tagesration an Erdnüssen, die Regenzeit und der entbehrungsreiche lange Weg der Leute, die euch sehen wollten, die »Freunde aus Deutschland«.

Ich möchte auch gern von Dir wissen, wie Du den ganzen Abend im Konzert mit den Emotionen fertig wirst. Mit den Erinnerungen, all den »Bildern aus dem eigenen Leben«.

So, wie es jetzt dasteht, fehlt Dir nur noch eine Nachtmütze. Trägst Du eine? Vermutlich JA!

Und sag nicht, daß »Rot und Schwarz« ein »tolles« Buch ist. Sonst schick ich Dich doch noch in das Dorf, als Schulmeister.

Januar 1998

Meine liebe Irmtraud,

wir waren ab 26. Dezember zur Kur in Sachsen, in Berggießhübel. Das kleine alte Kurhaus ist wieder eröffnet worden, dort haben wir es uns bei bescheidenen Umständen mit Kneipp gutgehn lassen. Ein Koffer voller Bücher, jeder sein Zimmer, leider die Betten auch zum Kuscheln zu schmal, unbequemer Stuhl, aber sonst herrlich. Ich habe die Mehrschritt-Sauerstoff-Therapie gemacht, bei Untersuchung fehlte meinem Blut ein Drittel des lebenswichtigen Stoffes. Und sonst eben Wasserbehandlungen. Schon nach wenigen Tagen waren meine Werte traumhaft, Blutdruck, Blutzucker. An Kultur haben wir nur ein unbedeutendes Orgelkonzert genossen und an Zeitgeschichte mehr, als wir eigentlich wissen wollten. Natürlich sieht es schlecht aus. Die Geschäfte sind leer, die Ware ist viel zu teuer, die Leute haben keine Arbeit, die Familien werden auseinandergerissen und du hast alles immer direkt vor der Nase. Unsere Köchin war eine Sonne, ein liebes Menschenkind, mit alten Kochsitten, aber wir haben uns so durchgeschlängelt. Mein Mann hat 10 Pfund abgenommen. Ich hatte leider nichts, was ich weglassen konnte, so bin ich mit demselben Gewicht zurückgekehrt. Aber erholt, bereit zu neuen Taten und Übertreibungen. Im März tob ich mich aus. Leider mußte ich aus meinem Verlag aussteigen, weil er die Grätsche macht.

22. Januar 1998

Meine liebe aufmerksame Freundin,

ich danke Dir sehr für Dein Fax über die unverschämte Arbeitswilligkeit der Weiber im Osten. Wir begreifen schon, daß die Arbeitslosenzahlen sofort drastisch sinken würden, wenn wir unseren eigenen Entwurf für ein gescheites Leben aufgeben und den

Häßlichen, Sitzengebliebenen das Feld der Arbeit überlassen. Ich entnehme dem Zeitungsartikel aber auch, daß für den Journalisten oder das untersuchende Institut 72 % offiziell arbeitssuchender Frauen eine Horrorzahl darstellen. Aber in der DDR haben über 90 % der Frauen gelernt, studiert und gearbeitet. Ich kann mir nicht vorstellen, daß 20 % davon mit Sehnsucht an Kirche Kammer Küche gedacht haben und von einem Ernährer träumten.

Sie wollen das, immer dem Artikel nach, in den nächsten paar Jahrzehnten entschieden »runterfahren«. Das alte Rollenspiel! Und wer ist bereit, gegen solche Angriffe auf die Lust am eigenen Leben und Erleben auf die Straße zu gehen? Wer widersetzt sich für die anderen mit? Nein, der Alltag ist für die Mehrzahl der Frauen so aufreibend geworden, daß sie soziale Angst vor öffentlicher Einmischung mit Hoffnung auf den Mut anderer verbinden. Mann hat auch nicht und Frau müßte … dabei bleibt es. Wir haben eine Familienministerin, die mit dem Vatikan kungelt, was nun leider durch falsches Timing offenbar geworden ist. Sie muß vom Brief des Papstes an die Bischöfe gewußt haben. Ehe es öffentlich wurde. Sie hat als flankierende Maßnahme den Gang zum Bundesverfassungsgericht, ein bissel zu früh, einläuten wollen. Im Wahljahr!!! Das ist nun wieder ihrer generellen Überforderung als Ministerin zu danken.

Und Dir, daß Du mir kostbare Zuarbeit für meinen Märzgruß in der UZ gegeben hast. Kuß auf Dich und Gruß an Deine Frau.

29. Januar 1998

Liebe Barbara Lemsch, lieber Christian Teichmann,

ich bedanke mich dafür, daß Sie mich, sicher unter anderen, einladen. Im letzten Jahr wurde ich sehr häufig in Gymnasien gebeten. Auf dem Lehrplan stand

»DDR-Literatur.« Sie haben dieses und jenes gelesen, die Lehrer haben diesen und jenen zum Gespräch vorgeschlagen. Es waren für mich fast immer Sternstunden. Lesungen und Gespräche ohne abgesprochene Fragesteller oder Fragen. Ob es in Saßnitz war oder in Chemnitz, in Haubinda oder bei Berufsschülern in Bandelin, wo auch sonst keiner hinkommt, ich traf auf Neugier, Freundlichkeit und erstaunliche Aufnahmefähigkeit. Es geht, wenn man sie nur zwischendurch zum Lachen bringt, wenn man selber das Visier hebt und über das ganze, das ganze Leben spricht. Das Leben in der DDR. Das war wie überall und ganz anders.

Das können aber die nicht wissen, die hier nicht gelebt haben und uns als eine Fußnote in der Geschichte ansehen, was sie nicht hindert, die anspruchsvolle Aufgabe zu übernehmen, in jungen Germanisten die Lust aufs Entdecken zu wecken oder zu vertiefen. Das schmerzt, aber es ist inzwischen ein vertrauter Schmerz.

Was in den Gymnasien auf dem Lehrplan steht, müssen sich Studenten erkämpfen? Die Umstände, unter denen die DDR gegründet wurde, wie sie sich formte und verformte, was und wie sie den in ihr Lebenden gewesen ist, darüber gibt es bemerkenswerte Literatur. Allein die Morgner ist für mich sehr viel wichtiger als Autorin, als daß auf ihre »Spielfrau« verzichtet werden sollte.

Für die jetzt 14jährigen ist die DDR schon Steinzeit. Für sie war es die Kindheit mit Einschränkung und Freisetzungen.

Es wäre mir unbehaglich und ich halte es auch für wenig dienlich, zu einer Abstimmungs-Veranstaltung zu erscheinen, zu der mich die Studenten, nicht auch die Lehrenden eingeladen haben. Da werden die bockig und halten sich an die Geschäftsordnung. Kann also sein, die schmeißen mich raus.

Das hindert mich doch aber nicht, meine Meinung

zu sagen und Sie zu unterstützen, froh darüber, daß es solches Aufmucken gibt. Sie können sich durchsetzen, das schaffen Sie schon. Aber was erwarten Sie von denen, die vom Thema nichts halten und nichts wissen? Richten Sie doch einen Tisch ein, in einem Raum, der Sie nichts kostet, und spielen Sie Zöllner. Verlangen Sie uns das Wissen ab, und jeder von uns soll ein paar Bücher von sich mitbringen.

Ich wäre Ihnen auch gern behilflich, Sie auf lohnende Gesprächspartner zu verweisen. Sie können das alles haben, ohne einen – geistig aussichtslosen – Kampf durchstehen zu müssen. Als Widerstand gegen Verbohrtheit »Unter den Talaren ...« ist es natürlich trotzdem kostbar.

Anbei meine Unterschrift als Teilnehmende an Ihrer Auflehnung. Mir fällt ein, man könnte das »Redefluß« nennen. Lesung und Gespräch. Wir können telefonieren und ich bin im Juni in Leipzig, würde auch vorher kommen, die Kosten halten wir so gering wie möglich. Beschaffen Sie den Raum, einigen wir uns auf ein Datum, ich schicke hier mein letzterschienenes Buch voraus und grüße Sie herzlich.

15. Februar 1998

Liebe Doreen,

ein paar Tage mußte ich die Antwort auf Ihren Brief aufschieben. Da die Treuhand meinen Verlag geschafft hat, stand ich plötzlich in der Situation, meine Bücher selber käuflich zu erwerben, wollte ich sie nicht im Ramsch landen lassen. Sie mußten in unserer Neubauwohnung ohne Nebengelasse untergebracht werden. Das sind so Aufgaben, die mir Spaß machen. Eigentlich gehts nicht, provoziert bei mir die Frage: Wie könnte es denn gehen, ohne Familie, Nachbarn oder Freunde, auch sich selber, unzumutbar zu belasten. Es geht immer.

Sie sind so jung und stellen schon das Wort Einsamkeit neben die Freude. Es gibt so viele Einsamkeiten, wie es viele Freuden gibt. Und es ist ungerecht, den traurigen Begriff auf das Alter zu schieben. Im Alter ist man einsam, weil gehbehindert, zurückgeblieben an Gräbern, weil die Kinder ihr eigenes Leben haben, der Partner nicht mehr lebt. Oder lebt und sich abgewandt hat.

Einsamkeit kann am ersten Lebenstag erfahren werden. Ich sehe auf den frühen kleinen Fotos, mit Billigkamera aufgenommen, verwackelt, oder mit falscher Entfernung, aus wie ein nettes hübsches kleines Mädchen, jedenfalls wie ein Kind. Ich kann mich nicht erinnern, das je gewesen zu sein. Zur Kindlichkeit fehlte mir jegliche Unbefangenheit. Zu wenig Raum, zu wenig Platz, zu wenig Verständnis, gar Zuwendung. Ich gehöre zu einer Generation, die wehrlos war, aber zusätzlich wurde von jedem Erwachsenen – außer von meiner Großmutter – Angst gemacht. Angst vor dem Teufel, dem Weihnachtsmann, dem Kohlenkeller, dem Arzt, vor fremden Männern, Tanten, größeren Kindern. So waren die Erfahrungen dann. Der Weihnachtsmann drohte mit der Rute, verlangte Artigkeit, was hieß »Unterwerfung« unter jegliche elterliche Ungerechtigkeit. Ich kann mich der Qual erinnern, die Verzankungen meiner Angehörigen durch Grüßen oder Nichtgrüßen bzw. Wiedergrüßen mittragen zu müssen, obwohl ich in mir keinem recht geben konnte. Denn es ging um nichts, um kleinliches Rechthaben, um Klatsch, um Neid. Sie haben alle geklatscht und darin große Sünde gesehen. Gott war jemand, der alles sieht und streng bestraft, mit Feuer und Schwefel und Verdammnis. Und beim Teufel kam ich in die Bratpfanne, wenn ich aus Angst vor Schlägen nicht die schreckliche Wahrheit sagte, vor Durst aus der Wasserleitung getrunken zu haben.

Die meinen lebten ohne Trost. Das scheint mir die

schlimmste Lebenssituation zu sein, sich auf nichts voraus zu freuen, weil auf nichts zu hoffen ist. Es ging nur ums Überleben, um die nächste Mark, die nächste Woche, den nächsten Kinofilm. Ich habe auch in schlimmer Demütigung und Kränkung immer gewußt, daß dies nicht alles ist, nicht immer so sein wird, daß es einen Weg gibt, der heißt Kraft, Atemholen, Hinwendung zu anderen.

Neulich bin ich in einem öffentlichen Gespräch gefragt worden, woher dieses Beispringen kommt, warum ich helfe, auch wenn ich die Leute gar nicht besonders gut kenne. Das war die Kehrseite unserer Armut. Daß die Leute sich geholfen haben, nicht nur mit einem Schnitz Margarine, sondern auch bei Trauer und Schicksalsschlag. Als ich erst erfuhr, daß Liebe mit Lieben anfängt und daß dies von Lebensdauer sein kann, war ich gerettet. Aber da war ich schon so alt, daß ich mir jede Blessur eingefangen hatte.

Es gibt aber auch etwas wie Talent zu Glücklichsein, Begabung für Genüsse, ein dankbares Gedächtnis. Und Ängste hat jeder. Das war auch so eine wichtige Erkenntnis. Aufschreiben und Aussprechen, beides oder wenigstens eins von beiden, hält am Leben. Keine Kruste zulassen.

Das klingt nach Ratschlägen, aber so meine ich es nicht, Doreen. Ich habe das Visier trotz Angst gehoben, ich habe mich gezeigt, sogar angeboten zum Vergleich. Sieh her, ich, ich auch. Das vielleicht war es, was Sie erreicht hat. Das Verwandte, Vergleichbare. Ich schreibe immer »Ich«, weil Ich mein Material ist, das ich am besten kenne. Und ich lache zunächst über mich und alle die vielen Gestalten, die sich mir als Ich aufdrängeln wollen. Scheinbar edel, selbstlos, gütig, weise. Ja, sicher, für Momente. Und dann wieder nicht, gar nicht.

Mich haben Dichter und Dichterinnen gerettet, sie haben mir heraus geholfen aus zu kleinem Ich. Wenn die über so große Gefühle schrieben, wie die Labé, die Bostroem, Lasker-Schüler, dann mußte es diese Gefühle doch geben. Ich hatte sie wohl nicht gefunden, bis dahin. Das waren Weggefährten, ob Tucholsky oder Rilke, Kraus oder Goethe. Und der unerschöpfbare Shakespeare. Der wußte alles über die Menschen.

Und solche wachsen nach. In Bolivien oder Polen, Grönland oder Österreich, hier neben uns verzweifelt vielleicht grad jemand an seiner vorläufigen Unfähigkeit, im Kopf so herrlich Gedachtes in Wörter zu bringen.

Ich hab Sie mir bei der Veranstaltung nicht »rausgepickt«, Doreen, ich habe Sie mir mit den Augen gesucht – und gefunden.

Für Ihren Dank und für Ihre Worte bin ich Ihnen sehr nahe. Mir scheint manchmal, wir befinden uns derzeit in einem langen Tunnel, in dem rechts und links kahle Wände sind und das Licht vor uns ist ein Bildschirm. Ohne euch Junge, wie sollen wir weitergehen? Uns gegenseitig von unserer Brauchbarkeit überzeugen? Die wirklichen Augenblicke von Glück sind außer in der Liebe in Momenten, wo die Wahlverwandtschaften zwischen den Generationen spürbar werden. Kuß auf Sie, Doreen.

Februar 1998

Liebe L.,

Wir haben in uns Kräfte entdeckt, die kannten wir nicht. Darauf haben wir uns konzentriert: Noch einmal, oder zum ersten Mal, die Ochsentour, festigen, sichern, für die Familie sorgen und neue Möglichkeiten für die eigene soziale und weltanschauliche Existenz finden.

Die meisten von uns Frauen haben ihr Äußeres verändert. Das war ein willentlicher Akt. Aber wir sind auch nicht in früheren Denkmustern steckengeblieben.

Manchmal brauchen wir uns, um herauszufinden, wer wir eigentlich inzwischen sind, wie wir über die einzelnen Bereiche unseres Lebens denken – vor allem über dieses sonderbare gewandelte und worin denn noch unwandelbare Ich. Es ist schwer, sich das allein zu beantworten, zunächst die Fragen zuzulassen, Wir denken wieder meistens »WIR«, ich möchte, daß wir einmal nur ICH denken. Oft merken wir erstaunt, daß wir über fast alles heute eine andere, ich denke bereicherte Meinung haben. »Wenn ich mich in den nächsten zwei Jahren einschränken müßte, worauf würde ich am ehesten verzichten?«

Ich habe etwa 30 Fragen dazu gestellt, da haben die Frauen lange gegrübelt. Auf die Natur, die neue Wohnung, auf Bücher, auf einen Urlaub, worauf denn? And so on. Spannend. Und befreiend. Anstrengend natürlich auch.

Februar 98

Liebe Conny,

ich war mißtrauisch gegen den spontanen Abwurf alter Identität und die Art von Hineinschlüpfen in die vorher vielleicht erträumte Identität, als hätte man schon immer dazugehört und dürfe es eben jetzt erst zeigen. Könnten das die Bayern auch, über Nacht auf einmal Friesen sein? Nein, das könnten sie nicht. Was abzuwerfen war, ist damit nicht bewältigt. Wir wissen ja noch die Scham um unsere Aluchips, die manchem nun allerdings in der Erinnerung auf einmal eine Aufwertung erfahren, mit der man an die Börse gehen könnte. Gut, sagen sie, war wenig Rente, Lohn, Stipendium und so, aber es hat ja auch alles fast nix gekostet.

Viel draußen, erfahre ich, daß es keine Homogenität mehr gibt. Die Leute sind nicht die Leute. Rentnerinnen sind es zufrieden, die kriegst Du mit nix für andere aus dem Bau, sie halten stille, damit es ihnen weiter so gut geht, besonders den Witwen, halt denen, wo sich das eine zum anderen rechnet. Das ist das eine Extrem. Wer noch Leben, Arbeitsbiografie und langen Lauf vor sich zu haben hofft, hat ganz andere Probleme und eben auch andere Lebensbereiche, die berühren sich außer in der Familie kaum noch.

Mein größtes Problem ist das manchmal nicht zu umgehende Gespräch mit Frauen (in der Mehrzahl sind es Frauen), die in den vergangenen acht Jahren für sich keinen Einstieg in ein neues Leben gefunden haben. Sie sind raus ihrem Beruf, wie immer sie den Anforderungen entsprochen haben – wäre ein Thema für sich. Und dann haben sie gewartet, daß ihnen einer etwas anbietet, sie haben es entweder nicht geschafft oder zu lange überlegt oder wollten eine dauerhafte Lösung, statt Übergänge, sie haben sich geplagt und wurden beim Warten und in der Enttäuschung darüber, daß sich »von oben« nichts tat, immer unsicherer. Sie haben sich nicht in das Gewimmel und Getümmel der Nutzung von Chancen und deren Aufgabe zugunsten anderer Chancen begeben. Da ist ihnen wohl eine Menge erspart geblieben, Tränen, schlaflose Nächte und Geld. Scheinbar sicherer im häuslichen Umfeld, immer mit den nicht abzuweisenden Argumenten, daß es ja anderen auch nicht besser geht, haben sie doch eine, vielleicht die nötigste Lernzeit, Mitlernzeit verpaßt. Ich begegne Frauen, die haben dieses ganze Elend von ABM, Weiterarbeit ohne Lohn, Wiedereinstieg nach gesetzlich vorgesehener Pause etc. mehrmals durchgemacht. Die ersten Male sind sie fast zugrundegegangen vor Angst, jetzt sind sie draußen und werden nie wieder reinkommen. Dieselben Frauen sind inzwischen nicht wiederzuerkennen. Gelassener, wenn auch keineswegs ohne Unruhe, machen sie erst einmal das jetzt Mögliche, gucken dabei nach rechts und links und nehmen es hin, wenn sie wieder für ein halbes, letztens sogar für ein ganzes Jahr weggeschickt werden. Aber sie kennen sich aus, sie wissen, wovon in der Zeitung die Rede ist, sie kennen ihr beackertes Feldchen immer nach dem neuesten Stand und tragen dazu bei, daß auf Abgemähtem wieder was wächst.

Ich bin hilflos, wenn ich bemerke, daß der Entschluß zum Arbeiten »was auch immer« nun herangreift ist, weil die familiäre Situation keine andere Lösung mehr zuläßt, aber sie haben unter anderer Art von Käseglocke vieles nicht mitgekriegt, ohne das es nicht geht. Sie kennen nicht Gesetze noch Schliche, sie sind verletzt und wehleidig, es fehlt ihnen vor allem an der Erfahrung. Nur von dort aus aber, wo jemand an seinem eigenen Leben werkelt, stellt sich auch die Courage her, wieder nach dem ganzen eigenen Leben zu greifen. Das war ich, das bin ich, ich bin geworden durch das, was ich auch gewesen bin, und es gehört mir.

Das Phänomen der Wiederkehr unseres Publikums schiebe ich nicht darauf, daß sie genügend von den weltweiten Angeboten haben. Nicht alle, die jetzt wieder nach früheren Formen der Kommunikation verlangen, haben in der Zwischenzeit Uta Danella gelesen, sich bei Moik in der Volksmusik amüsiert und haben sich in Mallorca ausgezogen.

Da hängen Fäden in der Luft, die müssen aneinander geknüpft werden. Denn keine Seite findet die andere unverändert wieder. Das wäre putzig wie die derzeit stattfindenden DDR-Feten. Da bin ich sicher auch zu alt, um das ganz zu verstehen. Schon gar nicht kann ich es besonders gut finden. Es ist auch Ausweichen vor der Realität. Zur DDR ist, denke ich, das meiste in jetzt möglichem Umfang gesagt. Die Entscheidung darüber, wie ich die Erinnerungen sortiere, liegt bei mir, dem Individuum.

Zurück zeugt immer von Schwäche. Wir werden nie wieder so reden, so denken, uns so verhalten. Um das letztere geht es wesentlich. In das Neue, das Andere gehen und aus dem, was vorher war, gelernt haben. Ein Ich sein, kein Wir. Nicht mehr glauben, daß man mit anderen Völkern »befreundet« sein kann. Fühlst Du Dich, ungeachtet Deiner Freundschaften, von denen Du mir Treue berichtest, derzeit mit der Sowjetunion befreundet? Was ist sie? Eine Bedrohung wegen Chaos? Stimmt es, daß wir noch froh sein werden, zur NATO zu gehören, weil in der GUS, wo auch immer, das höchstgefährliche Waffenpotential lagert und niemand weiß, wer derzeit Finger nahe welchen Knöpfen hat? Ich will das nicht gern denken, aber es ist doch einen Gedanken und ein Nachfragen wert.

Ich gebe Dir in einigen Entscheidungen über Dein Leben recht. Die Abnabelung der Eltern von den Kindern ist ebenso wichtig wie die Loslösung der Kinder vom Nest. – Laß es Dir wehtun, aber handle auch weiterhin danach. Auch im Unglück. Du warst ja da, als Du nach dem Autounfall gebraucht wurdest. Solange Du so umfassend da sein mußtest. Einiges weißt Du selber noch nicht so genau. Nimm Dir Zeit, um herauszufinden, ob Du lieber mit Mann schwierig oder ohne Mann anders schwierig leben willst.

Ein Mann hat keinen Knopf. Man kann ihn nicht abstellen. Aber wenn er weg ist, dann ist er weg. Ein bißchen Wegsein ist schon das Ganze. Du fragst mich nach den kommenden Wochen. Wir hatten gestern unseren internen Tag der Silberhochzeit. Ich habe mit beiden Händen und Gehirnhälften abgewedelt, als das Herz und der Verstand wägen und erinnern wollten. Ist jetzt nicht dran. Nichts ist einen Tag später anders als einen Tag zuvor. Nur, daß ich jetzt eine silberne Knospe auf einem silbernen Blatt an silberner Kette habe. Denk ich es mir von Sommer zu Sommer, so war es Arbeit und Unterwegssein. Lehrzeit und – anders als früher – ständiges Infragestellen vorläufiger Denkergebnisse. Es kamen ja ebenso ständig Neuigkeiten von außen. Türen haben sich geöffnet, die lange verschlossen waren oder schienen, manches hat sich als Mißverständnis herausgestellt, was wie Affront aussah, darunter wiederum manches sehr komisch. Fliegt mir eine alte Verbündete/Freundin/Kollegin nach zehn Jahren um den Hals: Ich wollte Dich anrufen, aber ich hatte doch Deine Nummer nicht. – Naja, sagte ich, ich stehe im Telefonbuch. – Ach so! Da habe ich ja nicht nachgeguckt. Nein, hat sie nicht, und das braucht sie auch künftig nicht zu tun, denn wenn ich für sie auch früher schöne Lieder geschrieben habe und wir einander nie ein Leids taten, so war doch ihr nächster Satz, daß sie vor kurzem endlich ihre Akten lesen konnte. Und dabei warf sie mir Blicke reiner Liebe zu. Hat sie gedacht, ich habe konspirativ die Grenzen ihrer darstellerischen Fähigkeiten bestimmt? Was hat sie gedacht? Daß wir beide zwar wie die bemoosten Krebse leben, aber über alle Bescheid geben? Haben wir einander denn in gar nichts vertraut? Hätte mich jemand über sie gefragt, hätte ich über ihr Privates gar nichts gewußt und über alles das Beste behauptet. Das flickt sich doch nicht mehr, nicht nach acht Jahren ohne Kontakt. Ich hätt sie auch anrufen können, aber ich hab sie vergessen. Dabei bleibt es.

März 1998

Meine liebe Alice,

mir ist die Gleichzeitigkeit der Ehrung als Frau des Jahres und der Schmähung als gefährliches Stück natürlich nicht verborgen geblieben. Als ich im Inhaltsverzeichnis des Spiegel sah, daß der H. B.-Mann auf Dich angesetzt wurde, um ein weiteres Mal über etwas zu schreiben, wovon er nichts versteht, wußte ich, wie der Ton und der Tenor sein würden. Ich hatte es unterschätzt. Alltäglichen Antisemitismus hatte er Dir schon früher zugeteilt. Nun geht er so weit, daß er knapp an den Windhunden, dem Kruppstahl etc. vorbeigleitet. Wir sollen als Leser den Vergleich erkennen, auch wenn er andere Attribute wählt. Das ist so weit unter der Gürtellinie, daß ich Wut empfand – aber wohin soll ich jetzt mit der? In welches Blatt?

Ich kann nicht einmal sagen, ob es Haß ist, was ihn treibt. Er ist – so die vordergründigste Beobachtung – natürlich ein schweinischer Macho, außerdem ein Zyniker, und Du kannst Biermann nicht leiden. Das würde schon reichen. Aber da ist noch etwas anderes, das ihn instinktiv aufputscht, Dich wenigstens intellektuell, wenigstens in Deiner geistigen Existenz, vernichten zu wollen. Soweit würde ich schon gehen. Ich unterstelle ihm, ich glaube zu erkennen, daß er es unter Vernichtung eigentlich nicht machen möchte.

Ich glaube nicht an ihn als Einzeltäter. Dahinter steckt Feindschaft. Anders ist die böswillige Auslegung aller zunächst wertfreien Fakten nicht zu erklären. Das nicht autorisierte Buch über Dich habe ich nicht gelesen, ich habe ein Interview mit der Autorin im Fernsehen gesehen. Sie hat mir keinen besonderen Eindruck gemacht. Ich fands nicht wichtig, was sie gesagt hat. Aber wenn Broder auf Petra K. und Gert Bastian abhebt, um Dir zu beweisen, daß Du ja auch unautorisiert geschrieben hast, das kann man ihm nicht durchgehen lassen. Das ist mehr Ignoranz, als selbst ihm, als betont Narrenfreien durch Herkunft, zusteht. Von dort kommt die alte Rechnung, das weißt Du.

Eigentlich ist die Zeit vorbei, in der unentwegt wegen der Meinungsfreiheit die Vornehmheit des Runterschluckens zu siegen hatte. Ich mache mich auf, mir möglichst gar nichts mehr gefallen zu lassen. Und stehe damit nicht allein.

Dich sehen und mit Dir sprechen, das wünsche ich mir, seit ich das letzte Mal mit Dir gesprochen und Dich gesehen habe. Obwohl ich bis heute nicht ablegen kann, mich schüchtern und linkisch zu fühlen, wenn ich Dir begegne. Das gibts, es liegt nicht an Dir, oder natürlich doch, aber es ist objektiv bedingt und nicht von Dir gewollt.

Ich arbeite wie in meinen besten Jahren nicht. Ein schönes Foto von Dir sah ich, wie Du in Paris am Manuskript und beim Espresso sitzt. Es gibt so viel zu erzählen, daß sich nur die wichtigsten Sätze finden lassen. Meine Tochter lebt, nun schon sieben Jahre über die Prophezeiung der Ärzte hinaus. Wir leben, sind ständig unterwegs, die Nachfrage nach meinen Lesungen ist sehr groß und die Politik in Deutschland macht sehr besorgt.

Du weichst aus nach Frankreich? Flüchtest Dich in die dortige Gelassenheit? Wir stecken mittendrin, da gibt es keine Flucht und kein Ausweichen.

Ich denke an Dich und Deine Gegner sind die meinen, nicht aus Freundestreue, sondern wegen der Gedanken, die da gegen Dich angestrengt werden. Sag, wann Du in der Nähe bist und ich habe Sehnsucht nach Dir.

April 1998

Liebe Erika L.,

ich verstehe Sie. Sie sind voller Wut und haben das Gefühl, daß Ihnen niemand helfen wird – oder will. Aber die Sachlage ist schwierig. Die Gesetze der Bundesrepublik sind schon an sich sehr wenig für Ausnahmen zugänglich. Aber in Ihrem Fall mischen sich die persönliche Dramatik und die dafür zuständige Rechtslage. Hätten Sie das Geld für das ungewünschte außereheliche Kind Ihres Mannes – vorausgesetzt, Ihr Mann ist der Vater –, dann hätten Sie immer noch die Problematik einer (vielleicht) flüchtigen Beziehung, die Ihrem Selbstbewußtsein sehr stark zusetzt.

Ich habe keine Rezepte für Ehekrisen. Aber Sie beide hängen jetzt alle Ihre Emotionen an die finanzielle

Belastung wegen des Kindes. Obwohl er doch – spät – Zweifel geäußert hat, der Vater zu sein. Natürlich fällt es Ihnen bei der dargelegten sozialen Situation schwer, das Kind zu unterstützen. Aber angenommen, er ist doch der Vater? Die zumindest theoretische Möglichkeit durch geübte Praxis steht doch wohl. Sonst wärs ja kein Streitfall. Falls er der Erzeuger ist, wenn er schon keine Vaterrolle spielen will, müßten dann nicht alle beteiligten Erwachsenen die Prioritäten anders setzen? Das Kind muß angenommen werden, von wem außer der Mutter auch immer. Wie soll es sich denn empfinden, wenn es von so viel wütender Ablehnung aus rein finanziellen Gründen erfährt?

Die Lage ist für Ihre Familie nicht so einfach. Sie suchen Ihr Recht. Sie wollen es durch einen Vaterschaftstest. Um die Zahlungen loszuwerden. Ist dann zwischen Ihnen alles in Ordnung? Wieder, und war es das vorher? Sie nennen den Seitensprung Ihres Mannes kategorisch einen »Fehler«. So einfach ist das Leben aber meist nicht. Nun haben Sie beide sich in eine solche Aggression hineingesteigert, daß alle außer Ihnen das Problem bilden. Aber das in Ihrer Ehe liegende Problem scheint damit nicht aus der Welt. Wenn Ihr Mann sagt: »Wenn ich dir dann den Schädel eingeschlagen habe, melde ich mich bei der Psychiatrie« – wen will er denn damit erpressen? Sie? Sie stehen doch schon unter bedrohlichem Druck. Sie haben mir einen Teil Ihres Problems geschildert. Das Geld fehlt, und die Behörden tun nichts, um Sie von der Zahlung zu entbinden. Aber warum so spät? Das Kind ist acht Jahre alt, wenn ich es recht lese. War das Geld früher nicht so knapp, das Problem also nicht so groß?

Erika, Sie haben sich jetzt total verknotet. Sie rennen mit dem Kopf gegen die Wand, aber ich glaube nicht, daß dort eine Tür ist. Gibt es eine Möglichkeit, daß Sie erst einmal Ruhe gewinnen können? Wissen Sie genug über die Mutter des Kindes und über die immerhin stattgefundene Beziehung – auch genug über Ihre Ehe?

Ich sehe keine Möglichkeit, Ihnen bei der Durchsetzung eines Vaterschaftstestes zu helfen. Neu ist mir, daß dies nur für die ersten beiden Lebensjahre vorgesehen ist – wo doch in Frankreich Jahre nach dem Tod Yves Montand noch einmal herangezogen wird. Wenn ich Ihnen helfen kann, Ihre Gefühle zu sortieren und zu einer Sortierung der Probleme zu gelangen, unbequem, aber vielleicht nötig, dann schreiben Sie mir. Sie tun mir irgendwie leid, und irgendwie bin ich mit Ihnen nicht einverstanden.

2. April 1998

Liebe Erika Wiesner,

der März ist beendet, ich bin wieder zu Hause. Überanstrengt zwar, mit schlechtem Schlaf und diesen und jenen Muskulaturen, die schmerzen und eigentlich Behandlung verdienen, aber das Leben rennt weiter.

Gestern habe ich mir Ihr dickes Paket Manuskript vor die Nase genommen und mir fest vorgenommen, diagonal zu lesen. Aber ich konnte das nur manchmal. Im wesentlichen habe ich interessiert und zunehmend gefesselt gelesen. Aus einem anderen Grund, als Ihr gewählter Titel meint. »Etwas abseits der Norm«, das paßt nicht. Was mich an Ihrem Buch so gehalten hat, ist das eigentlich Frauentypische – nicht seit Jesus, sondern schon in einer gewissen Zeit, unter gewissen und bestimmten historischen Umständen und Bedingungen.

Aufregend für mich ist die erneute, zwar xte, aber doch spannende Erkenntnis: Ja, die Männer waren so. Und die Frauen waren so. Ihre Kindheit ließe sich eigentlich mit wenigen Sätzen beschwören. Ab der ersten Liebe wird es wichtig, alles dokumentarisch scheinende ist Ihre Geschichte. Sie und die Arbeit, Sie und

Ihre Kinder, Sie und Ihre Männer. Diese drei Themen geben alles her. Sie brauchten da gar nicht zu werten, zu kommentieren, hinterherzuschicken. Je lakonischer Sie erzählen, was da war und wie es sich zuspitzte, das enthält so viel Genaues und Anekdotisches, da braucht es eigentlich keine Beteuerung des Dramatischen. Ich meine, das Buch enthält Wasser, das abgelassen werden könnte. Aber kein Kapitel, auf das zu verzichten wäre, sondern nur Weitschweifiges, das knapper und pointierter dasteht, wenn man das Gerüst abbaut. Meine Liebe, und anderes fehlt dafür. In unserem Haus wohnt ein Paar, das die Hälfte des Jahres in Prag lebt. Schreiben Sie doch auf, warum Ihnen diese damalige Begegnung so unvereinbarend mit der Realität erschien. Dann müßten Sie schreiben: Wir dachten damals – und es wären sicher traurige Sätze.

Heutzutage verlieben sich junge Leute rund um den Erdball, und sie suchen nach Möglichkeiten, sich zu kriegen. Schlimmstenfalls wenden sich Freunde an Kai Pflaume. Ob es gutgeht, ist eine völlig andere Frage. Wir hätten das nur damals nicht bis zu Ende gedacht, weil nicht gewagt. Aufregend finde ich, wie Sie – Robinson ähnlich – die Lust an der Arbeit schildern, die Entdeckung der Tätigkeiten und wie man sie jeweils erobert. Darin habe ich viel von mir wiedergefunden, deshalb vielleicht meine Begeisterung. 50 Seiten weniger, aber: Nur aus dem Text gestrichen, nur Sätze, die überstehen und zu langsam ranführen, und es wäre ein Report weiblichen Lebens, der seine Wichtigkeit hat. Gut ist, daß Sie ohne Selbstmitleid sind. Sie gucken schon genau hin, und Sie sagen auch, worum es ging. Es sind ja fast Archetypen, die da erscheinen. Und typisch auch, wie Sie sich als Frau durchbeißen mußten, immer mehr leisten als die Männer vor oder neben Ihnen. Welch ein Berg an Arbeit ist da bewältigt worden. Ich dachte für einen Moment: Ohne die »Reichtümer« ihres Lebens könnte sie einem ziemlich leid tun. Ihre

Reichtümer sind die schwer erzwungene innere Unabhängigkeit, daß Sie zu den lebensnotwendigen Wahrheiten für Frauen durchgedrungen sind und das Wichtigste: Ihre Kinder. Im Verhältnis zur Tochter haben Sie ganz den Tonfall, den ich mir für das ganze Buch wünsche. Sie lassen die Ereignisse sprechen. Darin liegt auch Wunderbares. Ihre Kinder haben ganz anders reagiert, als es üblich scheint. Sie waren Ihrer Liebe so sicher, daß sie keine Eifersucht empfanden oder Ängste. Sie haben den neuen Mann immer ganz offen an sich herangelassen. In der Gewißheit, wenns nicht klappt, merkt Mama es zuerst. Stimmte ja auch. Was macht man jetzt damit, was können Sie damit machen? Da ich erst gestern gelesen habe, konnte ich noch nicht genügend nachdenken.

Vergessen Sie, daß Sie es jetzt ganz anders schreiben würden. Das ist doch bei jedem Buch so. Und bei jedem Autor. Die nötige Verdichtung Ihres Textes können Sie nicht allein besorgen. Sie werden zweifeln und das Falsche rausstreichen. Sie brauchen jemanden Ihres Vertrauens zur Seite, der/die etwas vom Fach versteht. Das sollte nicht schwierig sein.

Ihre Gedichte sind sogenannte Gebrauchslyrik, heben Sie sie auf, aber das ist nur für Sie und Ihre Familie besonders. In der reportagehaften Prosa sind Sie viel besser. Sprache auf den Punkt bringen, einbringen, was das Auge gesehen, das Herz gefühlt, der Mund gesprochen, das Hirn gedacht hat.

Ich mag diese Person aus Ihrem Buch. Eine, die Mann und man kennen sollte.

14. Mai 1998

Alice, ich umarme Dich,

diesmal haben wir beide schnell reagiert.

Ich habe das Wort »Vernichtung« bedacht benutzt, und Du hast sofort verstanden, welche Dimension damit gemeint ist. Mir war nicht wohl, als ich las, Du wirst als »Frau des Jahres« ausgezeichnet. Welche Art Mutterboden sollte das sein? Galt das Deiner Verteidigung, oder nahm das vorweg, was wirklich zeitgleich passierte? Du selber nennst es den massivsten Angriff in den letzten 25 Jahren Deines bewegten Lebens. Ich habe mich gefragt, warum »outen« sie ausgerechnet jetzt, in dieser neofrömmlerischen Atmosphäre das allerprivateste Ressort von Alice? Ist mir doch egal, mit wem Du lebst und wen Du liebst. Deswegen haben wir Dir ja am wenigstens nachgestellt. Nun gut, ich will, noch ehe wir uns sehen, diesen unbehaglichen Begriff Vernichtung etwas näher erklären, es steht sonst so bombastisch im Raum, dieses scheußliche Wort.

Es geht nicht um die Auslöschung Deiner physischen Existenz. Da Du Deine Feinde in den intellektuellen Bereichen hast, kommen die Angriffe immer von dorther. Aber warum gerade jetzt?

Du paßt nicht in die Strategie. Deine Ziele sind andere, als sie jetzt angestrebt werden. Nun ist mir zwar nicht aufgefallen, daß Du Dich besonders um die Frau am Fließband und deren Ausgebeutetsein in mehrfacher Hinsicht gekümmert hättest, auch Deine Zeitung hat das nicht besonders markant getan. Aber Du hast Schule für Denkweise gemacht und gesucht. Auch wenn es vordergründig nicht so aussah, war das immer politische Einmischung. Das konnte durchgehen bei Deinem Kampf gegen den Paragraphen 218. Da warst Du sogar dienlich, weil es ganz so nicht bleiben konnte, es stand eh an. Und wo Du alles wolltest, konnte man schon zurückdrehen, da blieb die Reform, es war nicht mehr so unerträglich und einschneidend anders war es auch nicht.

Aber Du hast Stellung bezogen in der Israel-Irak-Auseinandersetzung. Alles vorher war eine Weiterführung von Gedanken, die z. B. bei Beauvoir und Marylin French ihren eigenen Ausdruck haben. Wo Du um die Befreiung der Frau von männlichem Joch kämpfst, da haben sie es beim Belächeln, beim Versuch der Verhäßlichung und dem Wegschieben belassen. Erinnerst Du Dich? »Wer würde hinter Ihnen schon her sein und Sie vergewaltigen wollen«, sagte im Fernsehen einer der häßlichsten Männer, die ich je gesehen habe. Broder hat Dir öffentlich »permanenten Antisemitismus« vorgeworfen. Damit war der Fehdehandschuh ausgebuddelt, und wer zu HB gehört, war rekrutiert gegen Dich. Du hast Dich der Pflicht zum Schuldbewußtsein gegenüber Israel nicht unterworfen. Ich unterstelle Dir keine marxistische Sicht, aber Du hast die Aggression benannt, und es war klar, daß Wolf B. nun gegen Dich antritt.

Deine zweite Todsünde war die Benennung des »tragischen« Generals als Mörder. Die Auflehnung gegen die gemeinsame Beerdigung als Kitsch und fälschliche Ehrenrettung. Da bist Du hinausgegangen über das, was Deutschland seinen denkenden Weibern zugesteht.

Nun leben wir in einer Zeit, in der es nicht um die vordergründig hampelnden oder agierenden Politiker geht. Die werden gesättigt, mit Peanuts, sie dürfen sich wie die Feudalen bedienen und benehmen und hängen doch an Fäden. Bei der gerade stattfindenden Aufteilung der Welt ist für Frau und Familie eine neue Ideologie nötig und nützlich. Die strebende Frau als denkendes Wesen behindert die Korrektur sprich Umgestaltung in der Arbeitswelt. Alles, wofür Du bis hierher gelebt und gearbeitet hast, wofür Du soviel einstecken mußtest, steht jetzt über. Wir haben erkannt, daß es nicht darum gehen kann, die Frau unentwegt nach männlichen Maßen antreten und hecheln zu sehen. Es muß eine Lern- und Arbeitswelt geschaffen werden, in der die Frau nach ihren Möglichkeiten mit vollen Rechten die Maße ihrer Lebensphasen nutzen kann. Sie muß so leben können, daß sie weder einen

Ernährer noch einen Beschützer braucht, keinen Retter vor ihrer angeborenen Unzulänglichkeit, keinen Belehrer. Das wird jetzt nicht einmal als Gedanke gebraucht. Es steht dem entgegen, was – besonders hier im Osten, weil da der Widerstand noch so stark ist – praktiziert wird. Du hast immer versucht, in der Frau das denkende Wesen vorauszusetzen. Und hast doch auch gewußt, daß jahrtausendelange Entmutigung bis ins »Wesen« seine Spur hinterläßt.

Deine Ansichten und Dein Programm und Du als Beispiel für weibliche Ganzheit stören.

Das wollte ich sagen, wenn ich von der nahezu zwingenden Schlußfolgerung spreche. Du wirst als Frau des Jahres geehrt, während allenthalben gegen die Frau entschieden wird, also gegen das, wofür Du stehst. Was wird es kosten, das offen auszusprechen? Wie teuer wird es, nicht drauf reinzufallen? Ich stehe neben Dir und bin zu allen Schandtaten bereit. Immer noch traurig und auch nicht zufrieden damit, daß die Frauen im Osten in eurer Wahrnehmung zu kurz kommen. Es gibt so wunderbare Weiber hier, ich möchte sie Dir ans Herz legen, mindestens in eure Seiten.

Ich will nicht, daß Du Gefühle der Angst hast. Aber nimm es ernst und guck hin. Es scheint lächerlich, aber das Ende der DDR hat nicht in den kleinen Dimensionen stattgefunden, für die es heute selbstrühmende Helden gibt. Es gibt funktionierende Zusammenspiele, gegen die nicht früh genug angetreten werden kann.

Mai 1998

Lieber Dr. Diestel, lieber PMD,

ich danke Ihnen für Ihr Buch und habe es mit Interesse, Zustimmung und ein paar Fragezeichen gelesen. Die betrafen aber mehr die Fragen an Sie als Ihre Antworten. Noch einen von ganzem Herzen kommenden Dank für Ihren Brief im ND. Es hat mich so gedrängt, auf Frau Lengsfeld-Wollenberger zu antworten. Aber wenn ich das tue, komme ich in mehrfachen Verdacht: Weiber! Stutenbissig! Die war ja bei der ihrem Verlag Lektorin und ist wegen Biermannaufruf rausgeflogen. Nun, sie war nicht meine Lektorin, das hätte ich auch nicht gewollt, denn der Ruf ihrer unermüdlichen durchgeistigten Schaffenskraft war schon damals wie heute, aber deswegen flog ja in der DDR niemand.

Es ist mir nicht nachvollziehbar, wie jemand von so geringen Gaben und mehr so unauffindbarer Moral so frech sein kann, so ihrer selbst sicher, so unbeirrbar. So sind Leute nur, wenn sie an nichts als an sich selber denken. Wer sich so anschmiert, rutscht natürlich fürs erste dort hin, wo es lukraktiv ist.

Es ist ein Kreis von Frauen, die jeden emanzipatorischen Anspruch schwierig machen. Aber Sie wissen wie ich, es ist eine Minderheit, schildbürgerrechtlich zugange, dienstbar dem, der nun – welch ein Hohn – den Nationalpreis empfangen hat. Für seinen Anteil an der Veruneinigung Deutschlands. Für gering habe ich diesen Anteil wirklich nie gehalten.

Vielleicht sehn wir uns beim Kuratorium Ostdeutscher Verbände, da geb ich Ihnen einfach die Hand und lasse Sie dann in Ruhe. Aber es ist gut, daß es Sie gibt. Gruß zurück.

22. Mai 1998

Meine liebe Marion,

Deine Geschenke sind immer so taktvoll wie kundig, so liebenswürdig wie unabweisbar. Ich war sehr gerührt, als ich mit Laura zusammen Deine Gaben betrachtete. So ein schönes Foto von Deiner Tochter, so ein rührendes Schälchen für meine erlaubte zuckerfreie Praline. Ich wünschte, Dir ginge es gut. Aber ich denke auch nicht, daß es Dir schlecht geht. Sone bist Du nicht. Ich schicke Dir einen Text, zu dem Du mich angeregt hast ... ein »Und dann«-Text. Morgen werde ich ihn im Studiotheater in Dresden lesen. Da fahre ich mit weniger Freude hin als früher. Nicht, weil sie uns schlecht bezahlen, das geht ja vielleicht nicht anders, wenn sie der Stadt noch den Staublappen vergüten müssen, Miete fürs Theater, die Garderobenfrau etc. Aber sie stecken auf, sie tun nichts mehr, um das Publikum zu erreichen. Jedesmal sagen mir die Menschen, sie hätten es nur durch Zufall erfahren. Und fragen mich am Telefon »Studiotheater? Was ist denn das? Ach so, da gehn wir nicht mehr hin, ist uns zu teuer.«

Ich sag Dir demnächst, wo ich wann in Berlin lese, vielleicht kommst Du im September und Oktober mal längs. Was ich Dir wünsche, weißt Du. Eine problematische Liebe, die gut ist für Deine besondere Seele, Arbeit und Boden unter den Füßen. Und einen großen Kuß auf Deine schönen wohlgeratenen Kinder.

Juni 1998

Barbara,

der Tod von Gundermann mahnt mich, Dir einen Gruß zu schicken, wie immer der Dich antreffen mag. Ich höre gelegentlich, Du managst oder so, aber ich höre nicht, daß die Thalheim wieder auf die Bühne klettert, krabbelt, steigt. Da gehörst Du aber hin. Es gibt Tamara nicht mehr, den Gundermann nicht, manche gehen weitweghin, ich treff sie, und viele melden sich jetzt wieder, nachdem sie alles mögliche ausprobiert haben. Warum verbockst Du Dich so ? Du kannst nicht pauschal meinen, das Publikum wolle Dich nicht. Es kommt auf Dein Angebot an. Statt Dich da hinten rumzudrängeln, solltest Du Dich selber nach vorne reißen. Natürlich, Du hast auch Deinen Autor mit dem Ehemann aufgegeben. Aber erzähle doch nicht ausgerechnet mir, eine Autorschaft sei für einen Interpreten unausschöpfbar. Angelika Neutschel und ich haben so viele Programme miteinander gemacht, und ebenso wie beim Jürgen wollte ich immer, daß noch ein Mensch mit anderem Stil und anderer Sicht die ihre bedient. Es war einmal so, bei der wunderbaren CD »Meine Lüste hab ich vergeudet«. Da hat Holde-Barbara Ullrich mindestens genauso gut gedichtet. Und nun hat die Angelika ein Programm, das ihr Erwin Strittmatter jun. geschrieben hat. Exzellent geschrieben, und sie setzt es auf ganz neue Weise um, komödiantisch, es hat mir so so so gut gefallen. Idiotisch, daß mich bei der Premiere in der Brecht-Bibliothek manche Leute angeguckt haben, als müßte ich denken, die Angelika habe mich verraten. So ein Schwachsinn! Nichts als die blanke Freude, wenn eine von uns etwas gut hinkriegt. Und über Erwin jr. bin ich besonders froh, der hat es, der kann es und ist ein ganz anderer Autor als Vater Erwin und Mama Eva. Das, denke ich, hat ihn solange zögern lassen, er wollte kein Abklatsch sein und ist es gewiß nicht.

Ich denke, wir sollten uns mal sehen. Ich will Dich reden lassen.

Zum 27. Juni 1998

Mein lieber Ehemann,

25 Jahre sind eine lange Zeit. Ich hab weder die Umarmungen gezählt noch die Streits, bei denen ich immer recht hatte. Oder Du.

Am Tag unserer Hochzeit hast Du mir einen so schweren Rosenstrauß aufgebürdet, daß ich ihn kaum zur Marienkirche schleppen konnte, um das Orgelkonzert nur für uns beide zu hören. Ich dachte, es müßte nun geweint werden vor Rührung, aber mir war nach Lachen und ich hätte gern die Leute mit den Rosenköpfen beworfen.

Es war nie leicht mit uns beiden. Du hast mir die bessere Haushaltsbesorgung nachgewiesen, ich bin Dir manchmal im Geist vorausgeeilt und brauchte dann Deine Bildung, um was draus zu machen. Ein paarmal habe ich mich mit Deiner Hilfe dumm überfordert. Aber wir haben wieder rausgefunden. Ich danke Dir für die väterliche Obhut der Enkeltochter, so blieb uns der Kummer erspart, daß wir zu alt waren für eigene Brut.

Ich danke Dir, daß Du mit meinen Schuhen zur Schusterin gehst und hoffe, sie ist wenigstens hübsch.

Ich danke Dir für Deinen guten Kontakt zur Apothekerin, die Dir auch dann die Tabletten vorstreckt, wenn ich wieder einmal vergessen habe, Dir zu sagen, daß meine Medikamente aufgebraucht sind. Ich danke Dir für die edlen Zigaretten und das teure Zigarettenetui und daß Du mich allein darauf kommen ließest, Rauchen zu unterlassen.

Ich danke Dir, daß Du die Schweine in die Pfannen gejagt hast, bis ich natürlich, durch Nichtrauchen und nur ganz wenig durch Essen, nach einer Waage verlangt habe und Du hast sie mir gebracht, wissend, daß ich jetzt ausraste und dann anfange, nach einem Weg zu suchen, auf dem man durch Naschen schlank werden kann.

Ich danke Dir für all die mageren und dennoch wohlschmeckenden Gerichte, in die Du Dich dann mit reingehängt hast, auch aus Nötigkeit und daß es in all den Entwicklungsphasen nicht zur Scheidung gekommen ist.

Ich danke Dir, daß Du Dir all dieses »Er hat gesagt« gefallen läßt, wohl wissend, daß manche Leute denken, das seist Du. Aber dafür muß ich ja in Kauf nehmen, daß manche Leute denken, SIE sei ich. Man kann das wohl wegstecken, aber die Dialoge haben mir beim Überleben geholfen, vom Heulen zum Lachen. Und manches hast Du ja wirklich gesagt.

Du hast Dich nie gewehrt gegen auch bittere Liebesgedichte, von denen manche unabweisbar persönlich sind. Du denkst immer noch, daß ich eine Wäscheklammer falsch rum auf die Leine bugsiere. Aber Du hast 1990 alle Nachauflagen aufgekauft, mit allem Geld, das Dein Notgroschen sein sollte, zurückgelegt in fast zwanzig Jahren.

Du glaubst mir nicht, daß auch aus kahlem Ficus Benjaminus noch neue Blätter kommen, selbst wenn Du sie siehst. Du hast es anders prophezeit, und da müssen die an den Zweigen unterbleiben.

Wenn ich auftauche, erwarten die Leute Dich in der Nähe. Und selbst aus fernen Gegenden gibt es kein Telefonat ohne besondere Grüße an Dich.

Neulich hast Du gesagt, unser tiefstes Glück besteht darin, daß wir in den Grundfragen fast gleich denken. Anders wäre das jetzt nicht auszuhalten. Du hast recht. Ohne das wärs zu schwer. Aber das wäre mir egal, wenn ich mich nicht auch heute noch in Dich verbuddeln könnte, zum Luftholen, klagen, und meistens endet es mit Stille in der Seele oder mit Lachen.

Du bist sehr frech, sehr ironisch, sehr schwierig und wirklich ein »Zwilling«. Einen von euch kann ich nicht leiden. Der andere sind WIR.